CAHIERS

▶ n° 173 / 2ᵉ trimestre 2023

PHILOSOPHIQUES

CAHIERS PHILOSOPHIQUES
est une publication de la Librairie Philosophique J. Vrin
6, place de la Sorbonne
75005 Paris
www.vrin.fr
contact@vrin.fr

Directeur de la publication
DENIS ARNAUD

Rédactrice en chef
NATHALIE CHOUCHAN

Comité scientifique
BARBARA CASSIN
ANNE FAGOT-LARGEAULT
FRANCINE MARKOVITS
PIERRE-FRANÇOIS MOREAU
JEAN-LOUIS POIRIER

Comité de rédaction
ALIÈNOR BERTRAND
LAURE BORDONABA
MICHEL BOURDEAU
JEAN-MARIE CHEVALIER
MICHÈLE COHEN-HALIMI
JACQUES-LOUIS LANTOINE
BARBARA DE NEGRONI
STÉPHANE MARCHAND
SÉBASTIEN ROMAN

Sites internet
www.vrin.fr/cahiersphilosophiques.htm
http://cahiersphilosophiques.hypotheses.org
www.cairn.info/revue-cahiers-philosophiques.htm

Suivi éditorial
ÉMILIE BRUSSON

Abonnements
FRÉDÉRIC MENDES
Tél. : 01 43 54 03 47 – Fax : 01 43 54 48 18
abonnement@vrin.fr

Vente aux libraires
Tél. : 01 43 54 03 10
comptoir@vrin.fr

La revue reçoit et examine tous les articles, y compris ceux qui sont sans lien avec les thèmes
retenus pour les dossiers. Ils peuvent être adressés à : cahiersphilosophiques@vrin.fr. Le calibrage
d'un article est de 45 000 caractères, précédé d'un résumé de 700 caractères, espaces comprises.

ISSN 0241-2799
ISSN numérique : 2264-2641
ISBN 978-2-7116-6026-1
Dépôt légal : octobre 2023
© Librairie Philosophique J. Vrin, 2023

SOMMAIRE

ÉDITORIAL

P résenter aujourd'hui les principaux traits d'une épistémologie épicurienne requiert de faire le point sur les sources et l'accès actuel aux textes. Depuis une cinquantaine d'années, une véritable science papyrologique s'est développée, portée par de nouvelles techniques scientifiques qui ont rendu possible le déchiffrement de nombreux papyrus carbonisés d'Herculanum et la relecture de papyrus plus anciennement connus[1]. Plusieurs livres du *De la nature* d'Épicure, ouvrage majeur dont l'existence était attestée de diverses manières, ont ainsi été édités ou sont en cours d'édition. Si on en connaissait les orientations générales notamment grâce aux *Lettres* qui présentent des abrégés de la doctrine épicurienne[2], l'accès au texte original, même fragmentaire – on sait par Diogène Laërce que le *De la nature* comptait 37 livres – est irremplaçable.

D'autres textes importants issus de l'école épicurienne ont été déchiffrés tel *Le Franc-parler* dans lequel Philodème transcrit les leçons de son maître Zénon de Sidon ou *De la mort* du même Philodème[3]. Si ces textes nouvellement édités ne modifient pas l'architecture d'ensemble de ce qui peut être appréhendé comme une « doctrine », ils n'en constituent pas moins des découvertes majeures, y compris lorsqu'il s'agit d'attester l'existence de certains ouvrages ou de prendre connaissance de leur titre complet. Ce « matériel libraire […] ne cesse de changer en profondeur notre connaissance de l'épicurisme et de son histoire et fait de cette philosophie un champ de recherche toujours nouveau »[4]. Cela donne notamment accès à une connaissance de ce courant de pensée sur un temps long qui voit une reprise en main de l'école au Ier siècle av. J.-C. par des philosophes soucieux de revenir avec rigueur aux textes même d'Épicure au lieu de se contenter de simples abrégés doctrinaux. La construction s'impose d'une sorte de « boîte à outils » conceptuels destinée à aider les disciples dans les polémiques avec leurs adversaires, en particulier sur le terrain logique[5] et plus largement épistémique.

La focalisation sur l'éthique épicurienne au détriment de l'épistémologie est récurrente dans l'histoire de la philosophie. « Combien d'historiens de la philosophie n'ont consacré à la logique épicurienne qu'une page presque blanche ! »[6] s'exclame A. Marquand, disciple de Peirce, dans un article sur la logique des épicuriens. Il s'intéresse particulièrement à un texte de Philodème connu sous le titre *De signis* qui fut édité par Gomperz en 1865 à partir d'un papyrus découvert au XVIIIe siècle[7]. Si l'épistémologie développée par Épicure et son école a incontestablement une finalité éthique – l'élimination des fausses croyances ouvrant la voie à l'absence de troubles et au bonheur – elle construit pour y parvenir une conception de la science d'autant plus dense

1. *Cf.* Entretien avec D. Delattre, Autour de l'édition des papyrus d'Herculanum, p. 165-166.
2. *Cf.* J. Kany-Turpin, « L'épistémologie épicurienne dans le *De rerum natura* : rigueur et créativité », p. 72.
3. *Cf.* A. C. Joncheray, Note de lecture, « Philodème de Gadara, *Sur la mort*, Livre IV », p. 169-176.
4. Entretien avec D. Delattre, p. 167.
5. *Ibid.*, p. 167.
6. *Cf.* A. Marquand, « La logique des épicuriens », p. 137.
7. *Cf.* J.-M. Chevalier, S. Marchand, « Peirce et Philodème sous le volcan », p. 120.

qu'elle se doit de répondre à diverses objections, dont celles des sceptiques et des stoïciens.

La sensation est, pour Épicure, le premier critère de la vérité, celui auquel il convient de revenir à chaque fois que c'est nécessaire, pour se dégager des jugements fallacieux et des croyances néfastes. L'empirisme épicurien n'est toutefois pas seulement fondé sur des sensations, il repose aussi sur des « notions » désignées comme préconceptions ou prolepses[8]. Celles-ci sont à la fois immédiates et claires et disposent donc d'un statut similaire aux sensations et affections de plaisir et de peine. Nous avons par exemple une notion de ce qu'est un homme explique Diogène Laërce dans son exposition de la philosophie épicurienne : « En même temps que le mot "homme" est prononcé, on en conçoit aussitôt le schéma, par préconception, parce que les sensations ont précédé. Ainsi, pour chaque nom, ce qui est supposé en premier lieu est évident, et nous n'aurions pas recherché l'objet de recherche si nous ne l'avions pas connu d'abord »[9]. Il n'y a pas lieu de se méfier de la raison qui n'est menacée d'abstraction que lorsqu'elle s'appuie sur des idées générales dont la continuité avec la sensation ne peut être retrouvée. Et c'est cette continuité même qui constitue une garantie épistémique pour la prolepse, au même titre que son immédiateté.

Les sensations et les notions ne suffisent toutefois pas à caractériser complètement le type d'empirisme propre aux épicuriens. En effet, l'explication complète de la nature requiert de faire appel à ces principes matériels imperceptibles que sont les atomes et le vide. De nombreuses critiques, très vives parfois, dont celles de Cicéron ou Plutarque, se sont élevées pour moquer l'« incompétence » de ces philosophes qui acceptent l'existence de causes matérielles inapparentes des phénomènes. « L'inférence par signes », inférence qui prend appui sur des attestations empiriques, est pourtant la modalité rationnelle à partir de laquelle il devient possible, pour les épicuriens, de faire appel, en toute rigueur et sans abstraction, aux atomes et au vide[10].

C'est ainsi qu'au Moyen Âge, Nicolas d'Autrécourt, parce qu'il rejette les positions aristotéliciennes tout en refusant de basculer dans le relativisme et le scepticisme devient un « épicurien malgré lui »[11] – l'accès aux textes d'Épicure étant rare voire inexistant. Il soutient des thèses proches de celle d'Épicure : l'existence des atomes et du vide et surtout l'affirmation que « tout ce qui apparaît est vrai ». Non que les qualités sensibles soient de pures conventions ou de simples manières de nous rapporter à une réalité atomique inaccessible : au contraire, il faut comprendre qu'il existe une vérité des sensations dès lors que les objets sensibles produisent réellement des effets sur nous. Tel est le canon de toute la connaissance.

Il n'est toutefois pas simple d'expliquer comment la vérité des sensations échappe au relativisme. Il y a sans doute eu une « intense confrontation dialectique entre les disciples du Jardin et les autres écoles »[12] centrée sur cette conception empiriste et matérialiste de la connaissance. La complexe

■ 8. *Cf.* P.-M. Morel, « L'épistémologie d'Épicure : le bonheur et la science », p. 9-27.
■ 9. Cité par P.-M. Morel, p. 19.
■ 10. *Ibid.*, p. 24.
■ 11. *Cf.* A. Robert, « Tout ce qui apparaît est vrai », p. 81-101.
■ 12. *Cf.* F. Masi, « La physiologie épicurienne de la représentation mentale », p. 29-46.

théorie épicurienne de la représentation est une manière de faire face aux difficultés sans négliger le problème de l'erreur. La première affirmation essentielle est celle de l'irréductibilité de la pensée à la vision. Les simulacres émis par les objets leur sont homogènes et non pas seulement ressemblants. Épicure distingue toutefois « deux types d'homogénéité »[13] : l'une est « morphologique » lorsque le simulacre reprend exactement la forme, la figure, la structure, la grandeur et la couleur de l'objet ; l'autre est « structurale » lorsque le simulacre reprend seulement les caractères typologiques et permanents de l'objet. Le processus de formation des représentations à partir des simulacres consiste en une synthèse des caractères typologiques des objets sensibles qui rendent possibles différentes fonctions cognitives.

Épicure semble emprunter à la théorie aristotélicienne de la *phantasia* pour penser un mécanisme de transmission des simulacres des yeux à l'esprit. L'émergence d'une représentation mentale proviendrait alors « du mouvement vers l'esprit d'un résidu de simulacres provenant d'une expérience sensorielle »[14]. L'activité noétique serait ainsi préparée par ce qui a été vu antérieurement, ce qui permettrait aussi de comprendre que l'esprit puisse voir des choses qui ne sont pas présentes à la perception. Le trajet difficile des simulacres pour rejoindre l'esprit – situé à la fois dans la poitrine et dans le cœur – peut être comparé au « chemin tortueux » parcouru par « l'odeur, la fumée, la chaleur » que Lucrèce décrit au chant IV du *De rerum natura,* chemin dont la difficulté explique le processus d'affinement subis par les simulacres.

On sait que le poème de Lucrèce entend être, dans sa composition même, résolument en adéquation avec les principes fondateurs de l'épistémologie épicurienne. Le poète use ainsi de la méthode d'inférence par signes, qu'il infléchit toutefois par le recours à des analogies, à des fins d'explicitation de la doctrine épicurienne[15]. Dissiper les terreurs et les ténèbres de l'esprit est le but exposé dès le chant I et seule une connaissance de la nature peut y conduire. Lucrèce ne cherche pas à accumuler ou à systématiser des preuves rationnelles pour défaire les illusions et les fausses croyances. Il s'efforce plutôt de « fournir des repères, des "traces" qui permettront au lecteur de s'engager à sa suite dans la quête de la vérité et de "voir seul" par lui-même, "tout le reste" »[16]. Par les images poétiques, il traduit le mouvement incessant des atomes et le perpétuel devenir des choses au sein du vide infini. Nul besoin dès lors de supposer une intelligence bienfaitrice et ordonnatrice de toutes choses pour comprendre les phénomènes naturels. Une analogie avec les plumes et les poils suffit à proposer une explication de l'histoire de la terre et de tout ce qui y a « poussé ». « Comme les plumes, les poils ou les soies sont les premiers à pousser sur le corps des quadrupèdes ou des oiseaux, ainsi la jeune terre porta les herbes et les pousses avant de produire les espèces vivantes nombreuses et variées, de maintes manières formées »[17]. Cette explication ne prétend pas être la seule, elle est *une* explication plausible parmi d'autres dès

13. *Ibid.*, p. 32-33.
14. *Ibid.*, p. 39-40.
15. *Cf.* J. Kany-Turpin, « L'épistémologie épicurienne dans le *De rerum natura* : rigueur et créativité », p. 65-80.
16. *Ibid.*, p. 70.
17. *Cf* Lucrèce, *DRN*, V, 783-792 cité par G. Scalas, « Plantes sans âme dans le Jardin », p. 50.

lors que « rien ne l'infirme ». Lucrèce, comme Épicure avant lui, a recours à la méthode étiologique qualifiée de « multiple »[18].

Dans son article « La logique des Épicuriens »[19] Marquand s'attache à commenter le *De signis* de Philodème, et montre que les procédures de « non-infirmation » et de « confirmation » utilisées par les épicuriens, loin d'impliquer un refus de la logique constituent au contraire la compréhension véritable de ce qu'elle doit être[20] et ce, au rebours de la logique stoïcienne. L'intérêt marqué de Peirce et de Marquand pour l'« inférence par signes » épicurienne vient de ce qu'elle ouvre la voie à une véritable logique inductive et à un empirisme « qui ne renonce pas à constituer une théorie de la science »[21]. La méthode d'inférence « par élimination », seule valide pour les stoïciens, vise quant à elle l'obtention de propositions nécessaires. La relation de signification doit justement exprimer cette nécessité : un signe est assimilable à une proposition antécédente qui doit contenir logiquement et analytiquement la proposition conséquente.

Au rebours de cette recherche de la nécessité absolue, Marquand retient de Philodème ce qu'il désigne comme le « canon de Zénon », cadre d'une logique inductive, constitué de deux règles principales : une règle de *communauté* et une règle de *variation*. La première autorise, à partir du constat de caractères communs à une certaine classe de phénomènes visibles, à inférer l'existence de ces caractères au niveau des instances des mêmes phénomènes que l'on n'a pas eu l'occasion d'observer. La deuxième qui permet d'inférer de la variation de caractères au niveau visible, la même variation au niveau invisible.

Ce canon épicurien soulève plusieurs questions épistémiques majeures, que l'on retrouve ultérieurement dans les textes qui s'intéressent à la logique inductive, du *Système de logique* de Stuart Mill aux travaux de Peirce : le statut de la *ressemblance* car celle-ci est au principe de l'induction, le problème de l'*uniformité* de la nature – celle-ci est-elle requise pour qu'une logique inductive soit possible et en cas de réponse positive, n'est-on pas en présence d'un cercle vicieux ? Enfin le statut des *signes*, plus précisément de leur capacité « sémiotique ». Pour Philodème et les épicuriens, un signe est un « fait symptomatique » et sa signification, les inférences qu'il rend possible.

Peirce rend hommage à Philodème et à Marquand dont il reprend les termes : « si la logique est la théorie de l'accès à la vérité, le mouvement de pensée auquel elle [la logique des épicuriens] se rapporte était plus prometteur que tout l'Organon d'Aristote »[22]. La logique épicurienne s'accompagne d'ailleurs d'une critique conjointe de la « définition », du raisonnement par syllogismes et plus largement de la dialectique[23]. Leur utilité dans la recherche de la vérité n'est pas manifeste, au contraire même, si on pense au risque d'abstraction associé à toute procédure logique formelle.

Nathalie Chouchan

18. *Cf.* J. Kany-Turpin, « L'épistémologie épicurienne dans le De rerum natura : rigueur et créativité », p. 71.
19. *Cf.* A. Marquand, « La logique des Épicuriens » (traduction inédite), p. 134-141.
20. *Cf.* J.-M. Chevalier, S. Marchand, « Peirce et Philodème sous le volcan », p. 120.
21. *Ibid.*, p. 122-123.
22. *The Collected Papers of Charles S. Peirce*, cité p. 127.
23. *Cf.* B. Besnier, « Épicure et la définition », p. 146-157.

DOSSIER

Épistémologie épicurienne

L'ÉPISTÉMOLOGIE D'ÉPICURE : LE BONHEUR ET LA SCIENCE

Pierre-Marie Morel

On s'efforce ici de montrer que l'empirisme épicurien est, non seulement fondé sur les sensations, mais aussi sur des notions. Parce qu'il construit un projet scientifique cohérent, l'épicurisme antique entend se présenter comme un empirisme rationnel, fondé sur un usage méthodique des notions, sous la condition d'un accord constant avec l'expérience. Il conviendra donc de prendre en compte le double objectif de l'épistémologie d'Épicure et de ses successeurs : donner un fondement solide aux hypothèses scientifiques ; parvenir à une méthode du jugement capable d'offrir une vision du monde qui contribue à la poursuite du bonheur.

D e la théorie épicurienne de la connaissance, on retient souvent les deux traits suivants : l'idée que le savoir, au lieu d'être recherché pour lui-même, doit être entièrement subordonné aux fins éthiques, à savoir le plaisir et l'absence de troubles ; une conception de l'origine de la vérité réduite à un empirisme de premier degré, selon lequel les sensations et les affects (plaisir et peine) constituent des garanties suffisantes pour la connaissance et pour la détermination de la conduite. Ces deux appréciations sont bien fondées et elles sont justifiées par les textes. Toutefois, elles tendent aussi à gommer d'autres aspects de l'épicurisme antique qui ne sont pas moins essentiels. On voudrait travailler ici à restituer la complexité de la doctrine, en montrant que ni les buts éthiques ni la dénonciation de la vaine érudition ne doivent faire oublier que l'épicurisme a également pour fin de donner à la science de solides fondements épistémologiques. Cela suppose que le savoir scientifique repose sur une méthodologie rigoureuse et sur une conception élargie des critères de vérité. Il y parvient en trouvant ses garanties, non seulement dans les sensations et les affects immédiats, mais également parmi les idées générales ou notions, et plus précisément dans ce type de notion qu'Épicure appelle « prolepse » (ou « préconception » ; en grec : *prolêpsis*).

La théorie épicurienne de la connaissance fait ainsi le pari d'un empirisme des notions, sans se limiter aux sensations elles-mêmes.

Partons du mieux connu. La thèse fondamentale de la conception épicurienne de la connaissance et de la science est que la sensation est le premier critère de vérité. Dans l'esprit des philosophes du Jardin, cela veut dire, d'une part, que toute croyance, jugement ou opinion doit être évalué à partir de la sensation et à la lumière de l'expérience commune, et d'autre part que la sensation elle-même est toujours vraie. Cette double affirmation confère à cette dernière le rôle de critère de vérité, et cela précisément pour admettre (ou rejeter) les croyances, jugements ou opinions qui doivent l'être. De même, les affections (*pathê*) immédiates de plaisir ou de peine valent comme critères, dans la sphère pratique, parce qu'elles identifient, sans risque d'erreur, ce qui est plaisant ou douloureux à un moment déterminé. Elles indiquent par ce biais ce qui doit être recherché ou à l'inverse évité dans le domaine de la conduite. La fausseté et les illusions sont produites, non pas par la sensation elle-même, mais par nos jugements ou opinions concernant ce qui est perçu ou conçu. Un usage non-contrôlé du raisonnement, ou l'idée – fausse – selon laquelle la raison pourrait se gouverner elle-même indépendamment des sens, menacent directement notre capacité à atteindre une connaissance véritable. Ainsi présentée, l'épistémologie épicurienne apparaît, du moins à première vue, comme un empirisme de premier degré. De fait, elle se caractérise avant tout par une profonde méfiance à l'égard de la raison en tant que telle.

Cependant, les épicuriens ont un double projet, particulièrement ambitieux : fonder une épistémologie consistante et élaborer une méthodologie complexe du jugement. Ils ne rejettent pas les « idées », considérées comme des notions générales et communes ou de simples pensées. Ces « idées » ne sont ni des entités intelligibles séparées du sensible, comme les idées platoniciennes, ni de pures abstractions intellectuelles, des constructions mentales qui se prétendraient indépendantes de l'expérience. Après tout, même un philosophe empiriste peut admettre, sans incohérence, la validité de ce type d'« idée », puisque chacun d'entre nous, dans la vie quotidienne, a recours à des représentations générales, comme le temps, l'être humain ou l'être en général. On peut en effet considérer que le mot « idée » peut s'appliquer à un large éventail d'états cognitifs, comme le fait Locke au début de l'*Essai sur l'entendement humain*[1]. De plus, les épicuriens pensent que certaines notions, les prolepses ou préconceptions, ont un statut similaire à celui des sensations et des affections (plaisir et douleur), dans la mesure où elles révèlent, immédiatement et sans ambiguïté, ce à quoi elles se rapportent : la préconception de l'être humain est une représentation ou une idée fiable des propriétés permanentes, et en ce sens des propriétés essentielles, de tel ou tel être humain particulier. Enfin, les épicuriens ont une vision globale des réalités qui va bien au-delà de l'expérience ordinaire, une explication complète du monde physique, ce qui implique nécessairement des jugements sur les

---

1. J. Locke, *Essai sur l'entendement humain*, livres I-II, trad. fr. J.-M. Vienne, Paris, Vrin, 2001, I, 1, Intro. sec. 8, p. 64.

réalités cachées ou non-apparentes (*adêla*) et, parmi elles, sur les principes non-perceptibles de toutes choses, à savoir les atomes et le vide. Or, il ne s'agit pas d'une tâche secondaire pour les épicuriens. Ce projet coïncide avec le but ultime de leur philosophie dans son ensemble : l'ataraxie psychique, l'absence de perturbation, qui constitue au fond notre bonheur.

De ce point de vue, la question n'est pas de savoir si les épicuriens sont des philosophes empiristes – ils le sont incontestablement –, mais de déterminer sous quel type d'empirisme il convient de les placer. S'ils ne sont pas des empiristes de premier degré, qui n'admettraient pas d'autre connaissance vraie que la sensation, sont-ils pour autant des empiristes honteux, qui seraient en contradiction avec leurs propres principes, parce qu'ils devraient tenir pour vraies des croyances et des représentations non-réductibles aux données de l'expérience ? S'ils sont des empiristes de premier degré, peuvent-ils prétendre rendre compte des causes inapparentes des phénomènes perceptibles ? Les critiques antiques de l'épicurisme, en particulier Cicéron et Plutarque, pourraient nous conduire dans cette direction. Ils ne se privent pas de dénoncer la prétendue incompétence des épicuriens dans le domaine de la logique. En réalité, aucune de ces deux options ne s'impose : l'épicurisme apparaît bien plutôt comme un empirisme rationnel, qui légitime pleinement l'usage des notions, étant entendu que celui-ci doit être en accord avec l'expérience, à tout instant et à chaque étape. Cette lecture est probablement la plus fructueuse, si l'on veut comprendre le double objectif de l'épistémologie épicurienne : donner un fondement solide (à la fois empirique et logique) à nos hypothèses scientifiques ; parvenir à une méthode du jugement capable d'offrir une vision du monde rassurante et de contribuer ainsi à la poursuite du bonheur.

L'épistémologie épicurienne : les sources

La tradition philosophique fondée par Épicure (341-270 av. J.-C.) est l'une des plus homogènes de l'Antiquité, même si l'on observe une certaine évolution après la première période du Jardin athénien (rappelons que l'école d'Épicure est fondée vers 306-305 dans les environs immédiats d'Athènes). C'est notamment vrai de la théorie de la connaissance. Elle est globalement restée inchangée d'Épicure à ses derniers héritiers antiques, comme Diogène d'Œnoanda, tout en s'adaptant aux polémiques successives (notamment contre les sceptiques et les stoïciens). On l'observe en particulier chez Lucrèce dans son poème *Sur la nature des choses*[2]. Nos sources directes, proprement épicuriennes, sur les questions épistémologiques sont donc avant tout Épicure lui-même puis, au premier siècle avant notre ère, Lucrèce, ainsi que Philodème. Rappelons qu'Épicure a écrit une œuvre volumineuse, aujourd'hui en grande partie perdue. Heureusement, le livre X des *Vies et Opinions* de Diogène Laërce contient une « vie d'Épicure » qui donne des informations importantes sur Épicure et sur l'organisation du Jardin. Cette section présente également un précieux aperçu de la philosophie épicurienne, qui accorde une attention particulière à l'épistémologie (paragraphes 29-34). Comme nous le verrons plus loin, ce passage contient des indications importantes sur les critères de

■ 2. *De Rerum Natura*; cité ci-dessous : *DRN*.

vérité et la valeur épistémique des sensations et des préconceptions. Diogène ajoute (paragraphes 35-135) les trois textes philosophiques qui constituent la base de notre documentation : les *Lettres* à Hérodote[3], Pythoclès[4], et Ménécée[5]. Elles sont suivies de quarante Maximes principales (en grec : *Kuriai doxai*; ci-dessous : *KD*). Ces dernières portent principalement sur l'éthique, mais contiennent également des informations importantes sur des questions épistémologiques, comme les *KD* 37-38 sur la préconception de ce qui est juste, ou la *KD* 24 sur le rôle prééminent de la sensation. Gardons tout de même à l'esprit que Diogène Laërce cite quarante et un titres d'œuvres d'Épicure et précise qu'il ne mentionne que ses meilleures œuvres (X, 27-28). Parmi celles-ci, le traité *Sur la nature* (*Peri phuseôs*), en trente-sept livres, est la plus importante, non seulement par son volume, mais aussi parce qu'elle contenait un développement détaillé de thèses qui ne sont que résumées dans les *Lettres*. Nous en possédons quelques fragments, grâce aux fouilles d'Herculanum et aux études papyrologiques qui en découlent.

Malgré la forte personnalité du fondateur du Jardin et l'orthodoxie traditionnelle de ses élèves et héritiers, l'école se montre particulièrement active après la mort d'Épicure. Ses disciples de la première génération – Hermarque, qui lui a succédé à la tête du Jardin, et après lui Colotès, Polystrate et Métrodore – ont de fait contribué à approfondir la doctrine, y compris en matière de théorie de la connaissance, notamment contre les sceptiques. La polémique instruite par Colotès – que nous connaissons grâce au traité de Plutarque *Contre Colotès* – consiste à étendre les arguments valant contre les sceptiques à l'ensemble des philosophes non-épicuriens, comme Parménide, Démocrite, Platon ou Socrate. Colotès, en effet, réduit toutes ces doctrines au scepticisme, car elles mettent en doute nos connaissances les plus évidentes, comme l'expérience quotidienne. Comment quelqu'un pourrait-il être certain, si la perception n'est jamais fiable, qu'il est un être humain, ou que le feu est dangereux pour lui ? Ce faisant, les philosophes qui doutent de l'évidence sensible sèment la confusion dans nos vies et contribuent à la perturbation psychique.

Philodème, philosophe grec originaire de Syrie, est l'auteur de plusieurs traités dont le contenu est en partie reconstitué à partir de matériaux papyrologiques. Ils traitent d'éthique, d'économie, d'esthétique, de politique, des dieux et de la piété, des positions des différentes écoles philosophiques, mais aussi de logique. Il est en effet l'auteur d'un traité *Sur les signes* et l'inférence (généralement mentionné sous le titre *De signis*), où il se fait l'écho des débats épistémologiques à l'occasion desquels les épicuriens affrontent les autres écoles, notamment les stoïciens, et il est probablement l'auteur d'un traité sur la sensation. De plus, chez Philodème, non seulement dans ses écrits épistémologiques mais aussi dans d'autres traités, la préconception semble tenir une place particulière : dans le domaine pratique (comme l'économie), elle indique ce qui est bon dans une activité donnée (par exemple, la notion

■ 3. Désormais cité *Hdt.*
■ 4. Désormais cité *Pyth.*
■ 5. Désormais cité *Men.*

du bon gestionnaire, c'est-à-dire du sage lui-même lorsqu'il administre son domaine).

Lucrèce, pour sa part, bien qu'il se présente comme un simple traducteur ou imitateur d'Épicure (*DRN* III, 6), déploie des arguments spécifiques pour faire face aux philosophes de son époque qui sont des adversaires déclarés de l'épicurisme de la première période, comme les stoïciens et les sceptiques.

Ces derniers sont en permanence à l'arrière-plan lorsque les questions épistémologiques sont traitées, comme en témoignent les arguments de Lucrèce, au chant IV de son poème, en faveur de la perception et de la véracité immédiate de la sensation contre les prétentions critiques de la raison.

Aux sources proprement épicuriennes sur la théorie de la connaissance et de la science, il faut ajouter un grand nombre de témoignages, généralement polémiques : non seulement chez Plutarque – notamment dans le traité mentionné plus haut, quand il répond aux attaques de Colotès contre les différentes écoles philosophiques –, mais aussi avant lui Cicéron, en particulier dans ses *Académiques*, puis le sceptique Sextus Empiricus qui, tout en dénonçant les égarements dogmatiques des épicuriens, nous offre de précieuses informations sur leur méthode d'attestation et d'inférence. Nous y reviendrons.

La sensation comme évidence première

La sensation est toujours vraie, selon Épicure et ses disciples. Comme le dit Lucrèce, « l'impression que les sens reçoivent à tout moment est vraie »[6]. Pourtant, nous sommes souvent victimes d'illusions sensorielles. C'est même une sorte de *topos* de l'histoire de la philosophie. Comment la sensation peut-elle prétendre constituer, dans ces conditions, notre premier critère de vérité ?

Les textes épicuriens proposent plusieurs arguments pour échapper à cette difficulté. Certains reposent sur des affirmations positives ; d'autres sont essentiellement négatifs. Commençons par les arguments positifs en faveur de la sensation. Ils sont d'abord d'ordre physique ou physiologique. L'explication physiologique des sensations est la suivante : la vision, par exemple, résulte de la réception de répliques (*tupoi*) ou d'images (*eidôla*) provenant spontanément de l'objet vu. Comme ces émanations conservent au cours de leur transmission la structure et les propriétés de l'objet, elles produisent, dans les organes sensoriels du sujet percevant, une représentation ou une image (*phantasia*), qui conserve une certaine « sympathie » (*sumpatheia*) avec l'objet, c'est-à-dire, avec le « substrat » ou la « réalité sous-jacente » (*hupokeimenon*)[7].

Il ne faudrait cependant pas croire que la sensation n'est qu'une réception physique de corpuscules. L'impression sensorielle ne devient pour nous une image (*phantasia*) que si nous la « saisissons en nous y appliquant par la pensée ou par les organes des sens »[8]. La sensation, comme la perception de l'esprit, implique une *epibolê*, c'est-à-dire une « application », ou « focalisation » ou encore une « projection » en direction de l'objet. Ce dernier n'est donc

■ 6. *DRN* IV, 499 (notre traduction).
■ 7. *Hdt.* 49-53 ; voir aussi Lucrèce, *DRN* IV, 46-268.
■ 8. *Hdt.* 50-51.

pas simplement reçu, mais aussi, en quelque sorte, visé. Son image est en même temps une « projection d'image » (*phantastikê epibolê*[9]). La sensation implique à la fois la réceptivité physique qui la rend objectivement vraie, et un acte mental d'attention sans lequel elle ne pourrait nous renseigner sur ce que nous percevons.

L'apparence n'est donc ni purement subjective, ni strictement mentale : ce que nous percevons en nous-mêmes, à travers nos organes sensoriels, est le résultat effectif d'un processus physique. Or, un processus physique est un processus réel et, en ce sens, quelque chose de *vrai* ; par conséquent, ce qui se produit dans la sensation est l'attestation immédiate et fiable d'une réalité physique. En d'autres termes, nous appréhendons physiquement quelque chose de l'objet lui-même, et le processus physiologique par lequel nous percevons cette chose peut être décrit de la même manière que tout autre processus naturel. Ainsi, parce que nos sensations sont physiquement homogènes et très semblables à leurs objets, elles peuvent être qualifiées de vraies avant tout jugement sur leur vérité ou leur fausseté.

En ce sens, nous avons affaire à une forme de vérité anté-prédicative : il est physiologiquement vrai que je perçois le rouge de cette rose, antérieurement à tout jugement affirmant que la rose reçoit le prédicat « rouge ». Comme nous le verrons, cet aspect de la véracité perceptive est décisif pour préserver l'évidence empirique de tout risque d'erreur.

Cette thèse ne concerne pas uniquement la connaissance ordinaire et la vie quotidienne : la fiabilité immédiate de la sensation est aussi une justification de l'appel à la preuve empirique dans l'exercice du savoir scientifique. Elle s'applique d'ailleurs, de manière dérivée, aux représentations qui ne sont pas immédiatement sensorielles et qui sont nécessaires à la philosophie naturelle, la *phusiologia*, quand celle-ci enquête sur les réalités et propriétés non-apparentes, comme le vide, les atomes et les propriétés de ces derniers. Les paragraphes 37-38 de la *Lettre à Hérodote* d'Épicure montrent clairement que les sensations jouent le rôle de critères pour l'investigation scientifique, et non pas seulement pour la connaissance quotidienne :

> [37] [...] Il faut tout d'abord saisir, Hérodote, ce qui est posé sous les expressions verbales, de sorte que l'on puisse, en s'y rapportant, juger de ce qui est objet d'opinion, de recherche ou d'embarras, et pour empêcher que, pour nous, tout soit indistinct à cause de démonstrations menées à l'infini, ou pour empêcher que nous n'ayons que des expressions vides. [38] Nécessairement, en effet, sous chaque expression verbale est perçue la notion première et celle-ci ne demande aucune démonstration supplémentaire, si toutefois nous devons disposer de l'objet de recherche ou d'embarras et de l'objet d'opinion auxquels nous rapporter.
>
> Il faut en outre s'assurer de toutes choses en s'en remettant aux sensations et, d'une manière générale, aux appréhensions du moment – qu'elles soient le fait de la pensée ou de n'importe quel autre critère – et semblablement aux

■ 9. *Hdt.* 50-1.

affections présentes, de sorte que nous soyons en mesure d'inférer à partir de signes aussi bien ce qui attend d'être confirmé que le non-manifeste [10].

Je reviendrai plus tard sur les aspects méthodologiques de ce passage. Pour le moment, retenons que la sensation est dite vraie et fiable, non seulement dans la sphère de la vie pratique et de l'expérience commune, mais aussi dans le domaine épistémologique et scientifique, et cela pour deux raisons. Premièrement, la sensation correspond à la limite nécessaire de la démonstration et de la connaissance démonstrative, puisque ce qui est évident, par définition, n'a pas besoin d'une démonstration supplémentaire ; ainsi, la sensation empêche la faute bien connue du *regressus ad infinitum*, la recherche infinie d'une cause première. Deuxièmement, en tant que principe de base de la méthode d'inférence, elle constitue une garantie pour les inférences portant sur des réalités non-apparentes ; elle constitue donc une étape obligatoire pour quiconque veut saisir les principes – notamment les principes constitutifs de toutes choses que sont les atomes et le vide –, qui échappent à l'expérience directe.

Parvenus à ce point, nous rencontrons une objection cruciale : si la sensation est vraie dès le départ ou immédiatement, et si elle a fonction de critère de vérité, comment rendre compte des erreurs perceptives, par exemple des hallucinations ou des illusions d'optique ? En d'autres termes, si les épicuriens prétendent élaborer une épistémologie consistante, capable de garantir les inférences scientifiques, ils doivent également rendre compte de l'erreur, en particulier quand elle concerne les données empiriques qui sont précisément au fondement de l'inférence telle qu'ils la conçoivent.

De fait, bien souvent, la sympathie objective qui lie les images aux choses extérieures n'est que partielle. Prenons le célèbre exemple de la tour carrée qui nous apparaît sphérique si elle est vue de loin : l'air intermédiaire fait partiellement obstacle aux simulacres pendant leur écoulement depuis la réalité extérieure jusqu'à l'organe de la vision ; ainsi, comme par érosion, les angles s'estompent et la tour nous paraît sphérique [11]. Il s'agit objectivement d'une illusion : si nous évaluons cette image par le biais d'une comparaison méthodique avec d'autres images que nous pouvons former dans de meilleures conditions d'observation – si l'observateur est plus proche, s'il contourne la tour, etc. –, elle ne peut plus être considérée comme une information parfaitement fiable. N'est-ce pas là un point de vulnérabilité majeur pour la théorie épicurienne de la connaissance ? Les épicuriens pourraient sans doute répondre quelque chose de ce type : il ne fait pas de doute que la « sympathie » physique est une garantie objective de la véracité du sentir et il est tout aussi vrai qu'elle peut être seulement partielle ; il n'en demeure pas moins que toute impression est constituée par une sympathie immédiate avec le flux de simulacres ou d'images, et donc qu'elle est conforme aux conditions objectives de leur production : il est vrai que la tour nous *paraît*

▓ 10. Les traductions d'Épicure sont généralement extraites de *Épicure. Lettres, Maximes et autres textes*, trad. fr. et présentation P.-M. Morel, Paris, GF-Flammarion, 2011, ici p. 60.
▓ 11. Lucrèce, *DRN* IV, 353-363 ; Sextus Empiricus, *Contre les logiciens* VII, 208-209.

sphérique. Je peux ainsi dire avec Épicure[12] que la taille du soleil est telle qu'elle m'apparaît, même si cette affirmation a, comme on s'en doute, suscité des réactions (négatives) dans l'Antiquité[13]. Quoi qu'il en soit, l'impression sensible de la tour sphérique n'est pas le lieu de l'erreur, et cela même si la tour est en fait de forme cubique. Il faut donc chercher ailleurs l'origine du faux.

C'est précisément à ce stade de l'enquête que les affirmations positives se doublent d'arguments négatifs ou indirects en faveur de la vérité des sensations. Il est tout à fait compréhensible que les épicuriens donnent à l'enquête un tour polémique, car le moins que l'on puisse dire, c'est que l'affaire est sujette à controverse. Avant Épicure, Démocrite d'Abdère avait développé de nombreux arguments contre le recours à l'expérience sensible, notamment en ce qui concerne la connaissance de la réalité physique[14]. Épicure, comme on sait, fait sienne la thèse principale de la physique démocritéenne, selon laquelle les atomes et le vide composent toutes choses, mais il s'oppose ici nettement à l'Abdéritain. On peut raisonnablement penser que la théorie de la « sympathie », dans la *Lettre à Hérodote*, est une réponse à la critique démocritéenne de la connaissance empirique. Par la suite, comme je l'ai rappelé, les disciples et les héritiers d'Épicure ont dû répondre à de nouveaux adversaires, notamment les sceptiques académiques. Le quatrième livre du *De Rerum Natura* de Lucrèce offre un bon exemple de ce renouvellement du contexte polémique. Contre les arguments de certains sceptiques, Lucrèce défend l'infaillibilité des sensations en montrant qu'aucun sens, comme la vue ou l'odorat, ne peut être corrigé par un autre sens : la vue ne peut être corrigée par l'ouïe, ni l'ouïe par le toucher, ni le toucher par le goût, car chaque sens a un pouvoir particulier et distinct[15]. Quant à la raison, qui, selon certains philosophes, aurait le pouvoir de remettre en question les informations empiriques, elle dérive en réalité de la sensation et ne peut donc la réfuter, sans se réfuter elle-même. En réfutant la sensation, elle ne ferait que réfuter sa propre origine[16]. Nous devons donc admettre que l'erreur provient, non pas de la sensation elle-même, mais d'un autre mouvement mental distinct de la sensation. Si je vois une tour cubique en la croyant sphérique, ce n'est pas la sensation elle-même qui me trompe, mais plutôt mon jugement ou mon opinion – c'est-à-dire la croyance que je forme à propos d'un objet donné lorsque j'en ai la sensation[17]. La déformation des images dont nous parlions plus haut est un processus physique épistémologiquement neutre et en lui-même exempt de fausseté. L'erreur vient en réalité de ce qui est « ajouté par opinion » (*prodoxazomenon*) et qui n'est pas soumis ensuite à une attestation capable de le confirmer[18]. Ce jugement, il est vrai, dépend des sensations comme toutes nos représentations, mais il en est distinct. L'erreur provient, dit Épicure, d'un « mouvement en nous-même », qui se produit au

12. *Pyth.* 91.
13. *Cf.* Cicéron, *De finibus* I, 20.
14. Voir notamment : Sextus Empiricus, *Contre les logiciens* VII, 135-139 ; *Esquisses pyrrhoniennes* I, 213-214 ; Galien, *Des éléments selon Hippocrate* I, 2 ; Diog. Laert. IX, 72.
15. *DRN* IV, 486-490.
16. *DRN* IV, 483-485 ; voir aussi Diog. Laert. X, 32.
17. *DRN* IV, 353-363.
18. *Hdt.* 50.

moment où nous appréhendons une image sensorielle ou mentale, et qui s'en écarte[19]. Il ne donne pas d'indications précises sur les motifs qui nous poussent – en quelque sorte contre la nature – à nous écarter ainsi de l'évidence des sensations, des affections immédiates ou des préconceptions. La *Maxime capitale* XXIV et l'introduction de Diogène Laërce aux écrits d'Épicure[20] suggèrent cependant que ce mouvement fautif de la raison est généralement lié à une forme d'impatience ou de précipitation : nous nous hâtons de juger, alors que l'objet de notre jugement, le plus souvent, est encore « en attente de confirmation (*prosmenon*) ».

> **Les critères de vérité sont les sensations, les préconceptions, et les sentiments ou affections.**

Par exemple, nous jugeons des choses extérieures d'après la première impression, avant d'avoir pris le temps de faire varier l'expérience. Il peut également s'agir d'une faute d'attention, sous l'influence des opinions du grand nombre et des craintes injustifiées : nous attribuons aux dieux, par « suppositions fausses (*hupolêpseis pseudeis*) » des qualités qu'ils n'ont pas – comme la colère ou la jalousie –, parce que nous n'avons pas fait l'effort de consulter en nous-même la préconception (*prolêpsis*) que nous avons d'eux[21]. L'origine de l'erreur, quoi qu'il en soit, est manifestement de nature passionnelle.

La sensation, en dehors de son explication physique, est elle-même définie de manière négative : elle ne nécessite pas de *logos* – raison ou discours –, ni même de mémoire pour établir la vérité de ce qu'elle exprime. Selon Diogène Laërce[22], « toutes les sensations, dit-il [Épicure], sont a-rationnelles (*alogos*) et incapables de mémoire ». Étant privée de toute forme d'activité rationnelle, et plus globalement de toute extension temporelle au-delà du moment où elle se produit, la sensation n'est pas capable de former des jugements. D'une part, le jugement est une activité de la raison. Il implique toujours un contenu propositionnel – la rose est rouge ; la tour est sphérique –, ainsi qu'une certaine adhésion (ou ce que les philosophes stoïciens appellent un « assentiment ») liée à ce contenu propositionnel. D'autre part et corrélativement, le jugement ou l'opinion, en s'ajoutant à la sensation, étendent le rapport à l'objet au-delà du moment précis où on le perçoit. Le jugement peut donc faillir ; la sensation ne le peut pas.

L'ensemble de la connaissance vraie est-elle pour autant circonscrite dans la sphère des perceptions immédiates ? En réalité, la sensation n'est pas le seul critère de vérité. Diogène Laërce[23] rapporte que, selon le *Canon* d'Épicure, les critères de vérité sont les sensations, les préconceptions, et les sentiments ou affections[24]. Cela ne signifie pas que ces critères soient opposés les uns aux autres. Au contraire, chacun joue son rôle en fonction de la situation à laquelle nous sommes confrontés. Les affections révèlent

▓ 19. *Hdt.* 51.
▓ 20. X, 34.
▓ 21. *Mén.*, 124.
▓ 22. X, 31.
▓ 23. X, 31.
▓ 24. *Cf.* aussi Sextus Empiricus, *Contre les logiciens* XI, 203-216.

de manière évidente le plaisir ou la douleur que l'agent éprouve à un instant donné[25], et jouent pour cette raison un rôle central dans l'éthique et dans la conduite en général. Les prénotions ou préconceptions, quant à elles, ont deux fonctions de base : d'une part, la mémorisation de propriétés constantes par généralisation de sensations répétées – la notion d'être humain dérive de nos expériences successives des êtres humains individuels –; d'autre part, l'appréhension anticipée d'objets particuliers qui tombent sous une classe ou une notion générale déjà constituée en nous : ce qui m'apparaît au loin et que je perçois encore avec peine peut être un cheval, un bœuf ou un être humain (X, 33). Comme les évidences sensibles, les préconceptions interviennent, non seulement dans les situations pratiques (éthiques, politiques, ordinaires), mais aussi dans les sciences et les connaissances théoriques. Elles sont donc très importantes sur le plan méthodologique et épistémologique. C'est ce que nous devons voir maintenant.

Les préconceptions : genèse et méthodologie

Si la préconception peut être considérée comme un critère, c'est parce qu'elle a une évidence immédiate. Bien qu'elle dérive de la sensation et qu'elle ne s'y réduise donc pas, la préconception est, comme la sensation, une connaissance évidente : lorsque j'ai dans mon esprit la préconception d'un cheval, d'un bœuf ou d'un être humain, j'en ai une idée claire et dépourvue d'ambiguïté. Toute préconception possède en effet deux caractéristiques, qui expliquent pourquoi elle est évidente : son immédiateté et sa clarté propres ; la continuité qui la relie à la sensation.

Commençons par l'immédiateté et la clarté de la préconception. On pourrait objecter aux épicuriens que la préconception est secondaire ou dérivée, puisqu'elle provient d'un autre acte de connaissance : la sensation. Or, si la préconception est dérivée, elle constitue une sorte de connaissance de second rang, distincte de ce qui est originairement évident ; on pourrait donc supposer qu'il y a comme un intervalle entre la sensation et la préconception, qui ouvre un espace propice à la formation de jugements erronés. Les épicuriens pourraient répondre à cette objection qu'il n'y a pas de phase intermédiaire dans l'exercice actuel de la préconception, car celle-ci – une fois formée dans notre esprit – est immédiatement associée au stimulus externe correspondant : la sensation de l'objet ou le signifiant linguistique dont il est le référent. Par conséquent, la préconception est une manifestation spontanée des principales propriétés de l'objet et il n'y a pas ici de place pour le jugement. Cette réponse transparaît dans un texte crucial de Diogène Laërce, le compte rendu le plus complet dont nous disposons sur la préconception épicurienne :

> [33] <Les épicuriens> disent, d'autre part, que la préconception est comme une saisie ou une opinion droite ou une notion ou une pensée générale gardée en réserve, c'est-à-dire un souvenir de ce qui s'est souvent manifesté à nous du dehors, par exemple quand on dit que « ce qui est tel est un homme ». En effet, en même temps que le mot « homme » est prononcé, on en conçoit aussitôt le schéma, par préconception, parce que les sensations ont précédé.

25. Diog. Laert., X, 34.

Ainsi, pour chaque nom, ce qui est supposé en premier lieu est évident, et nous n'aurions pas recherché l'objet de recherche si nous ne l'avions pas connu d'abord. Par exemple : « ce qui se trouve là-bas, est-ce un cheval ou un bœuf ? » car il faut déjà avoir connu par préconception, à un moment quelconque, la forme du cheval ou du bœuf. Et nous n'aurions pas non plus nommé quelque chose, si nous n'avions pas d'abord appris son schéma par préconception. Les préconceptions sont donc évidentes. En outre, ce qui peut faire l'objet d'une opinion dépend de quelque chose d'évident et d'antérieur, auquel nous nous référons quand nous disons par exemple : « d'où savons-nous si ceci est un homme ? »[26].

La formule « en même temps que » mérite d'être soulignée. Dès que j'entends le mot « homme », j'ai à l'esprit, par le biais de la préconception, comme une sorte de *déjà vu*, une sorte d'esquisse (ou « schéma », en grec : *tupos*). Je n'ai donc pas besoin de données supplémentaires pour identifier ce dont j'ai la représentation, car le lien entre la préconception et le mot est immédiat, tout comme le lien entre la préconception et l'objet de ma première expérience sensible. Ainsi, lorsque je pense à « homme » sur un mode général, j'atteins le même niveau d'évidence que lorsque je perçois un homme particulier par les sens. Nous sommes donc fondés à admettre que les préconceptions sont par elles-mêmes évidentes, au même titre que les sensations ou les affects immédiats de plaisir et de peine.

Venons-en à la seconde garantie épistémique de la préconception, la continuité naturelle, à la fois physique et mentale, entre la sensation et la préconception. Diogène d'Œnoanda décrit très clairement ce qui se passe lorsqu'une préconception se forme :

> après l'impact des premiers simulacres, notre nature est devenue poreuse et cela de telle manière que, lors même que les choses que l'on a vues auparavant ne sont plus présentes, des apparitions semblables aux premières sont reçues par la pensée...[27]

La répétition de sensations portant sur un même objet (par exemple : un nombre indéfini d'êtres humains) produit des modifications continues dans l'organe sensoriel, et ce phénomène est le fondement physique de la similitude qui caractérise la préconception (la notion générale de l'être humain). Comme nous l'avons vu, la sensation est dépourvue de raison et de mémoire : c'est une saisie immédiate, un pur présent a-rationnel. La préconception est, quant à elle, une sorte de mémoire, puisqu'elle retient les traits communs qui se dégagent des expériences successives d'un même objet.

On pourrait cependant se demander en quel sens la préconception est en soi rationnelle et, si elle l'est effectivement, comment on peut la préserver du risque de la prédication fausse. Les épicuriens ont-ils en outre attribué à la préconception un contenu propositionnel, du type : « l'être humain est tel ou tel », ou bien ont-ils conçu la préconception comme une pure image

26. Diog. Laert., X, 33, trad. fr. P.-M. Morel, dans *Épicure. Lettres, Maximes et autres textes, op. cit.* pour les passages cités de Diogène Laërce, p. 57-58.

27. Diogène d'Œnoanda, fragment 9.III. 6-14 Smith, trad. fr. P.-M. Morel dans D. Delattre et J. Pigeaud (dir.), *Les Épicuriens*, Paris, Gallimard, 2010, p. 1033.

mentale sans contenu propositionnel ? Ils semblent en tout cas penser que la préconception est déjà rationnelle dans la mesure où elle est une sorte de notion ou une idée, au sens large déjà mentionné. Diogène Laërce attribue d'ailleurs aux épicuriens une typologie des « conceptions » (*epinoiai*) selon laquelle chaque type de notion est une construction rationnelle :

> toutes les conceptions viennent des sensations, par incidence, par analogie, par similarité ou par synthèse de propriétés ; le raisonnement lui aussi y contribue en quelque manière. Les représentations des fous et celles qui paraissent en rêves sont vraies également, car elles meuvent ; or ce qui n'est pas ne meut pas [28].

Dans cette optique, la préconception, qui est une sorte d'*epinoia* – peut-être le type de notion qui découle des sens « par incidence », la relation la plus immédiate dans la liste ci-dessus – est un état cognitif plus élaboré qu'une simple appréhension sensorielle de l'objet. Par conséquent, elle dépend probablement de la partie ou faculté rationnelle de l'âme. Sans doute les épicuriens ont-ils estimé que la préconception était malgré tout évidente, parce qu'elle constitue une actualisation immédiate, non-susceptible d'être pervertie, d'un état – l'image mentale – qui, n'ayant pas d'autre origine que l'expérience sensible, ne peut pas être contaminé par des jugements surajoutés.

Par ailleurs, les préconceptions ne sont pas seulement des productions spontanées de l'esprit, ou des généralisations naturelles : elles sont aussi des outils de l'investigation scientifique. De fait, la préconception, dans la *méthodologie* épicurienne, a au moins trois fonctions : elle sert (a) de concept de base en vue d'une recherche ; elle a fonction (b) d'invariant ou de point de comparaison critique pour évaluer d'autres représentations ou jugements ; et (c) elle fait office de définition.

(a) Concernant la fonction de concept de base, nous disposons d'un témoignage de Clément d'Alexandrie (*Stromates* II, 4, 16-17 = Us. 255), qui fait écho à la méthodologie de l'inférence d'Épicure telle qu'elle est exposée dans la *Lettre à Hérodote* (37-38). Le texte de Clément définit la préconception épicurienne comme « une appréhension (*epibolê*) d'une chose évidente et de la notion (*epinoia*) évidente de la chose » et il ajoute qu'« il est impossible de chercher quoi que ce soit, d'avoir des doutes ou des opinions sur quoi que ce soit, ou même de réfuter quoi que ce soit sans préconception ». Ainsi envisagée, la préconception n'est pas seulement un type de représentation particulier parmi d'autres : elle acquiert une fonction épistémologique et logique décisive dans la perspective d'une investigation ultérieure. Sans l'appui évident de la préconception, il n'y aurait ni questions, ni opinions, ni recherches. On peut légitimement supposer que cette théorie de la préconception est la réponse proprement épicurienne à la célèbre interrogation du *Ménon* de Platon sur la possibilité de mener une recherche en l'absence de toute pré-connaissance. La préconception épicurienne remplit manifestement la fonction d'une pré-connaissance sans laquelle il serait impossible de s'engager avec succès dans une recherche sur la chose en question.

■ 28. Diog. Laert., X, 32 trad. fr. P.-M. Morel, dans *Épicure. Lettres, Maximes et autres textes, op. cit.*, p. 57.

(b) Par ailleurs, la *Lettre à Ménécée* d'Épicure nous invite à ne pas ajouter à la « notion commune » (*koinê noêsis*) du Dieu – notion dont nous avons en nous-mêmes l'esquisse – une opinion qui la contredirait, c'est-à-dire une opinion contraire à l'idée que les dieux sont bienheureux et incorruptibles. Or, il apparaît que cette notion commune est précisément une préconception[29], par opposition aux fausses suppositions formées par la majorité des hommes :

[123] [...] En premier lieu, considérant que le dieu est un vivant incorruptible et bienheureux, ainsi que la notion commune du dieu en a tracé l'esquisse, ne lui ajoute rien d'étranger à son incorruptibilité, ni rien d'inapproprié à sa béatitude. En revanche, tout ce qui peut préserver en lui la béatitude qui accompagne l'incorruptibilité, juge que cela lui appartient. Car les dieux existent. Évidente est en effet la connaissance que l'on a d'eux. Mais ils ne sont pas tels que la plupart des hommes les conçoivent. Ceux-ci, en effet, ne les préservent pas tels qu'ils les conçoivent. Est impie, d'autre part, non pas celui qui abolit les dieux de la foule, mais celui qui ajoute aux dieux les opinions de la foule, [124] car les déclarations de la foule à propos des dieux ne sont pas des préconceptions, mais des suppositions fausses[30].

Il ressort clairement de ce texte que nous avons en nous une représentation stable des dieux, comme étant des êtres bienheureux et incorruptibles. Tous les passages qui insistent sur la présence en nous de la préconception du divin vont dans le même sens. C'est notamment le cas, dans le traité de Cicéron *Sur la nature des dieux* (*De natura deorum*), de l'exposé de l'épicurien Velleius. Celui-ci insiste à plusieurs reprises sur la présence en chacun d'une notion des dieux, la nature elle-même en ayant imprimé l'idée dans tous les esprits (I, 43), d'où l'idée que nous en avons une sorte de connaissance « innée » (I, 44). Il ne faut pas entendre ici « inné » au sens d'un innéisme strict, d'une connaissance antérieure à toute expérience, mais plutôt comme signifiant que nous avons naturellement la capacité de les concevoir, ou encore que nous faisons l'acquisition de la connaissance des dieux spontanément, même si ce n'est pas par expérience directe, puisque les dieux nous sont invisibles. Quoi qu'il en soit, nous pouvons tout aussi bien former des idées fausses à leur sujet. C'est même le lot de la plupart des hommes, qui sont induits en erreur par les croyances religieuses et la superstition. Les dieux de l'Olympe sont souvent jaloux, envieux et cruels, et beaucoup de gens sont terrifiés à l'idée des châtiments divins auxquels ils se croient promis dans l'Hadès. Or ces opinions ne sont pas seulement incompatibles avec la conception épicurienne du bonheur divin, un bonheur fait d'indifférence à l'égard des choses humaines. Elles entraînent également des perturbations psychiques pour ceux qui les tiennent pour vraies : la crainte des enfers, la superstition, les angoisses existentielles. Pour nous épargner, ainsi qu'aux autres hommes, les troubles psychiques qui résultent de ces fausses croyances, nous devons recourir à la véritable préconception des dieux et nous en servir comme d'un

■ 29. Voir également Philodème, *Sur la piété*, 1. 441-3 ; 1300 ; 1887 Obbink, dans D. Obbink (éd.), *Philodemus. On Piety*, Oxford, Clarendon Press, 1996, respectivement p. 134, 194 et 236.
■ 30. P.-M. Morel, *Épicure. Lettres, maximes et autres textes, op. cit.*, p. 97-98.

invariant auquel nous référer, afin d'évaluer les différentes opinions que nous pouvons former à leur sujet.

La préconception des dieux, il est vrai, sert d'abord de critère négatif, ce qui pourrait nous laisser sur notre faim : elle définit avant tout ce que les dieux ne sont pas (jaloux, colériques, préoccupés, etc.), mais dit-elle de manière assez précise ce que les dieux sont véritablement ? L'imprécision relative de la préconception a en réalité une fonction positive. Grâce à elle, on peut admettre diverses représentations des dieux, jusqu'à concéder certains points à la théologie traditionnelle. On peut bien accorder, par exemple, que les dieux ont telle ou telle forme, et en particulier une forme humaine [31], ou qu'ils vivent en communauté et parlent grec [32], ou encore que certaines réalités naturelles peuvent recevoir des noms divins. Lucrèce le dit très clairement au Chant II de son poème [33] : on peut bien appeler la mer « Neptune » et le blé « Cérès », pourvu qu'on ne laisse pas son esprit être contaminé par la religion !

Cette situation est analogue au cas de la préconception du juste ou « droit » (*dikaion*). Nous disposons de deux maximes d'Épicure sur le sujet :

> XXXVII. Parmi ce qui a été institué comme étant juste, ce dont il est attesté que cela répond utilement aux besoins de la communauté mutuelle trouve sa place dans ce qui est juste, que ce soit la même chose pour tous ou non. Mais si quelqu'un institue une loi sans que cela soit utile à la communauté mutuelle, cela n'a plus la nature du juste. Et même si l'utile conforme au juste vient à changer, tout en correspondant pendant un certain temps à la préconception <du juste>, cela n'en était pas moins juste pendant ce temps-là, pour ceux qui ne se laissent pas troubler par des formules vides, mais portent simplement leur regard sur les faits.

> XXXVIII. Dans le cas où, sans que de nouvelles circonstances soient intervenues, ce qui a été institué comme étant juste ne correspondait manifestement pas à la préconception, cela n'était pas juste. Mais dans le cas où, des faits nouveaux s'étant produits, cela même qui a été établi comme étant juste a perdu son utilité, alors, dans ce cas, cela était juste tant que c'était utile à la communauté mutuelle des concitoyens ; mais, après cela, ce n'était plus juste, parce que cela n'avait plus d'utilité [34].

L'idée que nous nous faisons de l'utile politique – c'est-à-dire de ce qui est utile à une communauté politique donnée en un lieu et un temps donnés, afin que ses membres ne se portent pas mutuellement préjudice – doit s'adapter à la préconception de ce qui est juste. Celle-ci, comme dans le cas de la préconception du divin, doit donc être suffisamment stable pour servir d'invariant critique et de point de comparaison. Or l'estimation de l'utile peut changer en fonction des circonstances, et cela tout en restant cohérente avec la préconception du juste. La situation est par conséquent la suivante : la prolepse du juste ne suffit pas, par elle-même, à définir la justice d'une

---

31. Cicéron, *De natura deorum* I, 46.
32. Philodème, *Sur les dieux* III, 14, Diels, voir H. Diels (éd.), *Philodemos Über die Götter*, Berlin, Verlag der Königl. Akademie der Wissenschaften, 1916.
33. *DRN* II, 655-660.
34. Épicure, *KD* 37- 38, P.-M. Morel, *Épicure. Lettres, maximes et autres textes, op. cit.*, p. 112.

manière qui s'applique, sans variations, à tous les temps et à tous les lieux ; mais elle constitue un cadre de variation, ou une règle d'évaluation pour les situations particulières dans lesquelles la question de la justice politique vient à se poser.

(c) Ce qui caractérise enfin la prolepse, outre sa fonction de critère, qu'elle partage avec d'autres modes de connaissance, c'est que son contenu est toujours quelque chose de général et d'atemporel. Un dieu est toujours, en tant que tel, incorruptible et bienheureux ; tout corps possède, en dehors de ses accidents provisoires (comme la couleur ou le degré de température), des propriétés permanentes, telles que le fait d'avoir une forme ou une grandeur, ou le fait d'occuper une certaine étendue. Ce contenu consiste en une notion permanente déterminée, et en ce sens au moins essentielle. Ce point de doctrine est confirmé par Philodème, qui précise que la préconception tient lieu de définition[35].

Épicure et ses disciples, il est vrai, passent pour avoir vigoureusement critiqué la définition en tant que telle[36]. En réalité, leur cible est sans doute la définition abstraite, qui se voudrait indépendante de toute attestation empirique. Ils savent que nous avons besoin de définitions, à la fois pour la vie quotidienne et pour la pratique de la philosophie et des sciences. La préconception, dans la mesure où elle est une notion immédiatement efficace et indissociable des données empiriques, est bien équipée pour jouer ce rôle, tout en nous préservant des abstractions sans fondement.

Du bon usage des démonstrations

Les épicuriens ne se contentent pas de rejeter les définitions abstraites : ils critiquent également la « dialectique » comprise au sens de logique générale ou théorie du raisonnement[37]. Corrélativement, ils émettent de fortes réserves sur la démonstration (*apodeixis*) telle que la conçoivent Aristote et ses héritiers : une procédure strictement analytique consistant à déduire une conclusion à partir de prémisses nécessaires, vraies et immédiates, et à partir d'elles seules[38]. On pourrait ajouter à cette définition, pour anticiper sur l'esprit de la critique épicurienne des démonstrations : *... et cela indépendamment de l'expérience que nous pouvons faire du contenu de ces propositions.*

À regarder les choses de près, la position épicurienne est cependant plus subtile. Épicure et ses disciples, en critiquant les démonstrations, ont en effet trois types de cibles : les démonstrations purement formelles (qui ne tiennent pas compte des données empiriques) ; les démonstrations non-pertinentes (lorsqu'on recourt à des démonstrations, alors qu'il n'y a pas lieu de le faire ; par exemple, pour établir le sens des mots) ; le *regressus ad infinitum*, auquel on s'expose lorsqu'on prétend démontrer des principes indémontrables.

Ces cibles sont assez clairement identifiées dans l'introduction méthodologique de la *Lettre à Hérodote* (37-38), déjà citée. Dans ce passage, Épicure ne plaide pas exactement contre la démonstration en tant que telle, mais plus

35. *De signis* 52 ; XXXIV- V, D. Delattre et J. Pigeaud (éd.), *Les Épicuriens, op. cit.*, p. 558-559.
36. *Commentaire anonyme du* Théétète *de Platon*, 22, 39-47.
37. Cicéron, *Académiques* II (Lucullus) 30, 97 ; Diog. Laert. X, 31.
38. Voir les définitions données par Aristote en *Topiques*, I, 1, 100a25-27 ; *Premiers analytiques*, I, 1, 24b19.

précisément contre *l'usage* qu'on en fait généralement. Il critique, d'une part, les démonstrations à l'infini et, d'autre part, les ajouts d'arguments démonstratifs, là où il convient de s'en tenir à l'évidence des expressions verbales, des sensations, des affections, et des notions premières – c'est-à-dire, probablement, les préconceptions. Il ne s'agit donc pas de rejeter toute procédure rationnelle complexe ni de s'en tenir aux inductions simples. Épicure ne se contente d'ailleurs pas de mentionner les critères de vérité (sensations, affections et préconceptions) pour leur valeur propre ; il énonce également dans ce passage les conditions nécessaires à l'inférence par signes (*semeiôsis*), c'est-à-dire par référence aux attestations empiriques. Si l'on tient compte de toutes les conditions qui sont énoncées ici, on peut s'appuyer dans les sciences sur des données stables et manifestes, afin de mener l'enquête sur les réalités non-apparentes, comme les atomes et le vide.

Or, tout cela exige que l'on établisse une distinction claire entre ce qui est démontrable et ce qui ne l'est pas – c'est-à-dire entre ce qui peut faire l'objet d'une démonstration et ce qui va de soi. C'est le cas des sensations, ainsi que des préconceptions : ces dernières sont des notions premières, au-delà desquelles nous ne devons pas remonter – puisque ce sont des évidences et que l'évident n'a pas à être démontré –, au risque de nous engager dans une régression infinie vers une évidence antérieure supposée. En d'autres termes, les épicuriens ne rejettent pas toute démonstration mais plutôt le type de pseudo-démonstration – qu'Aristote rejette également –, dont l'analyse régressive n'aurait pas de terme. Ils estiment ainsi que certains états mentaux – sensations, préconceptions et affections – sont par eux-mêmes évidents, de sorte qu'ils jouent le rôle de principes indémontrables du raisonnement.

La critique épicurienne des démonstrations ne vise donc pas la logique en tant que telle, comme l'atteste d'ailleurs Sextus Empiricus[39], qui précise que, d'après certains, Épicure ne laissait pas de côté la logique en général mais celle des stoïciens. Elle ne rejette pas non plus les procédures de raisonnements complexes, mais plutôt les mauvais usages et les conceptions vaines du raisonnement déductif. C'est le cas de tous les types de raisonnements qui prétendent conduire à des conclusions indépendamment de l'expérience que nous pouvons faire du contenu des propositions.

Le jugement et les sciences

Par ailleurs, la théorie épicurienne des critères de vérité, la « canonique », ne se contente pas d'établir une typologie des états mentaux évidents : elle est aussi le cadre d'une méthodologie complexe du jugement et de l'attestation, en rapport avec les données empiriques. Épicure nous a laissé un texte court mais éclairant, qui appelle à l'utilisation de cette méthode en montrant les conséquences auxquelles nous serions exposés sans elle :

XXIV. Si tu rejettes absolument une sensation donnée sans distinguer entre, d'une part, l'opinion que l'on a formée et qui est en attente <de confirmation> et, d'autre part, ce qui est déjà présent en vertu de la sensation, les affections, et

■ 39. *Contre les logiciens* VII, 15.

toute appréhension d'image par la pensée, tu confondras le reste des sensations avec l'opinion vide, de sorte que tu rejetteras le critère en son entier[40].

Cette théorie des critères de la connaissance peut à première vue paraître relever d'une forme assez naïve d'empirisme. Son application montre cependant qu'il n'en est rien, car les épicuriens ne prétendent nullement réduire la connaissance des réalités non-apparentes à une extension directe de la perception des phénomènes. La subtilité même de la méthodologie épicurienne réside dans les différents modes de passage des notions et des opinions aux sensations et inversement. Ces modes, et l'analogie en particulier, relient les propositions sur les choses cachées aux attestations empiriques par une méthode complexe de vérification. Les témoignages de Diogène Laërce et de Sextus Empiricus[41], le traité de Philodème *Sur les signes*, ainsi que les procédures argumentatives utilisées par Épicure lui-même et par Lucrèce, donnent une idée assez précise de cette méthode et de son articulation à la doctrine des critères de vérité.

Lorsque les jugements portent sur ce qui peut faire l'objet d'une expérience directe, leur vérité est établie par attestation (*epimarturêsis*) et leur fausseté par non-attestation (*ouk epimarturêsis*). Ainsi, lorsque je pense que l'individu qui s'approche de moi n'est autre que Platon, j'ai encore besoin, pour confirmer ce jugement, d'une attestation – ou d'une non-attestation – que l'expérience me fournira lorsque l'individu que je vois se sera approché. Épicure fait allusion à ce type de situation lorsqu'il distingue, dans la *KD* 24, entre ce qui est déjà évident et les opinions qui doivent encore être confirmées, qui sont en attente d'attestation. Lorsque les jugements concernent des réalités non-apparentes, ils peuvent faire l'objet d'une non-infirmation (*ouk antimarturêsis*) ou d'une infirmation (*antimarturêsis*). Dans ce cas, je dois établir une relation de conséquence (*akolouthia*) entre l'invisible et l'évidence empirique. Cette relation ne peut pas être confirmée directement – dans le cas où les réalités en question sont non-apparentes par nature, comme les atomes ou le vide –, mais elle peut être établie par non-infirmation. Prenons, par exemple, l'existence du vide. Nous faisons le constat évident de l'existence du mouvement. Or, celle-ci implique l'existence du vide[42]. Par conséquent, nous posons l'existence du vide. Ainsi, l'hypothèse contraire est infirmée et la conclusion est justifiée.

Dans le cas de phénomènes lointains, comme les événements et les corps célestes ou souterrains, si la déduction n'infirme pas l'hypothèse contraire, elle justifie un recours à des explications multiples. La *Lettre à Pythoclès* est consacrée à ce genre de phénomènes[43]. Les éclipses du soleil et de la lune, par exemple, peuvent être expliquées soit par leur extinction, soit par leur dissimulation par d'autres corps. En outre, les différentes explications d'un même phénomène peuvent non seulement être logiquement compatibles – dans la mesure où elles sont également acceptables –, mais encore être conjointes[44].

▧ 40. Épicure, *KD* 24 ; première phrase. P.-M. Morel, *Épicure. Lettres, maximes et autres textes, op. cit.*, p. 109-110.
▧ 41. Diog. Laert., X, 34 ; Sextus Empiricus, *Contre les logiciens* VII, 211-216.
▧ 42. *Hdt.* 40.
▧ 43. Voir *Pyth.* 86-87, 93-96 ; *Hdt.* 79.
▧ 44. *Pyth.* 96.

L'essentiel est qu'on puisse en donner une explication rationnelle, c'est-à-dire une justification argumentée qui préserve notre ataraxie en montrant qu'il est inutile d'invoquer les dieux et, par exemple, leur prétendue colère, pour expliquer des événements naturels comme le tonnerre ou les tremblements de terre.

Conclusion

La conception épicurienne de la connaissance est complexe : elle se fonde en tout premier lieu sur les sensations, mais elle n'est pas un empirisme naïf. Elle représente bien plutôt un empirisme rationnel, doté d'outils méthodologiques efficaces et clairement définis. La raison a une fonction spécifique et irréductible et elle produit, dans certaines circonstances, ses propres résultats. C'est le cas lorsque nous avons affaire à des propriétés et à des réalités non-apparentes, qui échappent par nature à la sensation. Nos yeux voient l'ombre et la lumière, dit Lucrèce, mais ils n'expliquent pas comment elles se distinguent l'une de l'autre : seule la raison propre à l'esprit (*ratio animi*) peut les discerner, car les yeux sont incapables de connaître la nature cachée des choses (*natura rerum*)[45]. Pour parvenir à un tel résultat, il fallait trouver des garanties épistémiques, non seulement parmi les sensations, mais aussi parmi les notions générales. C'est ce que font les épicuriens en plaçant les préconceptions dans la liste des critères de vérité. Ils donnent ainsi à leur conception de l'expérience, au-delà de l'évidence des sensations, la dimension d'un empirisme des notions.

Pour autant, il ne faut pas perdre de vue que la science épicurienne ne vise pas un savoir encyclopédique et qu'elle est parfaitement consciente de ses propres limites. Nous pouvons posséder certaines certitudes, puisque nous disposons de connaissances évidentes, et que ce qui est évident ne requiert pas de preuve. Néanmoins, l'infinité du Tout – l'univers, qui contient un nombre indéfini de mondes – et la complexité ou l'éloignement de certains processus physiques particuliers impliquent de privilégier une conception globale (et non-extensive) de la science de la nature. Ainsi, après avoir comparé les combinaisons atomiques à celles des lettres qui composent les vers qu'il est en train d'écrire, Lucrèce déclare que les atomes, qui produisent et sous-tendent la diversité des phénomènes visibles, ont le pouvoir d'opérer bien plus de combinaisons que nous ne pouvons l'exprimer[46]. En d'autres termes, le discours humain est incapable de traduire la totalité de ce dont il donne pourtant une explication globale. La connaissance de la nature, telle que les épicuriens la comprennent, suffit cependant à nous libérer des terreurs que nous pouvons éprouver face à la mort ou aux souffrances psychiques et corporelles. Elle offre ainsi, en se donnant des objectifs proprement scientifiques, l'appui le plus sûr à la recherche du bonheur[47].

---

45. *DRN* IV, 384-385.

46. *DRN* I, 827-829.

47. Ce texte est une version traduite et modifiée de l'étude parue en anglais sous le titre « Epicurean Epistemology », dans N. D. Smith (éd.), *Knowledge in Ancient Philosophy*, vol. 1 de S. Hetherington (éd.), *The Philosophy of Knowledge : A History*, London-New York, Bloomsbury Academic, 2019, p. 169-186. Je remercie les éditeurs et les éditions Bloomsbury Publishing Plc d'en avoir autorisé la reprise.

Bibliographie

ASMIS E., *Epicurus'Scientific Method*, Ithaca, Cornell University Press, 1984.
– « Epicurean Empiricism », *in* J. Warren (ed.), *The Cambridge Companion to Epicureanism*, Cambridge, Cambridge University Press, 2009, p. 84-104.
GOLDSCHMIDT V., « Remarques sur l'origine épicurienne de la "prénotion" », dans J. Brunschwig (éd.), *Les Stoïciens et leur logique*, Paris, Vrin, 1978; 2006², p. 41-60.
MOREL P.-M., *Épicure. La nature et la raison*, Paris, Vrin, 2009; 2013².
TSOUNA V., « Epicurean Preconceptions », *Phronesis* 61, 2016, p. 160-221.

Pierre-Marie Morel
Université Paris 1 Panthéon-Sorbonne
GRAMATA – UMR 7219 SPHERE

DOSSIER

Épistémologie épicurienne

LA PHYSIOLOGIE ÉPICURIENNE DE LA REPRÉSENTATION MENTALE

Francesca Masi

En plus de concevoir la vue et la pensée comme des processus empiriques capables de reproduire les caractéristiques des corps, Épicure reconnaît un processus psychophysique intermédiaire par le biais duquel les *phantasiai* ou représentations sont produites dans l'esprit et synthétisent les caractéristiques des objets sensibles. L'objectif de cet article est de monter qu'Épicure a retravaillé la doctrine de Démocrite dans cette direction, à la lumière de la critique aristotélicienne de certaines théories de la perception et de sa réflexion sur la formation du *phantasma*. Nous étudions le processus physiologique à l'origine de la *phantasia* chez Épicure, et nous montrons son lien avec le processus psychophysique adopté par Aristote pour expliquer la représentation.

Dans cette contribution nous montrerons comment la théorie de la perception épicurienne, bien différemment de celle de Démocrite, reconnaît, en plus de la vue et de la pensée, un autre processus psycho-physique : la formation dans l'esprit de *phantasiai* ou représentations. La vue et la pensée sont conçues comme des opérations imputables au processus d'émanation et d'impression sur les organes périphériques et centraux d'empreintes qui peuvent reproduire les caractéristiques des corps dont elles émanent ; le processus de formation des représentations permet, quant à lui, de synthétiser les caractères typologiques des objets sensibles, qui rendent possible ensuite les différentes fonctions cognitives.

Une telle doctrine s'est vraisemblablement développée dans le cadre d'une confrontation dialectique entre les disciples du Jardin et les autres écoles. On peut en effet penser qu'Épicure et ses disciples ont dû répondre à une nébuleuse d'adversaires qui cherchaient à souligner les insuffisances d'une théorie de la connaissance matérialiste et empiriste. Pour cela, ils ont cherché à élaborer, contre toute forme de scepticisme, une théorie de la représentation capable de justifier le phénomène de l'erreur. Cette théorie réussirait à sauver la valeur informative des images visibles et mentales, tout en confirmant les thèses fondamentales de la psychologie atomiste de la sensation, basée sur l'interaction directe entre la structure psychophysique de l'individu et des afflux de matériaux provenant de l'environnement[1].

Plus précisément, Épicure semble avoir perçu la nécessité d'infléchir dans cette direction la doctrine de Démocrite en voyant les critiques aristotéliciennes des théories de la perception des philosophes naturalistes. La polémique d'Aristote contre ses prédécesseurs s'explique par l'incapacité des théories matérialistes de la sensation de rendre raison des erreurs de perception, et plus particulièrement des illusions perceptives ; de plus ces théories identifiaient les mécanismes physiologiques à la source de l'intellection et de la vision et avaient, par là même, des difficultés à rendre raison de certaines spécificités de l'activité dianoétique par rapport à l'activité sensorielle[2]. Cette polémique a poussé Aristote à introduire dans sa psychologie la *phantasia* comme faculté charnière entre la vision et la pensée permettant d'expliquer différents phénomènes cognitifs.

Dans cette étude, nous allons analyser la stratégie adoptée par les épicuriens pour surmonter ces difficultés qui se trouvent aussi implicitement dans la théorie démocritéenne de la vision et de l'intellection. Pour cela, les épicuriens vont intégrer dans leur doctrine des éléments déductibles de la psychologie aristotélicienne et traduisibles en termes atomistes. Il nous faut donc examiner précisément la nature exacte du mécanisme physiologique à la base de la *phantasia*. Ce mécanisme est fortement inspiré du processus psychophysique adopté par Aristote pour expliquer la formation de la représentation mentale : une transmission par contraction (*peristalsis*) des résidus perceptifs qui produit une impression sur le cœur, ces résidus allant des organes des sens périphériques au système sensoriel central.

Pour éclairer l'origine et la nature de la représentation dans la psychologie épicurienne, nous procéderons de la manière suivante. Nous allons d'abord expliquer rapidement la doctrine des simulacres qui est au centre de la doctrine de la perception. Épicure et les épicuriens ultérieurs s'efforcent de préciser la modalité de formation de ces simulacres, la nature de leur composition, et les processus de leur transmission aux organes des sens périphériques et centraux. Nous confronterons ensuite les processus de la vision et de la pensée pour montrer que, même s'ils sont semblables, ils ne sont pas identiques : il y a entre eux un écart irréductible. Cela permettra d'expliquer qu'il soit nécessaire de recourir à un processus physiologique distinct et intermédiaire. Enfin nous expliquerons le mécanisme physiologique complexe auquel Épicure et les épicuriens recourent pour expliquer la formation des représentations ou images mentales qui constituent l'objet spécifique de la pensée. Il sera

---

1. Pour identifier les adversaires possibles des épicuriens, voir E. Spinelli, « Un ginepraio scettico nel XXXIV libro *Sulla natura* di Epicuro ? Fra ipotesi esegetiche e polemica filosofica », *in* F. G. Masi, G. Leone et F. Verde (ed.), *Vedere l'invisibile. Rileggendo il XXXIV libro Sulla natura di Epicuro (PHerc. 1431)*, Napoli, Centro Internazionale per lo Studio dei Papiri Ercolanesi Editore, 2020, p. 95-105.

2. D. Konstan, « Epicurean Phantasía », *ΠΗΓΗ/FONS* 5, 2020, p. 1-18.

ainsi possible de souligner la fonction et l'importance de la *phantasia* dans l'épistémologie épicurienne[3].

La doctrine des simulacres

Nous connaissons la doctrine épicurienne des simulacres grâce à plusieurs sources : le compte-rendu sommaire donné par la *Lettre à Hérodote* (46-49) dans laquelle Épicure récapitule les points fondamentaux de sa science de la nature ; l'exposition précise qu'en donne Lucrèce dans le quatrième chant du *De rerum natura* ; les rappels que nous trouvons dans d'autres sources secondaires qui traitent de la théorie de la perception et de la pensée, en particulier les inscriptions de Diogène de Œnoanda[4] ; et, surtout, les passages conservés du livre II du *Sur la nature* d'Épicure, qui, dans l'édition récente de Giuliana Leone[5], apportent des précisions absentes des autres sources. Nous n'entrerons pas dans le détail des explications des différents auteurs ou des perspectives spécifiques dans lesquelles elles se sont affrontées ; nous nous limiterons à exposer brièvement les aspects marquants de la doctrine qui permettent de comprendre pleinement la théorie de la représentation épicurienne[6].

Les simulacres sont des pellicules de l'épaisseur d'un atome qui se détachent de la surface de l'objet. Ils constituent l'enveloppe externe de l'objet, en en reproduisant la forme, la structure et la dimension. Ils sont tridimensionnels mais vides à l'intérieur, ce qui signifie que, par différence avec les *eidôla* conçus par Démocrite, ils ne reproduisent pas les caractéristiques intrinsèques et profondes de l'objet dont ils proviennent, comme par exemple les propriétés psychiques des organismes vivants. Les simulacres sont très fins, mais compacts, à l'image des « tuniques »[7] des cigales, en raison de leur *allèlouchia*, de la cohésion étroite des atomes qui entrent dans leur composition. À partir du moment où les atomes réunis en un agrégat se déplacent, soit en raison d'un mouvement propre, soit en raison de leurs collisions réciproques, leur cohésion

3. Dans la présente contribution, j'ai synthétisé plusieurs articles liés au thème de la *phantasia* : F. G. Masi, « Dagli occhi alla mente : il cammino tortuoso degli εἴδωλα », dans S. Maso et F. G. Masi, *Epicurus on Eidola, Peri Physeos, Book II. Updates, Proposals, and Discussions*, Amsterdam, Hakkert, 2015, p. 107-134 ; F. G. Masi, « Passione e immaginazione in Lucrezio : il caso dell'inganno onirico », *Elenchos* 39, De Gruyter, 2018/2, p. 257-279 ; F. Masi, « Immagine e illusione nel *De rerum natura* di Lucrezio », dans F. Aronadio, E. Di Iulio et F. G. Masi, *La natura corporea delle immagini. Da Empedocle a Lucrezio*, Napoli, Istituto Italiano per gli Studi Filosofici Press, 2022, p. 227-256. Cela dit, à la fin de l'année 2022, a été publiée la belle monographie de F. Corsi *Epistemologia e Scienza della Natura in Diogene di Enoanda*, par le Centro Internazionale per lo Studio dei Papiri Ercolanesi, dans laquelle l'auteur reprend de façon scrupuleuse et détaillée bien des arguments mentionnés ici, et où il critique mon interprétation de l'origine et de la formation de l'image mentale. Même si certaines de ses remarques m'ont permis d'améliorer quelques aspects de mon interprétation, et si son analyse mériterait certainement une recension plus précise que celle que je peux donner ici, je me contenterai d'observer que les arguments de Corsi ne me semblent pas suffisants pour remettre en question le cœur de mon interprétation. Et je renvoie donc à la lecture de son livre pour une proposition alternative.

4. En particulier fr. 9-10 Smith, *The Epicurean Inscription. Diogenes of Oinoanda*, éd. M. Smith, Napoli, Bibliopolis, 1993.

5. G. Leone (ed.), *Epicuro. Sulla natura Libro II*, Napoli, Bibliopolis, 2012.

6. Sur la doctrine des simulacres, voir de G. Leone, outre son édition du livre II du *Peri Phuseôs*, « Nuovi spunti di riflessione sulla dottrina Épicurea degli εἴδωλα dalla rilettura del II libro Sulla natura », dans F. G. Masi et S. Maso, *Epicurus on Eidola, Peri Physeos, Book II*, *op. cit.*, p. 35-53 ; « Considerazioni sulla fisiologia delle immagini in Epicuro. Il contributo del II libro *Sulla natura* », dans F. Aronadio, E. Di Iulio et F. G. Masi, *La natura corporea delle immagini.*, *op. cit.*, p. 165-199.

7. DRN IV, 58.

peut être entendue en un sens dynamique, comme la capacité des atomes qui forment l'*eidôlon* à conserver leur propre position par rapport aux autres.

Les *eidôla* se déplacent normalement dans l'environnement en suivant un flux continu, garanti par la compensation permanente de la matière qui émane de l'objet. Grâce à leur conformité et leur commensurabilité avec les pores présents dans l'air qui, dans des conditions normales, peuvent être traversés sans opposer de résistance, ils se déplacent en direction droite avec une grande vitesse. Cependant, si la distance est grande, les simulacres peuvent changer de forme à cause des chocs reçus dans l'air. Ils peuvent, en outre, être déchirés et détruits s'ils rencontrent des corps ou des surfaces trop denses et/ou compacts, ou rebondir lorsqu'ils interagissent avec des plans lisses.

Ces simulacres ont différentes modalités de formation et diverses conditions d'existence. Le plus souvent, des simulacres se détachent des objets par l'impulsion interne des atomes qui les composent. Mais, il y a aussi des simulacres qui errent dans l'air individuellement. Ces derniers ne sont pas visibles, les yeux n'ayant pas le pouvoir d'être modifiés par un seul simulacre, mais ils peuvent être perçus directement par l'esprit qui, en raison de son extrême subtilité et de sa mobilité, est en mesure de réagir à un seul stimulus. Enfin, certains simulacres se forment dans l'air par la réunion ou la confusion de plusieurs simulacres restés à y errer. Giuliana Leone a clarifié un détail important – traité par Épicure dans le second livre du *Sur la nature* mais absent de l'exposé de Lucrèce – : la capacité de contraction (*synizèsis*) du simulacre. En effet un simulacre peut s'affiner et se réduire en présence d'obstacles, tout en maintenant en vertu de l'*allèlouchia*, l'ordre et la position des atomes [8]. Nous allons montrer plus loin comment Lucrèce exploite cette propriété dans le cadre de son exposition du mécanisme physiologique constitutif de la représentation mentale. Pour le moment, il suffit de mettre en évidence comment, en se fondant sur le caractère corporel de la nature de l'image, Épicure et Lucrèce peuvent justifier deux aspects essentiels pour l'analyse présente. D'abord, les simulacres ont la capacité de véhiculer, y compris sur de grandes distances, des informations sur les objets dont ils proviennent, en raison de leur homogénéité réciproque. Il est utile de rappeler rapidement ici quelques points, sur lesquels nous reviendrons par la suite, sur la nature de cette homogénéité qui est essentielle pour expliquer la spécificité de l'image mentale par rapport à l'image visuelle. En premier lieu, l'homogénéité entre le simulacre et l'objet ne renvoie pas à une simple ressemblance, mais à une véritable identité : le simulacre est l'objet, il en constitue la surface externe [9]. En outre, il y a selon Épicure deux types d'homogénéité, une homogénéité morphologique par laquelle le simulacre reprend exactement la forme, la figure mais aussi la structure, la grandeur et la couleur de l'objet, et une homogénéité

---

structurale par laquelle le simulacre reprend seulement le schème de l'objet, à savoir ses caractères permanents et typologiques[10].

En second lieu il existe des *eidôla* qui ne correspondent à aucun objet, comme les images fantastiques d'objets qui n'existent pas, par exemple celles des centaures, ou comme les images d'objets qui ne sont pas présents à la perception, par exemple celles des morts. Ces deux aspects de la doctrine – homogénéité des *eidôla* avec les objets dont elles proviennent et existence d'*eidôla* qui n'ont pas d'objets correspondant – ne sont en rien incompatibles : en effet les images fantastiques sont le résultat de la composition ou de la confusion des simulacres provenant d'objets divers dont ils reproduisent, au moins partiellement, les caractéristiques extérieures, tandis que les images des objets qui ne sont plus présents à la perception donnent cependant des informations sur ces objets.

Nous allons donc expliquer comment la doctrine des simulacres, ainsi délimitée, est utilisée pour analyser les phénomènes de la vision et de la pensée.

L'irréductibilité de la pensée à la vue

Dans la *Lettre à Hérodote*, au sein de l'exposition de la doctrine des *eidôla*, Épicure explique sa théorie de la perception en ramenant la vision et la pensée à un mécanisme physiologique analogue, à savoir l'impact et l'impression des *eidôla* provenant des objets extérieurs sur le sujet percevant :

[49] Il est également nécessaire de penser que nous voyons les formes et que nous les pensons au moment où pénètre en nous quelque chose des objets extérieurs ; les objets extérieurs, en effet, ne sauraient imprimer en nous la nature de leur couleur et de leur forme au moyen de l'air situé entre nous et eux, ni au moyen des rayons de lumière ou de ces écoulements qui se détachent parfois de nous vers eux, comme le font les empreintes qui surviennent en nous à partir des choses, en gardant la même couleur et la même forme, s'ajustant par la taille à notre vue ou à notre pensée, en se servant de déplacements très rapides [...][11].

Remarquons que le but principal de ce passage est moins d'approfondir l'explication physiologique de la vue et de la pensée que d'insister sur la capacité des *eidôla* à reproduire fidèlement dans le sujet percevant les caractéristiques extérieures des objets dont elles proviennent, tout en se démarquant de certaines explications inadéquates de ce phénomène. Épicure refuse explicitement, probablement contre Démocrite, que l'air puisse être un moyen de transmission des empreintes. Il refuse de recourir à l'expédient d'un rayon ou d'un flux visuel qui saisirait les émanations de matière des corps externes, explication admise non seulement par Démocrite mais aussi par Empédocle et par Platon. Dans ce contexte, cependant, le philosophe mentionne un détail physique de sa doctrine qui est fondamental pour

---

■ 10. Sur la différence entre l'homogénéité morphologique et l'homogénéité structurale, voir G. Leone (ed.), *Epicuro. Sulla natura Libro II*, op. cit., p. 536-537 et A. Corti, « Ὁμοιοσχήμων e ὁμοιόμορφος. Alcune riflessioni sulle proprietà degli εἴδωλα nella dottrina di Epicuro », dans F. G. Masi et S. Maso, *Epicurus on eidola : Peri phuseos Book II*, op. cit., p. 93.
■ 11. [NdT : sauf exception signalée en note, les traductions sont données ici à partir du texte italien].

distinguer la vue de la pensée. Il soutient en effet que la grandeur en vertu de laquelle les *eidôla* sont capables de véhiculer plus ou moins fidèlement les informations sur les objets extérieurs est adaptée respectivement à la vue et à la pensée. Cette disjonction suggère que les *eidôla* responsables de la vue et ceux qui sont responsables de la pensée peuvent avoir des formats divers. Il n'y a pas d'indications claires sur cet aspect de la doctrine dans les écrits qui nous restent d'Épicure et des épicuriens, qui permettraient de résoudre la question de l'adaptabilité des simulacres aux yeux, point qui faisait l'objet de discussions et de critiques de la part de l'école péripatéticienne [12]. K. Rudolph a analysé en détail comment Démocrite a traité le problème [13]. Dans un travail plus ancien, I. Avotins a reconstruit cet aspect de la doctrine de la vision en contexte épicurien [14].

Nous nous limiterons ici à reprendre brièvement les résultats principaux de ces études. Rudolph a montré comment dans la théorie démocritéeenne de la vision la réduction progressive du simulacre et l'adaptation conséquente à l'organe du sens s'expliquaient par deux causes. D'une part, le soleil condense l'air et permet au simulacre de s'y imprimer comme un cachet sur la cire ; d'autre part le rayon qui émane de l'œil est capable de restreindre le champ visuel à la manière d'un cône et d'orienter l'image dans la direction de la pupille. Mais l'explication de Démocrite a aussi des implications précises sur un plan épistémologique : en raison du mécanisme de réduction, ce qui parvient à l'œil est seulement une représentation typologique de l'objet et non une copie fidèle, morphologiquement identique.

C'est peut-être pour sauvegarder la valeur informative du simulacre et pour éviter les implications sceptiques de la théorie démocritéenne de la vision qu'il est moins question, dans l'atomisme épicurien, de ce rôle de l'air comme moyen de transmission, ou de celui du rayon comme moyen de réduction de l'image. Toutefois, en ayant recours à l'interaction directe entre le simulacre et l'œil, les épicuriens ont eu besoin de concevoir d'autres mécanismes afin d'expliquer l'adaptation de l'image à l'organe du sens.

En l'absence de sources sur ce point, les interprètes ont proposé diverses hypothèses qui ne sont pas très convaincantes. Ainsi l'idée que les simulacres auraient dès le début de leur formation des tailles diverses plus ou moins adaptées à la grandeur de l'œil [15] ne semble pas crédible : en effet les simulacres, qui proviennent d'un même objet et représentent tous l'enveloppe extérieure de l'objet, sont de l'épaisseur d'un atome. D'autre part, rien ne permet d'attester la possibilité d'un redimensionnement des simulacres dans le processus de transmission à l'œil. L'unique point dans l'œuvre d'Épicure qui pourrait permettre d'envisager une solution de ce genre est le passage sur la grandeur

12. La polémique est analysée de manière approfondie dans G. Leone (ed.), *Epicuro. Sulla natura Libro II*, *op. cit.* ; G. Leone, « Nuovi spunti di riflessione sulla dottrina Épicurea degli εἴδωλα dalla rilettura del II libro *Sulla natura* », *op. cit.*

13. K. Rudolph, « Democritus'perspectival theory of vision », *The Journal of Hellenic Studies* 131, Cambridge University Press, 2011, p. 67-83.

14. I. Avotins, « Alexander of Aphrodisias on Vision in the Atomists », *The Classical Quarterly* 30, 1980/2, p. 429-454.

15. *Ibid.*, p. 441 ; cette thèse a été soutenue récemment par A. Németh, *Epicurus on the self*, London, Routledge, 2017, p. 29

du soleil [16]. Le rappel de l'action corrosive de l'air ne peut pas non plus être une explication satisfaisante : la « symétrie des pores », c'est-à-dire la conformité entre la texture des simulacres et les pores qui forment la texture spécifique de l'air, permet globalement de garantir le passage direct des simulacres, et cette thèse a été conçue pour éviter que les simulacres puissent se détériorer pendant leur trajet en perdant ainsi leur valeur épistémique. I. Avotins, en se fondant sur le témoignage d'Alexandre d'Aphrodise, témoignage qui se réfère cependant à la théorie atomiste de la vision en général et non spécifiquement à Épicure, a suggéré que l'œil serait capable de garder une trace de sections partielles du simulacre, d'une taille adaptée à sa grandeur, sections qui se rejoindraient dans une succession rapide pour donner lieu à une vision complète et unitaire.

Cette explication est utile pour comprendre les passages où Épicure traite de la représentation visible et elle serait pour le moins cohérente avec ce que Lucrèce explique à propos du mécanisme qui est à la base de la perception des figures en mouvement [17].

En ce qui concerne, en revanche, la formation des simulacres à l'origine de la pensée, l'analyse décisive se trouve dans le texte où Lucrèce expose le mécanisme physiologique à la base de la pensée, après avoir traité de la vision, des déformations optiques et des phénomènes hallucinatoires. Tout le passage qui va des vers 722 à 776 du chant IV montre en effet comment le traitement de la pensée doit aussi permettre de rendre mieux raison des phénomènes illusoires, des imaginations, des hallucinations et des songes.

Les vers en question permettent de comprendre que le mécanisme par lequel se produit la vision mentale est semblable à celui par lequel se produit la vision optique. Cette thèse se fonde sur l'argument d'une similitude entre ce que nous pensons et ce que nous voyons. Il s'agit d'expliquer la signification de cette similitude entre ce qui active l'esprit et ce qui active les yeux [18] ; et la signification de la similitude entre les mouvements de l'esprit et ceux des yeux. Il vaut la peine de réfléchir en particulier sur la notion de ressemblance utilisée ici par Lucrèce, qui semble vouloir établir une analogie entre les deux phénomènes, tout en paraissant également soucieux de ne pas les identifier exactement l'un à l'autre :

> Dans la mesure où l'un est semblable à l'autre, ce que nous voyons par l'esprit / et par les yeux, nécessairement, se produit de semblable manière. / Or donc, puisque j'ai montré que, si je vois un lion, / c'est par l'intermédiaire de simulacres qui frappent mes yeux, / on peut savoir que l'esprit est mis en mouvement de manière semblable, / et que c'est par des simulacres qu'il voit un lion ou n'importe quoi d'autre, / tout comme les yeux, si ce n'est qu'il discerne des images plus ténues. / Et si, quand le sommeil a détendu nos membres, / l'esprit de l'âme veille, c'est aussi que des simulacres le stimulent, / les mêmes qui stimulent notre esprit quand nous sommes éveillés, / au point que nous

16. Épicure, *Lettre à Pythoclès*, 91.
17. *DRN*, IV, 770-776.
18. *DRN*, IV, 722-723 : « Donc, maintenant, que je te dise ce qui émeut l'âme, /et d'où vient ce qui vient à l'esprit, apprends-le en peu de mots », trad. fr. J. Pigeaud dans D. Delattre et J. Pigeaud (éd.), *Les Épicuriens*, Paris, Gallimard, 2010.

croyons voir clairement un être / que la vie a quitté, et que maintenant la mort et la terre possèdent. / La nature force à cela, du fait que tous / les sens du corps sont entravés à travers les membres et sont au repos, / et ne sont pas en mesure de convaincre le faux par la vérité des choses [19].

Le poète soutient clairement que l'esprit et les yeux sont l'un comme l'autre activés par des simulacres (par exemple nous pensons et nous voyons des lions grâce à leurs simulacres) : c'est là qu'est l'élément de continuité entre ce que l'esprit pense et ce que les yeux voient. Mais le poète précise que l'esprit aperçoit les simulacres qui sont vus par les yeux sous une forme plus ténue : là réside l'élément de discontinuité entre ce que l'esprit pense et ce que les yeux voient [20].

Il s'agit donc et d'expliquer que les simulacres responsables de la pensée soient plus ténus que ceux qui sont responsables de la vue, et d'estimer la valeur théorique de la doctrine. Ce problème a été envisagé de manière diverse par les interprètes. Certains ont pensé qu'il y a originairement deux classes de simulacres, les simulacres pensables et les simulacres visibles, plus grossiers. Cette solution repose sur le fait que selon Lucrèce, comme déjà selon Épicure, certains simulacres extrêmement ténus ne peuvent être perçus que par l'esprit et non par les yeux. Ainsi les simulacres des dieux, ou les simulacres fantastiques, mentionnés dans le passage, sont imaginés mais la ténuité de leur texture, comparée à celle d'une toile d'araignée, ne permet pas de les voir. En se fondant sur cet argument on ne peut exclure qu'il y ait des actes de pensée déterminés directement par l'afflux dans l'esprit de simulacres particulièrement ténus. Ce ne sont cependant pas les cas les plus fréquents ni les plus importants pour la doctrine de la connaissance épicurienne.

En ce qui concerne cette solution, il est intéressant de remarquer que, dans ce passage, Lucrèce aussi fait référence à des simulacres qui proviennent d'un même objet déjà perçu par les yeux, le lion, et qu'un peu plus loin il soutient que les simulacres qui envahissent l'esprit pendant le sommeil sont les mêmes que ceux qui envahissent les sens. Une façon de comprendre cette précision pourrait être là encore considérer que du même objet partent des *eidôla* d'une ténuité diverse. Mais, encore une fois, cette solution ne paraît pas convaincante. En effet, les simulacres sont des pellicules qui ont toutes l'épaisseur d'un atome, et dont la ténuité, comme cela apparaît clairement dans l'explication donnée au livre II du *De la nature*, ne s'explique pas par la raréfaction de la texture, mais du fait de la grande quantité de vide en eux. Rappelons comment Épicure polémique contre tous ceux qui ne comprennent pas la signification de cette ténuité et tentent d'affaiblir sa doctrine en attribuant aux *eidôla* des caractéristiques impropres. Épicure insiste sur la spécificité de la ténuité des simulacres, et la distingue de celle d'autres structures dont la ténuité vient de la plus grande porosité de leur constitution. Ces derniers

---

◼ 19. *DRN*, IV, 750-764.

◼ 20. Cette précision se trouve aussi dans la *Lettre à Dioscorus* d'Augustin (118.4. 28 = 352 Us) dans laquelle. Augustin donne deux arguments pour justifier que les images mentales sont plus ténues : l'imagination est également de nature corporelle ; on peut concevoir des objets dont les simulacres de taille exceptionnelle se présentent aux yeux. Il faut toutefois se rappeler qu'Augustin avait une connaissance indirecte de la pensée d'Épicure à travers Cicéron et peut-être Lucrèce.

corps, à la différence des *eidôla*, sont, en raison de leur moindre densité, capables de traverser des structures solides.

L'idée que les simulacres destinés à l'esprit arriveraient déjà amincis, dotés d'une texture plus raréfiée en raison de l'action subie par l'air, n'est pas plus convaincante. Certes, il peut arriver qu'en parcourant de grandes distances, les *eidôla*, émoussés par l'air, changent de forme; mais Épicure, comme le rappelait clairement la *Lettre à Hérodote*, refuse catégoriquement de considérer que l'air exerce une action significative sur le transport des simulacres. La façon la plus simple et la plus directe de comprendre la précision de Lucrèce est bien que les simulacres qui s'impriment sur l'esprit sont strictement identiques à ceux qui pénètrent les yeux.

D'autres chercheurs ont soutenu que cette mention d'une plus grande ténuité des simulacres s'écoulant dans l'esprit s'expliquerait par la capacité de l'esprit à réagir au moindre stimulus, voire à un simulacre isolé, en raison de son extrême ténuité et de sa mobilité. Les caractéristiques physiques et le comportement de l'esprit nous expliquent pourtant tout au plus qu'il est similaire à l'objet de sa vision et qu'il est capable de réagir à des simulacres plus subtils que ceux auxquels réagissent les yeux, mais elles ne nous permettent pas de dire que les simulacres eux-mêmes soient d'une texture plus ténue que les autres.

Une autre solution possible émerge des vers 728-731 :

> Ils [ces simulacres] sont en effet d'un tissu beaucoup plus ténu que ceux qui frappent nos yeux et provoquent la vue, / puisqu'ils pénètrent (*quoniam penetrant*) à travers les pores et mettent en mouvement/ la nature ténue de l'âme à l'intérieur et provoquent la sensation.

Ici Lucrèce, juste après avoir affirmé que les simulacres qui frappent l'esprit sont plus subtils que ceux qui frappent les yeux, fait appel au processus de leur transmission à l'esprit à travers les pores du corps, et surtout à la situation interne de l'esprit. *Quoniam* introduit simplement et clairement la cause pour laquelle les simulacres qui impressionnent l'esprit sont plus subtils que ceux qui stimulent la vue[21]. La raison est à chercher précisément dans le passage à travers les pores, pores qui doivent évidemment être conçus comme plutôt étroits et serrés, étant constitués par les intervalles présents dans les textures denses et compactes qui composent les structures des corps. En se fondant sur ce point, on peut formuler l'hypothèse que les simulacres pour rejoindre l'esprit, qui est situé à la fois dans la poitrine et dans le cœur, doivent passer par les diverses voies laissées libres par les atomes des zones du corps, et que, durant ce parcours, comparable à l'*iter flexum* (le « chemin tortueux » parcouru par « l'odeur, la fumée, la chaleur.... » décrit par Lucrèce en *DRN* IV 90-93), ils subissent un processus d'affinement. Même s'il ne le fait pas explicitement, on ne peut pas exclure qu'à ce niveau Lucrèce puisse avoir exploité l'idée d'un pouvoir de contraction des simulacres. Ce pouvoir permet aux images, en présence de surfaces plus ou moins compactes, de

---

21. Pour une lecture alternative de ce *quoniam*, voir F. G. Corsi, *Epistemologia e Scienza della Natura in Diogene di Enoanda*, Napoli, Centro Internazionale per lo Studio dei Papiri Ercolanesi, 2022, p. 82-83.

s'affiner et de se réduire, tout en maintenant, grâce à leur cohésion dynamique interne, l'ordre et la disposition des atomes, autrement dit leur homogénéité structurale, voire morphologique, avec l'objet.

Cette interprétation est confirmée par Épicure et par Diogène d'Œnoanda, dans la mesure où ces auteurs admettent que les simulacres qui pénètrent dans les yeux sont les mêmes que ceux qui affluent dans l'esprit, et que, pour que ce soit possible, la constitution de l'organisme doit être d'une certaine façon ouverte, c'est-à-dire rendue opportunément poreuse.

Dans un passage du livre XXV du *De la nature*, Épicure travaille sur l'impressionnabilité de l'esprit pour expliquer comment les mêmes empreintes sont capables de pénétrer différemment dans les esprits de divers sujets ou peuvent pénétrer dans le même sujet à des moments divers :

> …[pénétrant] en certains plus, en d'autres moins, en d'autres d'un coup extrêmement bref et presque nul, certaines empreintes, à leur tour, ayant la même figure que celles [qui pénètrent] dans les organes sensoriels, pénètrent aussi dans l'agrégat mental, une fois que la voie leur a été frayée, la constitution elle-même étant ce qui a le plus grand pouvoir causal par le biais des principes constitutifs, c'est-à-dire en se fondant sur la différence entre les atomes et les pores préexistants, mais aussi parce que le « produit développé » a été pensé…[22]

Examinons dans ce passage ce qui permet d'expliquer la physiologie de la pensée et de la représentation.

D'abord, Épicure fait explicitement référence aux *tupoi*, des empreintes qui pénètrent dans l'agrégat mental et qui ont la même forme que celles qui pénètrent dans les organes des sens. Le terme *tupoi* est utilisé comme un synonyme d'*eidôla* dans la *Lettre à Hérodote*. Toujours dans cette lettre, comme nous le verrons, l'expression *ta aisthètèria* désigne de manière plus particulièrement les yeux. En outre Épicure y rapporte l'adjectif *homoioschèmôn* aux *tupoi* ou aux *eidôla* responsables de la vision des yeux et de l'esprit. Il s'agit donc clairement ici des simulacres.

Deuxièmement, il faut remarquer l'expression utilisée par Épicure « dans l'agrégat mental » : elle nous renvoie à un agrégat capable d'exercer une activité dianoétique, détaché des organes des sens, qui sera identifié à l'esprit. Épicure s'intéresse donc plus spécifiquement à la vision mentale.

■ 22. – – –] . απρο|[– – – τοῖς μ]ὲν μᾶλ|[λον, τοῖς δ'] ἥττον, τοῖς δ' ὅλως ἐπὶ βρα[χύ] τι καὶ οὐθέν (legit Daniel Delattre), τύπων πάλιν | τινῶν καὶ πρὸς τὴν δια|νοητικὴν σύγκρισιν, ὁμοιοσχη|μόνων τοῖς πρὸς τάδε τὰ αἰσ|θητήρια, παρεμπιπτόν|των ἐκ τοῦ ἐκεῖθεν προοδο|ποι[[η]]ηθῆναι, τά γε δὴ πολ|λά ἐχούσης μὲν καὶ αὐ|τῆς τῆς συστάσεως τῆς (lege τὰς) | διὰ τῶν στοιχείων αἰ|τίας παρὰ τὴν τῶν | ἀτ[ό]μων διαφορὰν | καὶ τῶν προυπαρχόν|των πόρων, οὐ μὴν | [ἀ]λλ[ὰ] καὶ τοῦ ἀπογεγεν[νη|μέ]γ[ο]υ νοηθέντο[ς] [– – –]. S. Laursen, « The early parts of Epicurus, *On nature*, 25th book », *Cronache Ercolanesi* 25, 1995, p. 5-109, p. 91, 1191, 6, 2, 2, 3 ; 1420, 2, 2 = [35.10]. Le texte repris ici tient compte en grande partie de la reconstruction effectuée par J. Hammerstaedt (*cf.* F. G. Corsi, *Epistemologia e Scienza della Natura in Diogene di Enoanda*, *op. cit.*, p. 78. Mais, à la différence de Hammerstaedt, qui met la virgule après τά γε δὴ πολ|λά, je préfère la situer avant, après προοδοποι[[η]]ηθῆναι et rattacher τά γε δὴ πολ|λά à ce qui suit. En outre, à la place de πρὸς τὰ λοιπὰ je maintiens la leçon de Laursen πρὸς τάδε τὰ. En effet, comme cela se comprendra mieux par la suite, je pense qu'Épicure se réfère ici spécifiquement aux yeux et non aux organes des sens en général. Puis, à la fin du passage, je maintiens toujours la leçon de Laursen νοηθέντο[ς].

Troisièmement, l'usage du *kai* dans le syntagme καὶ πρὸς τὴν δια|νοητικὴν σύγκρισιν de notre texte est intéressant. Cette conjonction nous conduit à penser que l'esprit est pénétré par des simulacres qui ont déjà rempli les yeux et qui maintiennent dans cette translation une homogénéité avec l'objet dont ils proviennent.

Quatrièmement, il faut s'attarder sur le verbe *proodopoiethenai*, qui est un *hapax* chez Épicure. Ce terme est toutefois utilisé par Aristote dans un passage du *De la divination dans le sommeil* (1, 463 a26). Il y examine la possibilité que les songes soient causes d'actions, pour décrire le passage qui relie la veille au sommeil. Par ce passage les mouvements perçus pendant le jour peuvent se transférer dans les songes et, réciproquement, les mouvements imaginés la nuit peuvent préparer les activités du jour. L'utilisation de ce mot par Épicure dans un texte comme le livre XXV du *De la nature*, avec son vocabulaire technique et ses approfondissements, ne peut être un hasard. Cela montre au contraire qu'Épicure connaissait probablement le texte d'Aristote, sa théorie des songes, et sa discussion dialectique contre Démocrite à propos de cet argument [23]. Il est bien connu que l'analyse de l'activité onirique fournit au Stagirite l'occasion d'approfondir certains aspects physiologiques de la formation de la *phantasia*. La représentation mentale de l'objet serait aussi à la base du songe. Aristote explique donc que la *phantasia* onirique se forme par l'impression et la combinaison dans le système sensoriel central des *aisthèmata* (objets de perception) provenant des organes des sens et transmis au cœur, une fois l'expérience perceptive finie, en raison d'un mouvement de contraction (*peristalsis*) qui a lieu dans le sang et qui, comme un projectile, subsiste malgré l'absence de la cause de son mouvement. Cette idée pourrait être à la base du passage que nous sommes en train d'examiner, qui regarde le mécanisme de transmission des simulacres des yeux à l'esprit, et qui est surtout le fondement de l'explication de la représentation mentale. Cela veut dire qu'Épicure en reprenant seulement en partie la solution d'Aristote, pourrait avoir expliqué l'émergence d'une représentation dans l'esprit en recourant moins au mécanisme du flux des simulacres provenant d'un objet externe, qu'au mouvement vers l'esprit d'un résidu de simulacres provenant d'une expérience sensorielle.

L'utilisation de ce verbe (*proodopoiethenai*) apporte une autre information : les simulacres, pour rejoindre l'esprit, doivent se frayer un passage, qui ne doit pas être facile d'accès, puisqu'il faut l'ouvrir. Nous pouvons expliquer, à la lumière des dernières lignes du texte, la dynamique de cette ouverture en faisant deux hypothèses. D'une part, la constitution atomique elle-même, en raison de sa composition spécifique, s'adapterait au passage des simulacres ; d'autre part, l'expérience noétique passée aurait contribué à ouvrir cet accès. En effet, Épicure, à la fin du passage, définit clairement deux causes de ce processus. Premièrement, la constitution atomique elle-même, en raison de la distribution spécifique et de la variété des atomes et des pores qui la composent, permet, en fonction des sujets et des moments, une voie de passage

23. Sur ce point, voir F. G. Corsi, *Epistemologia e Scienza della Natura in Diogene di Enoanda*, op. cit., p. 81-82.

plus ou moins facile aux simulacres. Deuxièmement l'esprit a une capacité à préparer cette voie, en ayant déjà pensé au contenu véhiculé par l'image.

Une explication analogue de l'activité noétique est donnée par Diogène d'Œnoanda dans une inscription qui s'intéresse avant tout à l'activité onirique et à la situation illusoire qu'elle produit. Nous nous limiterons à étudier un bref passage de ce texte :

> Ainsi les images qui s'écoulent des choses, en pénétrant dans nos yeux deviennent les causes de notre vision des objets qui les sous-tendent, et, en pénétrant dans l'âme, de leur pensée. Donc, grâce aux impacts, l'âme reçoit ce qui est vu par les yeux. Après les impacts des premières images, notre nature est devenue si poreuse, que, même lorsque les choses qu'on a vues auparavant ne sont plus présentes, des images semblables aux premières sont reçues par l'esprit [en créant des visions ou dans la veille ou dans le sommeil] [24].

Diogène affirme que les images qui s'écoulent des objets sont les causes de la vision en pénétrant dans les yeux, tandis qu'elles deviennent les causes de la pensée en pénétrant dans l'esprit. Il précise ensuite, comme l'avaient déjà fait Épicure et Lucrèce, que les images qui arrivent dans l'âme ont été vues par les yeux qui ont rendu la nature opportunément poreuse. Le terme « nature » est probablement ici synonyme de « constitution » (les deux termes sont utilisés de manière interchangeable par Épicure) et renvoie non seulement à la structure de l'esprit mais à l'ensemble âme-corps tout entier comme déjà dans le livre XXV de *De la nature*. Et Diogène ensuite, confirmant ce que nous savions déjà par Épicure et Lucrèce, précise que grâce à cette porosité le passage d'images semblables à celles qui ont été vues par les yeux est aisé, même en l'absence des objets externes : cela permet de comprendre que l'esprit puisse voir des choses qui ne sont pas présentes à la perception. Ce qui peut être compris de deux manières qui ne sont pas nécessairement incompatibles. Il est plausible qu'en l'absence d'objets externes les *eidôla* de l'expérience passée persistent dans la nature, et soient en état de s'écouler vers l'esprit un moment après la perception. Diogène considère que ces images reçues dans l'esprit sont semblables à celles qui sont vues par les yeux. Si ce qui a été expliqué précédemment sur le livre XXV est correct, cela vient du fait que les *eidôla* ont subi, quand ils rejoignent l'esprit, une modification morphologique qui les rend maintenant seulement structurellement homogènes à ce qu'ils étaient quand ils ont touché les yeux. Une autre possibilité est que le passage et la pénétration des simulacres dans l'esprit laissent la voie ouverte pour d'autres *eidôla* venant des mêmes objets externes, et restés à errer dans l'air. Dans tous les cas on voit que les simulacres, pour rejoindre l'agrégat mental, traversent, à partir des yeux, des zones de la constitution atomique qui présentent une densité et une compacité susceptibles de faire obstacle à leur passage. En outre, pour autant qu'une voie est ouverte dans cette constitution, elle s'ouvre à l'intérieur de structures qui sont solides de manière différente, auxquelles le simulacre externe, qui reproduit exactement

---

24. Fr. 9 Smith, *The Epicurean Inscription. Diogenes of Oinoanda, op. cit.*

l'enveloppe de l'objet d'origine, devra se conformer et s'adapter en se rétrécissant et en s'amincissant[25].

Un texte similaire se trouve dans des colonnes du livre XXXIV du *Sur la nature* où l'on affirme que la compacité de la constitution ne facilite pas les passages des *eidôla*[26].

À la lumière de tout ceci, nous pouvons peut-être aussi considérer que les simulacres, tout au long du chemin qui sépare les yeux de l'esprit, perdent inévitablement quelque chose, en franchissant des passages étroits et en se cognant contre les différentes structures du corps. Comme il ressort du livre II du *Sur la nature*, et comme nous l'avons déjà dit, les simulacres qui percutent des milieux compacts, dont les pores ne sont pas proportionnés aux simulacres, peuvent se contracter, devenir plus étroits, plus ténus, plus petits, tout en maintenant

> **La *phantasia* est la contrepartie subjective ou dupliquée de la forme extérieure d'un objet solide.**

leur figure originaire, en raison de leur compacité interne, c'est-à-dire de leur tendance à préserver l'ordre et la position des atomes qui les composent. On peut penser que les simulacres qui parcourent l'espace corporel les séparant de l'esprit subissent un processus analogue.

Enfin, on peut remarquer que, dans ce passage du livre XXV, Épicure insiste sur le fait que les simulacres qui réussissent à pénétrer dans l'agrégat mental ont une figure homogène à celles qui frappent les yeux. Comme on l'a dit, l'adjectif *homoioschèmôn* peut être comparé à *homoiomorphos*. Alors que *homoiomorphos* fait référence à une homogénéité de *morphè* (forme), *homoioschemôn* se réfère à une homogénéité de *schèma* (figure). Tandis que la *morphè* renverrait à l'aspect extérieur d'une chose telle qu'elle apparaît dans son ensemble (sa grandeur, sa couleur et sa figure), le *schèma* ne renverrait, lui, plus spécifiquement, qu'à une des propriétés stables et essentielles de l'objet, sa figure, qui, selon Épicure, est ce qui demeure identique dans le changement. En utilisant dans ce contexte l'adjectif *homoioschèmôn*, Épicure pourrait donc vouloir dire que le parcours effectué par les simulacres pour rejoindre l'esprit altère inévitablement leur *morphè*, mais que les images conservent cependant une figure homogène à celle qu'elles avaient primitivement dans les yeux, et elles continuent donc à véhiculer la structure permanente de l'objet dont elles proviennent. On comprendrait ainsi que la capacité des *eidôla* à reproduire les caractéristiques extérieures des objets solides dépende de leur dimension, ce que la *Lettre à Hérodote* avait affirmé sommairement.

Nous avons maintenant les moyens de traiter le second point, et donc d'expliquer pourquoi le mécanisme par lequel nous pensons est semblable, sans être identique, à celui par lequel nous voyons. À la lumière de ce qui a été exposé, les points de discontinuité les plus significatifs entre les deux

■ 25. Pour des interprétations alternatives, voir A. Gigandet, « Diogène, Lucrèce et la théorie épicurienne de l'imaginaire. Fragment 9-*De rerum natura* IV 971-993 », *Diogenes of Oinoanda : Epicureanism and Philosophical Debates/Diogène d'Oenoanda. Épicurisme et Controverses*, Leuven, Leuven University Press, 2017, p. 207-220 ; F. G. Corsi, *Epistemologia e Scienza della Natura in Diogene di Enoanda*, op. cit., p. 77 sq.

■ 26. G. Leone, « Epicuro, *Della natura*, libro XXXIV (*PHerc.* 1431) », *CErc* 32, p. 7-135.

processus semblent être les suivants : 1) nous pouvons penser ce que nous ne voyons pas : l'esprit peut apercevoir des images trop ténues pour être aperçues par les yeux ; 2) nous pouvons penser des images singulières : l'esprit réagit au stimulus d'un seul simulacre alors que l'œil est agité seulement par un flux ; 3) mais, surtout, la pensée, au moins lorsqu'elle porte sur un objet de la perception, implique un processus d'affinement des *eidôla* visibles provenant de l'objet, aboutissant à une impression et à une formation dans l'esprit d'une image typologique, ce qui ne se produit pas dans le cas de la vision.

Nous allons maintenant montrer pourquoi il est plausible de penser qu'un tel mécanisme coïncide avec la génération de la *phantasia* mentale.

Nature, origine et fonction de la représentation

Le texte fondamental pour comprendre la nature et l'origine de la *phantasia* est un passage de la *Lettre à Hérodote* souvent discuté. Le texte suit immédiatement le passage qui introduit la vision et la pensée :

> [49] ainsi comme font les empreintes qui pénètrent en nous depuis les choses en conservant la même couleur et aussi la même forme parce que leur taille s'ajuste à la vue ou à la pensée, en recourant à des mouvements très rapides [50] et fournissant ainsi grâce à cela la représentation d'un objet unique et continu, en préservant la conformité à l'objet dont elles proviennent en vertu de l'impact proportionné qui en vient grâce au mouvement ondulatoire des atomes dans la profondeur du corps solide. Et cette perception, ou de la forme ou des caractères essentiels, que nous saisissons immédiatement par l'esprit ou par les sens est bien la forme même de l'objet solide, résultant de la compacité ordonnée en succession ou d'une empreinte résiduelle d'un simulacre[27].

Ce passage doit permettre de justifier la stricte correspondance entre la représentation et son objet extérieur corrélatif. Nous pouvons le diviser en deux pour l'examiner. Dans la première partie (« ainsi comme font […] corps solide ») Épicure explique que la représentation est fournie par des empreintes, c'est-à-dire des *eidôla* qui s'écoulent dans le sujet. Les *eidôla* reproduisent dans le sujet la représentation complète d'un objet unique et continu, grâce aux impacts proportionnés aux sens qui les reçoivent. Cela est rendu possible par l'objet externe lui-même : il produit le simulacre, grâce aux mouvements atomiques de ses composants externes, qui déterminent la séparation de la pellicule superficielle constituant la texture de l'*eidôlon*.

Pour interpréter la seconde partie du passage (« Et cette perception […] d'un simulacre ») il est nécessaire de commencer par s'attarder sur quelques points un peu obscurs. L'adverbe *epibletikôs* est connecté à *labein phantasian*, tout en étant indéniablement lié à la notion d'*epibolè* qui est reprise, dans un contexte semblable, dans le paragraphe suivant immédiatement celui-ci.

◾ 27. [49] οὕτως ὡς τύπων τινῶν ἐπεισιόντων ἡμῖν ἀπὸ τῶν πραγμάτων ὁμοχρόων τε καὶ ὁμοιομόρφων κατὰ τὸ ἐναρμόττον μέγεθος εἰς τὴν ὄψιν ἢ τὴν διάνοιαν, ὠκέως ταῖς φοραῖς χρωμένων, [50] εἶτα διὰ ταύτην τὴν αἰτίαν τοῦ ἑνὸς καὶ συνεχοῦς τὴν φαντασίαν ἀποδιδόντων καὶ τὴν συμπάθειαν ἀπὸ τοῦ ὑποκειμένου σῴζοντων κατὰ τὸν ἐκεῖθεν σύμμετρον ἐπερεισμὸν ἐκ τῆς κατὰ βάθος ἐν τῷ στερεμνίῳ τῶν ἀτόμων πάλσεως. καὶ ἣν ἂν λάβωμεν φαντασίαν ἐπιβλητικῶς τῇ διανοίᾳ ἢ τοῖς αἰσθητηρίοις εἴτε μορφῆς εἴτε συμβεβηκότων, μορφή ἐστιν αὕτη τοῦ στερεμνίου, γινομένη κατὰ τὸ ἑξῆς πύκνωμα ἢ ἐγκατάλειμμα τοῦ εἰδώλου.

Le terme *epibletikôs* peut donc être traduit de façon moins technique, et être compris comme indiquant « un impact direct et non réfléchi, le moins susceptible d'erreur selon Épicure »[28]. Le syntagme *tois aisthèteriois* se réfère spécifiquement aux yeux, et non aux organes des sens en général. Dans les paragraphes précédents de la lettre, Épicure a exposé la doctrine des simulacres et a expliqué le fonctionnement de la pensée et de la vue. Ici, la référence au simulacre implique clairement que ce sont toujours l'esprit et les yeux qui sont au centre de son attention. Pourquoi, cependant, Épicure fait-il le choix de désigner un organe sensible particulier par une expression générique ? Il est probable qu'ici, comme dans le *Peri phuseôs*, le but de l'auteur soit de distinguer l'esprit des yeux (ou des organes des sens). Même si l'esprit et les yeux fonctionnent de façon analogue par le moyen d'*eidôla* qui pénètrent en eux à partir des objets externes, comme Épicure l'a expliqué dans le paragraphe précédent, les conditions dans lesquelles chacun opère présentent justement des différences significatives. Puisque l'esprit n'est pas situé au même endroit que la zone périphérique du corps où se trouvent tous les organes, il n'a pas la même capacité réceptive que les yeux.

Cet éclaircissement peut aider à comprendre en quoi consiste le contenu de la *phantasia*. Pour cela, il peut être utile de s'appuyer sur la distinction entre la forme et les propriétés essentielles. Nous avons dit que la forme (*morphè*) reproduit toutes les caractéristiques extérieures de l'objet, alors que les propriétés essentielles constituent la figure ou le schème de l'objet. Or il est question ici ou de la représentation saisie immédiatement par l'esprit, ou de la représentation saisie immédiatement par les yeux. La façon la plus plausible de comprendre le contenu de ces deux *phantasiai* est donc de considérer que la *phantasia* oculaire saisit à la fois la forme extérieure dans son ensemble et ses caractères essentiels, alors que la *phantasia* mentale saisit avant tout ses caractères essentiels. Le philosophe cherche ensuite à expliquer que la représentation est la forme même de l'objet solide. Il faut comprendre que la représentation est la copie des caractéristiques extérieures de l'objet solide externe : elle se forme dans les yeux et dans l'esprit du sujet, grâce à l'impression de l'*eidôlon* qui constitue, comme on l'a vu, la surface même de l'objet. Pour comprendre comment elle se forme, il faut expliquer la distinction entre *to hexês puknôma* et *enkataleimma tou eidôlou*. La première expression peut être interprétée comme une façon de se référer au simulacre intact qui a conservé la cohésion ordonnée de ses composants ; la seconde est une façon de se référer au simulacre qui a subi une perte de matière. Le premier simulacre serait celui qui est capable de véhiculer toutes les informations extérieures relatives à l'objet solide dont il provient. Le second serait celui qui véhicule seulement les informations essentielles. Le premier serait principalement à l'origine de la représentation oculaire. Le second serait à la base de la formation de la représentation mentale. À cet égard, on peut rappeler que *enkataleimma* est un mot qui a été utilisé en un sens technique par les commentateurs d'Aristote pour indiquer l'impression

28. W. Lapini, *L'Epistola a Erodoto e il Bios di Epicuro in Diogene Laerzio. Note testuali, esegetiche e metodologiche*, Roma, Edizioni di Storia e Letteratura, 2015, p. 49.

ou le souvenir laissé dans l'esprit par une précédente expérience perceptive[29]. Épicure aurait donc utilisé dans la *Lettre à Hérodote* le mot *enkataleimma* en un sens technique analogue, même s'il n'est pas identique. Il indique ainsi que le simulacre, une fois séparé de l'objet dont il constitue la surface même, après avoir traversé et stimulé les yeux, rejoint l'esprit sous une forme réduite, tout en maintenant une homogénéité structurale avec sa contre-partie externe[30]. Ce qui pourrait nous inciter à suggérer que non seulement les commentateurs d'Aristote connaissaient et utilisaient les textes d'Épicure, mais qu'Épicure connaissait et utilisait également la doctrine aristotélicienne de la *phantasia* que ces commentateurs devaient expliquer pour réélaborer la théorie atomiste de la perception. On verra par la suite qu'il y a d'autres indications qui vont dans ce sens.

Pour le moment nous pouvons résumer ainsi la théorie épicurienne de la représentation. La *phantasia* est la contrepartie subjective ou dupliquée de la forme extérieure d'un objet solide.

Cette représentation est double et peut être soit visible soit mentale. La première a pour contenu la forme extérieure complète de l'objet externe ; la seconde ses propriétés permanentes et typologiques. La représentation oculaire est générée par l'impression dans l'œil d'un simulacre compact et soudé continuellement et de manière ordonnée. Cela pourrait sembler peu conciliable avec ce qui a été précédemment expliqué sur la perception visuelle, qui n'est pas provoquée par un *eidôlon* singulier mais par une succession continue de simulacres du même type. Il n'est pourtant pas exclu qu'ici l'expression au singulier fasse référence à l'*eidôlon* comme surface de l'objet recomposé, dans un format adapté à l'intérieur de l'œil. Cette image est produite par une vraie mosaïque, due à l'écoulement de plusieurs simulacres, saisis partiellement par les organes des sens et recombinés dans une image qui leur soit conforme. En effet, dans la première partie du texte, Épicure insiste sur le fait que le contenu de la représentation est un objet unique et continu, déterminé par des impacts proportionnés. La représentation mentale serait en revanche générée par un résidu de l'*eidôlon* : elle reposerait, suivant l'interprétation que nous avons suggérée, sur le simulacre qui, à partir des organes des sens, rejoindrait l'esprit sous une forme amincie, en raison du processus d'affinement à travers le corps qui a été précédemment décrit.

La similitude du rapport entre la représentation et l'objet externe est reprise par Épicure dans le paragraphe suivant, où elle est comparée à la ressemblance entre une image peinte et son modèle :

> Relativement à ce qui existe et que nous considérons comme vrai, la similitude des représentations saisies quasiment comme en une image peinte ou arrivant dans le sommeil ou en vertu des autres applications de la pensée ou des autres critères, ne pourrait en effet exister si n'existaient pas réellement ces choses vers lesquelles nous nous tournons[31].

29. G. Mingucci, « *Impronte nell'anima. La formazione dei* phantasmata *nella fisiologia aristotelica* », in F. Aronadio, E. Di Iulio, F. G. Masi, *La natura corporea delle immagini. Da Empedocle a Lucrezio, op. cit.*, p. 139-164.

30. F. Verde, « *Percezione, errore e residuo percettivo in Aristotele, Epicuro e Alessandro di Afrodisia* », *op. cit.*

31. *Lettre à Hérodote*, 50.

La comparaison entre la représentation et l'image renvoie de nouveau à la doctrine de l'imagination d'Aristote, qui dans le *De memoria* (1, 451a14–17) traite explicitement de la nature iconique de la mémoire. Il réussit ainsi à monter que le souvenir se réfère à un objet extérieur, perçu précédemment, tout en n'étant plus présent à la perception, dont il constituerait une copie[32]. Épicure de nouveau s'attache à articuler des éléments de la théorie aristotélicienne à sa propre explication. En effet, d'un côté, il interprète la véridicité de la représentation comme une homogénéité et une référence à un objet extérieur ; et d'un autre côté, il rapporte la ressemblance même de la représentation à son origine objective. Cette représentation peut être aussi bien saisie dans un état de sommeil, en l'absence de perception ou dans un état de veille par le moyen de l'*epibolè* des yeux ou de l'esprit. Le sens du terme *epibolè* a été beaucoup discuté, nous nous limitons ici à suggérer, à la lumière des analyses précédentes, qu'il semble désigner l'acte par lequel les yeux et l'esprit en état de veille saisissent immédiatement la représentation, qu'elle soit générée par un simulacre recomposé dans l'œil ou par le résidu du même simulacre parvenu à l'esprit. Grâce à cet acte d'*epibolè* les yeux et l'esprit sont également en mesure de se préparer physiquement à recevoir des simulacres analogues d'objets externes et d'en sélectionner certains parmi tous ceux qui sont disponibles[33].

Conclusion

Pour conclure, il faut expliquer pourquoi ce type de conception de la physiologie de la *phantasia* peut s'avérer particulièrement efficace sur le plan épistémologique. En premier lieu, cette théorie de la *phantasia* contribue à éclairer la nature et l'origine de l'erreur sans compromettre l'apport informatif des *eidôla* qui en sont responsables et des représentations qui en dérivent. Épicure et les épicuriens s'occupent généralement de la physiologie de la représentation dans des contextes principalement dédiés aux phénomènes illusoires et trompeurs à un niveau perceptif et cognitif. L'explication produite semble permettre d'expliquer la possibilité de l'erreur, sans renoncer au contenu informatif de la *phantasia* ni à son homogénéité avec l'objet auquel elle correspond. L'erreur est en effet identifiée à l'opinion volontaire du sujet qui rapporte la représentation à un objet différent de celui qui l'a produite, ou qui l'identifie à un objet qui n'est pas présent à la perception[34]. En particulier dans le cas de la représentation mentale, le processus décrit réussit à expliquer que nous ayons des représentations des expériences passées sans faire l'hypothèse de la présence d'objets qui y correspondraient ou de flux de simulacres qui

32. Sur cet aspect nous renvoyons aux analyses de L. Castagnoli, « Is Memory of the Past ? Aristotle on the Objects of Memory », *Greek Memories : Theories and Practices*, Cambridge, Cambridge University Press, 2019, p. 245.

33. Pour un approfondissement, voir Épicure, *Epistola a Erodoto*, ed. F. Verde, Roma, Carocci, 2010, p. 138 *sq.* ; D. Konstan, « Epicurean Phantasía », art. cit.

34. Pour approfondir la nature et l'origine de l'erreur et de la tromperie chez Épicure et les épicuriens, voir F. G. Masi, « L'origine dell'errore e del turbamento emotivo nei sogni », in G. Leone, F. Masi, F. Verde, *Vedere l'invisibile. Rileggendo il XXXIV libro dell'opera* Sulla natura *(P. Herc. 1431)*, Supplemento alle Cronache Ercolanesi, Napoli, Cispe, 2020, p. 59-70, et F. G. Masi, « Immagine e illusione nel De rerum natura di Lucrezio », in F. Aronadio, E. Di Iulio, F. G. Masi, *La natura corporea delle immagini. Da Empedocle a Lucrezio, op. cit.*, p. 227-256.

proviendraient d'eux. En second lieu, dans sa tentative même de rendre raison de la capacité des représentations visuelles ou mentales à reproduire la réalité, Épicure, en décrivant le mécanisme physiologique, réussit aussi à expliquer les propriétés spécifiques de chacune d'elles : une représentation visible est vive, complète et détaillée dans la mesure où elle dérive d'un simulacre complet de l'objet, recomposé dans l'œil à la suite de l'afflux continu des *eidôla* à travers l'air, qui dans des conditions optimales n'en altère pas la forme. Tandis que la représentation mentale est inévitablement plus générique, puisqu'elle est produite par un résidu du simulacre visuel qui, en traversant des zones plus denses et compactes, s'est affiné sans perdre son homogénéité structurelle avec l'objet externe. En tant que telle la représentation mentale se prête à une série d'opérations cognitives basées sur la synthèse, l'identification et l'universalisation de l'expérience sensible, comme l'imagination sous ses diverses formes [35], la mémorisation [36], la conceptualisation, c'est-à-dire la formation de prolepses [37].

Francesca Masi
Università Ca' Foscari Venezia
Traduction de l'italien par Barbara de Negroni

---

35. Voir V. Tsouna, « Les rêves chez les épicuriens », trad. fr. J. Masson, *Cahiers philosophiques* 159, 2019/4, p. 77-94.
36. *Cf.* F. Masi, « Gli atomi ricordano ? Fisicalismo e memoria nella psicologia di Epicuro », *Antiquorum Philosophia* 8, Fabrizio Serra, 2014, p. 121-142.
37. *Cf.* P.-M. Morel, « Method and evidence : on the Epicurean preconception », *Proceedings of the Boston Area Colloquium in Ancient Philosophy* Vol. XXIII, 2008, p. 25 ; V. Tsouna, « Épicurean Preconceptions », *Phronesis* 61, 2016/2, p. 160-221 ; A. Németh, *Epicurus on the Self, op. cit.*, p. 38 et 46.

DOSSIER

Épistémologie épicurienne

PLANTES SANS ÂME DANS LE JARDIN
La conception des végétaux dans la physiologie épicurienne[1]

Giulia Scalas

Dans l'épicurisme, la réflexion éthique trouve son fondement dans le discours sur la nature qui explique à l'individu les phénomènes qui l'entourent et qui, la plupart du temps, l'angoissent sans raison. Ce discours concerne-t-il aussi le monde végétal ? Quel rôle jouent les plantes dans le Jardin d'Épicure ? L'étude cherche à reconstituer la physiologie épicurienne des plantes à partir d'un témoignage contenu dans les *Placita philosophorum*[2]. Des phénomènes comme la nutrition et la croissance, attribués à des plantes pourtant conçues comme des êtres inanimés, sont à questionner.

l peut paraître paradoxal que l'aspect le moins connu de la philosophie du Jardin (*Kepos*) soit la physiologie des plantes[3]. Bien que les références au monde végétal ne manquent pas dans les ouvrages épicuriens[4], nous ne possédons qu'un témoignage doxographique résumant la conception que ces philosophes avaient de ces êtres et la place qu'ils leur attribuaient dans le monde naturel. Le témoignage en question attribue aux épicuriens

1. Je tiens à remercier les relecteurs anonymes dont les remarques, portant sur les débats récents à propos des plantes et des notions par lesquelles nous en décrivons le fonctionnement, ont enrichi ce travail. Mes remerciements vont également à A. Macé, L. Wash et A. Buccheri pour m'avoir donné la possibilité de présenter une première version de cette étude dans le cadre du séminaire *Phusis kai Phuta*.

2. Aétius, *Placita philosophorum*, V, 26, 3, dans *Aëtiana* V, éd. J. Mansfeld et D.T. Runia, part. 3, Leiden-Boston, Brill, 2020, p. 438 (D = 309 Us).

3. Cela s'explique toutefois très probablement par les objectifs de la philosophie épicurienne. Dans le système tripartite d'Épicure, la connaissance de la nature n'est pas une fin en soi mais est recherchée en vue d'une finalité éthique. La physiologie des plantes n'a probablement pas joué un rôle central et ne fait donc pas partie des sections de la doctrine qui nous ont été transmises.

4. Je me réfère notamment aux métaphores éthiques. Pour un recensement complet des textes épicuriens portant sur cette question, je renvoie à L. Repici, *Nature silenziose. Le piante nel pensiero ellenistico e romano*, Bologna, Il Mulino, 2015 p. 13-20.

l'idée que les plantes sans être animées seraient capables tout de même de se mouvoir de façon spontanée, sans intervention de l'âme. Tout en étant très précieux pour notre connaissance de la physiologie épicurienne, le contenu de ce témoignage pose un certain nombre de problèmes. Le premier concerne la notion même de vivant. Un être inanimé n'est pas un être vivant[5]. Cela veut dire, si le témoignage s'avère fiable, que les épicuriens excluaient les plantes de la catégorie des êtres doués de vie. Les plantes ne seraient donc concernées par aucun phénomène vital? Le deuxième problème concerne plus particulièrement le mouvement et son explication du point de vue psychophysiologique. Peut-on imaginer, selon les épicuriens, un mouvement qui ne soit ni forcé ni accompli par l'intermédiaire de l'âme?

Dans la suite de cette étude, je chercherai à répondre à ces questions en évaluant la fiabilité du témoignage doxographique. Cela permettra de reconstituer, du moins partiellement, la théorie épicurienne des plantes et de la resituer dans son contexte théorique d'appartenance.

Le témoignage en question est contenu dans les *Placita philosophorum*, et a été intégré par Usener dans ses *Epicurea*[6] :

Les stoïciens et les épicuriens ne considèrent pas (les plantes) comme des êtres animés. Certains, en effet, sont doués d'une âme appétitive et désirante, certains (autres) d'une âme rationnelle. Les plantes, au contraire, se meuvent, de façon en quelque manière spontanée sans l'intervention de l'âme[7].

Avant d'exposer les positions des stoïciens et des épicuriens, le doxographe confronte la conception des plantes de Platon, celle d'Empédocle[8] ou de Thalès[9], et celle d'Aristote. Les deux premiers philosophes auraient affirmé que les plantes sont des êtres animés vivants[10] (ἔμψυχα ζῷα). En effet, elles auraient la capacité de faire osciller leurs ramifications et de les mouvoir en

■ 5. *De Rerum Natura* (désormais *DRN*), III, v. 94-95, 119-123, 396-407.
■ 6. Aétius, *Placita philosophorum*, V, 26, 3 p. 438 D (= 309 Us).
■ 7. Aétius, *Placita philosophorum*, V, 26, 3 p. 438 D. « Οἱ Στωικοὶ δὲ καὶ Ἐπικούρειοι οὐκ ἔμψυχα· τινὰ γὰρ ψυχῆς ὁρμητικῆς εἶναι καὶ ἐπιθυμητικῆς, τινὰ δὲ καὶ λογικῆς· τὰ δὲ φυτὰ αὐτομάτως πως κεκινῆσθαι οὐ διὰ ψυχῆς ». *Aëtiana V*, éd. J. Mansfeld et D. T. Runia, *op. cit.*, p. 2009. Nous traduisons.
■ 8. Plutarchus, *Placita philosophorum*, éd. J. Mau, Leipzig, Teubner, 1971 et Plutarque. *Œuvres morales*, t. 12.2. *Opinions des Philosophes*, éd. G. Lachenaud, Paris, Les Belles Lettres, 1993.
■ 9. *Aëtiana, op. cit.*, p. 2012-2013.
■ 10. Dans le passage concernant Empédocle/Thalès je traduis ζῷα par « vivants » alors que, dans la suite, à propos de la conception aristotélicienne, je traduis le même terme par « animaux ». Cela s'explique à la fois par la polysémie qui caractérise ce mot et par le contexte dans lequel il est utilisé. Dans le *Dictionnaire étymologique de la langue grecque*, nous lisons : « ζῷον : vivant. (Hom., ion.-att., etc.) » et « ζῆν : se dit d'animaux, d'hommes et aussi des plantes » (P. Chantraine, *Dictionnaire étymologique de la langue grecque*, Paris, Klincksieck, 1968, p. 385). Dans le *Timée*, Platon écrit « Ils donnent naissance à une autre sorte de vivants (ζῷον). Ce sont les arbres, les plantes et les graines [...]. Tout ce qui participe à la vie (ζῆν), nous pouvons proprement l'appeler vivant (ζῷον) » (77a-b, trad. fr. A. Rivaud, Paris, Les Belles Lettres, 1925). Chez Aristote le terme ζῷον est utilisé pour indiquer à la fois les vivants et les animaux, selon le contexte. Dans le traité *Sur l'âme*, nous lisons : « En effet, l'âme nutritive appartient aussi à tous les vivants autres que l'homme, elle est la première et la plus commune des facultés de l'âme, et c'est par elle que la vie (ζῆν) appartient à tous les êtres. Car la plus naturelle des fonctions pour tout être vivant (τοῖς ζῷσιν) qui est achevé et qui n'est pas incomplet, ou dont la génération n'est pas spontanée, c'est de créer un autre être semblable à lui, l'animal un animal (ζῷον μὲν ζῷον), et la plante une plante (φύτον δὲ φύτον) [...]. »(415a, 23-30, trad. fr. J. Tricot, Paris, Vrin, 1959, légèrement modifiée). Puisque le contexte du témoignage doxographique indique, chez Aristote, une distinction au sein des vivants entre plantes et animaux, j'ai choisi de traduire le mot ζῷα par « animaux » et non pas par « vivants ».

gardant leur alignement naturel[11]. Pour ce qui est de l'attribution de cette théorie à Thalès, Mansfeld et Runia écrivent : « l'attribution semble être une extrapolation de son opinion bien connue selon laquelle l'aimant a une âme puisqu'il transmet le mouvement au fer. [...] pour les preuves insolites données à l'appui de la doxa, nous n'avons trouvé aucun parallèle »[12]. Le contenu du témoignage est cohérent aussi avec la véritable position d'Empédocle[13]. En effet, selon le philosophe d'Agrigente[14], les animaux et les hommes auraient des points communs avec les plantes et partageraient en particulier avec elles des facultés comme la sexualité et la pensée[15]. Au contraire, Platon, dans le *Timée*[16], tout en considérant les plantes comme des vivants animés et doués de sensations, ne leur reconnaît ni la capacité de penser ni celle de se mouvoir[17]. Aristote, de son côté, aurait affirmé, selon le doxographe, que les plantes sont animées, sans être des animaux[18] (ἔμψυχα μέν, οὐ μὴν καὶ ζῷα). Ces derniers, en effet, seraient doués d'une faculté appétitive, perceptive et certains, les hommes, d'une faculté intellective, qui manifestement font défaut aux plantes. Avec cette théorie[19], le Stagirite s'opposerait à Platon en considérant les plantes comme des êtres animés[20] mais en les distinguant des animaux doués de sensation[21]. La présence de l'âme chez les plantes est traitée donc conjointement à deux autres questions : la capacité de mouvement, et l'absence de facultés, pour ainsi dire, supérieures, à savoir la sensation et la raison.

Les plantes inanimées

Les stoïciens[22] et les épicuriens, selon le doxographe, se distingueraient des prédécesseurs puisqu'ils affirmaient que les plantes ne sont pas animées

11. Cette affirmation fautive pourrait s'expliquer par une mauvaise compréhension d'un passage du *Timée* de Platon qui était très débattu dans l'Antiquité (Galien, *In Plat. Tim.*, éd. O.Schröder et P. Kahle, suppl. I, Leipzig et Berlin, Teubner, 1934, p. 12, 24-35).

12. *Aëtiana, op. cit.* p. 2014-2015. Nous traduisons.

13. Sur les théories des plantes des philosophes présocratiques, voir C. Zatta, *Interconnectedness. The Living World of the Early Greek Philosophers*, Baden Baden, Academia Verlag, 2019.

14. Sur ce point, voir J. Bollack, *Empédocle III. Les origines. Commentaires*, Paris, Gallimard, 1969, p. 511-512, J.-F. Balaudé « Parenté du vivant et végétarisme radical », dans B. Cassin, J.-L Labarrière, *L'animal dans l'Antiquité*, Paris, Vrin, 1997, p. 31-54 et L. Repici, *Uomini capovolti. Le piante nel pensiero dei Greci*, Roma-Bari, Laterza Editore, 2000, p. 69-88.

15. B110 et A70 Diels-Kranz (DK).

16. Sur ce sujet, voir : J.B. Skemp, « Plants in Plato's Timaeus », *The Classical Quarterly* 41, 1947, p. 53-60 et L. Repici, *Uomini capovolti, op. cit.*, p. 142-174.

17. *Tim.* 77 a-c.

18. Pour la traduction *cf.* n. 9.

19. Sur la terminologie utilisée par le doxographe voir J.-B. Gourinat « L'embryon végétatif et la formation de l'âme selon les stoïciens », dans L. Brisson, M.- H. Congourdeau, J.-L. Solère (éd.), *L'embryon dans l'Antiquité et au Moyen Âge*, Paris, Vrin, 2008, p. 62-63, n. 16.

20. Sur les plantes et l'âme végétative chez Aristote voir B. Besnier, « L'âme végétative selon Aristote », *Kairos* 9, 1997, p. 33-56, D. Murphy, « Aristotle on Why Plants Cannot Perceive », *Oxford Studies in Ancient Philosophy* 29, 2005, p. 295-335, L. Repici, *Uomini capovolti*, p. 3-44, T. Bénatouïl, « Mouvements et vie chez Aristote : Quelques remarques autour des plantes », *Anais de Filosofia Clássica, Movimento em Aristóteles* II 13 (25), 2019, p. 1-20.

21. *De Anima* (désormais *DA*), 414 a 29-414 b 7.

22. Sur la théorie stoïcienne des plantes, voir J.-B. Gourinat, « À propos d'une conception antique de la vie : la nature et le vivant chez les stoïciens », dans M. Heeren et I. Schüssler (éd.), *Penser la vie. Contributions de la philosophie*, Études de lettres 281, 2008, p. 69-96, « L'embryon végétatif et la formation de l'âme selon les stoïciens », art. cit., p. 59-77 et L. Repici, *Nature silenziose, op. cit.*, p. 20-33.

(οὐκ ἔμψυχα)[23]. Malgré l'absence d'une véritable théorie des plantes dans le corpus épicurien tel qu'il nous a été transmis, il est possible de confronter cette affirmation avec quelques vers du poète épicurien Lucrèce. Dans le chant V du *De rerum natura*, dans le cadre du récit de ce que Lucrèce appelle « la jeunesse du monde » (*novitatem mundi*), est décrite l'origine des plantes :

> Premières, les herbes : d'un éclat verdoyant / la terre entoura les collines et par toutes les plaines / fulgurèrent les prés, virides, fleurissants ; / puis les divers arbres reçurent un élan immense / pour grandir à l'envi, à bride abattue dans les airs. / Comme les plumes, les poils ou les soies sont les premiers / à pousser sur le corps des quadrupèdes ou des oiseaux, / ainsi la jeune terre porta les herbes et les pousses / avant de produire les espèces vivantes, nombreuses et variées, de maintes manières formées[24].

Le poète décrit la chronologie des productions naturelles de la terre : tout d'abord les plantes et ensuite les animaux[25]. Comme l'a justement remarqué Luciana Repici, il s'agit d'une succession temporelle, non pas d'une séquence téléologiquement orientée[26]. Autrement dit, la nature n'étant pas « artiste », ce n'est pas en vue d'une fin particulière que plantes et animaux naissent dans cet ordre. Lucrèce emploie deux images pour expliquer la poussée des arbres et des herbes sur la terre : l'image de la compétition (*certamen*) et celle des poils et des plumes. Avec la première image, le poète semble décrire la croissance des arbres sous la forme d'un mouvement vers le haut[27] (« à bride abattue dans les airs » v. 787). Avec la deuxième image, en rapprochant les plantes des poils et des plumes, Lucrèce semble introduire le statut très particulier qui, selon les épicuriens, caractériserait les plantes, à savoir celui d'un élément qui tout en étant « proche » du vivant[28], ne l'est pas. En effet, dans la suite, il affirme que l'origine des herbes et des pousses est suivie par la naissance des espèces vivantes (*mortalia saecla*)[29]. Les plantes et les herbes seraient donc un produit non-vivant de la terre, contrairement aux animaux et aux hommes, comme le sont les plumes des oiseaux.

Le fait donc que Lucrèce exclut les plantes des « espèces vivantes » confirme l'information transmise par le doxographe selon laquelle les plantes

---

23. Selon Plutarque, Démocrite considérait les plantes comme des vivants (*Quaestiones Naturales* I, 1, 1 p. 911 D).

24. *DRN* V, v. 783-792. Je cite dorénavant la traduction de J. Kany-Turpin : Lucrèce. *De la nature. De rerum natura*, trad. fr. J. Kany-Turpin, Paris, GF-Flammarion, 1998, sauf mention contraire.

25. Voir J. H. Waszink, « La création des animaux dans Lucrèce », *Revue belge de philologie et d'histoire* 42/1, 1964, p. 48-56, P. H. Schrijvers, « La pensée d'Épicure et de Lucrèce sur le sommeil (DRN, IV, 907- 961, Scolie ad Épicure Ep. Ad Her. 66) : un chapitre des Parva Naturalia épicuriens », dans J. Bollack et A. Laks (éd.), *Études sur l'Épicurisme antique*, *Cahiers de Philologie*, vol. I, Lille, Presses Universitaires du Septentrion, 1976, p. 232-259 et L. Repici, *Nature silenziose, op. cit.*, p. 86-94.

26. *Ibid.*, p. 90. Perspective totalement étrangère à la conception mécaniste de la nature d'Épicure (*DRN* IV v. 825-856).

27. Nous reviendrons sur ce point dans la suite (cf. *infra*, p. 60-61).

28. Le point commun entre les plantes et les poils/plumes est probablement le fait de partager l'origine avec les vivants : les plantes sont produites par la même matrice, la terre, qui produit les animaux et les êtres humains. Toutefois, la proximité entre poils et plantes pourrait aller plus loin encore. En effet, les poils (ainsi que les plumes) ont la capacité de croître (et donc probablement de « se nourrir » sans pourtant être animés).

29. Cette expression indique, chez Lucrèce, à la fois les vivants en général et les êtres humains. À ce propos, voir : P. H. Schrijvers, « La pensée d'Épicure », *op. cit.* et « Un chapitre de l'histoire de l'humanité : Lucretius, De rerum natura V 837-854 », *in* G. Giannantoni e M. Gigante (eds.), *Epicureismo greco e romano*, vol. II, Napoli, Bibliopolis, 1996, p. 841-850, et G. Campbell, *Lucretius on Creation and Evolution. A Commentary on De rerum natura Book Five, lines 772-1104*, Oxford, Oxford University Press, 2003, p. 55-56.

pour les épicuriens seraient non-animées (οὐκ ἔμψυχα)[30]. Il est possible que cela soit dû au fait que les plantes ne sont douées ni de sensation ni d'intellect. En effet, que ce soit dans la *Lettre à Hérodote* d'Épicure ou dans le chant III du *De rerum natura* de Lucrèce, l'âme est associée principalement aux activités intellectives et perceptives. Dans la *Lettre* (§ 63-67), Épicure défend la corporéité de l'âme et son inextricable unité avec le corps. Ces deux caractéristiques fondamentales qui rendent possible la vie sont prouvées, selon Épicure, par « les facultés de l'âme, ses affections, sa facilité à se mouvoir, ses réflexions et ce dont nous sommes privés quand nous mourons »[31]. Par cette dernière phrase, l'auteur se réfère sans doute à la sensation, sur laquelle portent les paragraphes successifs[32]. Nous pouvons observer que la présence de l'âme et ses qualités sont associées à des activités (la pensée, la sensation etc.) qui manifestement n'appartiennent pas aux plantes[33]. La relation entre vie et sensation[34] est tellement étroite chez Épicure que, dans la *Lettre à Hérodote* (§ 65), les effets de la dissolution d'une partie ou de la totalité du corps sur l'ensemble de l'individu sont décrits en se référant à la sensation et non pas à la vie en général. Cela est peut-être explicable par la démarche épistémologique et pédagogique propre à Épicure : attirer l'attention sur la sensation plutôt que sur la vie offre à l'interlocuteur un repère davantage immédiat et clair. Vivre est sentir et la perception de soi-même et du milieu environnant devient la *preuve* que l'on est vivant[35]. Toutefois, cette relation étroite[36] n'est pas une forme d'identité. En effet, plusieurs phénomènes de « perte de sens »[37] sont examinés par Lucrèce à partir de l'expérience la plus commune, celle du sommeil.

La relation âme-vie-sensation et âme-vie-pensée se trouve aussi chez Lucrèce qui, dans le chant III de son poème, expose la théorie psychologique d'Épicure. L'âme est présentée par le poète à la fois comme principe rationnel (*animus*), associé aux affections comme la joie et la peur[38], et comme principe de sensation (*anima*)[39].

L'exclusion des plantes de la catégorie des vivants peut s'expliquer aussi du point de vue de l'orientation du système d'Épicure. En effet, l'approche épicurienne de l'étude de la vie et du vivant est psychologisante[40] et encadrée

---

30. C'est de cette façon que Gassendi reconstitue aussi la théorie épicurienne des plantes. Dans son *Syntagma philosophicum*, le philosophe compare trois théories : celle d'Aristote (sur l'âme végétative), celle d'Épicure et Lucrèce (qui conçoivent les plantes comme *inanima*), celle de Pythagore et Empédocle (qui considèrent l'âme des plantes identique à celle des animaux). Gassendi défend la deuxième qui estime être la plus rationnelle et proche des connaissances scientifiques modernes. À ce propos, voir L. Guerrini, « Gassendi et les hamadryades. Mythologie, érotique et science dans le débat sur l'âme des plantes », *Gassendi et la modernité*, dans S. Taussig (éd.), Turnhout, Brepols, 2008, p. 295-310.

31. *Lettre à Hérodote* (désormais *Hrdt*), § 63 trad. fr. P.-M. Morel, *Épicure. Lettres, maximes et autres textes*, Paris, GF-Flammarion, 2011, p. 61.

32. Toutefois, d'autres phénomènes caractérisant le vivant cessent d'exister après la mort. C'est le cas des phénomènes physiologiques tels que le sommeil ou la respiration. À ce propos, *cf. infra*, p. 52.

33. Le mouvement fait exception. Nous reviendrons sur ce point dans la suite.

34. Voir par ex. *DRN* III, v. 540-547.

35. L'âme, en effet, ne peut pas sentir par soi-même, sans le corps (*DRN* III, v. 631-633).

36. *DRN* III, v. 548-591.

37. *DRN* IV, v. 907-928, v. 462-481.

38. *DRN* III, v. 136-142.

39. *DRN* III, v. 143-151.

40. Au sens où, chez Lucrèce, notre seule source à ce propos, la question est envisagée à partir de l'étude de l'âme en tant que principe de vie.

dans un système qui conçoit la physiologie comme au service de l'éthique[41]. Cela veut dire que l'étude de la nature de l'âme et du composé âme-corps a comme objectif d'éviter toute forme de superstition à propos de la mort[42]. Si la préoccupation principale d'Épicure est de libérer les individus de la peur de la mort, en montrant qu'elle « n'est rien pour nous »[43], il est central que la présence de l'âme soit inextricablement liée à la présence de la sensation. Attribuer aux plantes une âme, sans pourtant pouvoir leur reconnaître la capacité de percevoir aurait peut-être constitué un précédent dangereux et affaibli un des piliers physico-éthiques du système.

La conception des plantes comme des êtres non-vivants nous oblige à interroger tous ces phénomènes qui, chez l'homme et chez l'animal, permettent le maintien de la vie. Je me réfère notamment aux phénomènes vitaux comme le sommeil, la nutrition, la croissance, etc. Les plantes ne seraient-elles pas concernées par ce genre d'activités ? Ou ne seraient-elles qu'en partie concernées, ce qui voudrait dire qu'il ne s'agirait pas, à proprement parler, de phénomènes vitaux ?

Le chant IV[44] du *De rerum natura* analyse un par un les phénomènes vitaux en clarifiant le rôle joué par l'âme et le corps dans l'accomplissement de ces importantes fonctions vitales. En ce qui concerne les phénomènes apparentés à la sensation ou à la faculté représentative, comme le sommeil et les rêves[45], l'implication de l'âme est clairement reconnue par le poète. Selon Lucrèce, l'expérience montre que le sommeil affecte la capacité perceptive de l'être vivant. Puisque cette dernière a comme principe premier l'âme, cela signifie que la cause du sommeil doit consister en un facteur qui provoque l'impossibilité pour l'âme de se mouvoir correctement. Ce facteur est la sortie d'atomes psychiques. Alors que le sommeil concerne la partie de l'âme qui est principe de sensation et qui se trouve éparpillée dans le corps, à savoir l'*anima*, les rêves concernent la partie directrice et rationnelle, à savoir l'*animus*. Quand le sommeil s'est produit dans le corps rendu insensible, l'esprit, vigilant et réactif, est frappé par les simulacres qui voltigent dans l'atmosphère. En cela consiste l'activité onirique.

Puisque les plantes ne sont douées ni de sensation, ni d'esprit, le sommeil et les rêves ne les concernent pas. Mais que dire de la nutrition[46] ? Toujours dans le chant IV de son poème[47], Lucrèce cherche à expliquer ce qui pousse

---

41. *Maximes capitales* 11 (désormais *MC*), et *DRN* I, v. 146-148.

42. La réfutation de l'immortalité de l'âme et la critique du mythe des Enfers se fondent précisément sur l'impossibilité que l'âme perçoive la mort une fois qu'elle est séparée du corps. Pour que cela soit défendable, il faut prouver que l'âme est le principe de la vie et de la sensation et que la vie quitte l'individu au même temps que la sensation.

43. *MC* II, *Lettre à Ménécée* (désormais *Mén.*) § 124.

44. *DRN* IV, v. 858-1287.

45. *DRN* IV, v. 907-1029. Sur ce point, voir P. H. Schrijvers, « La pensée d'Épicure » et A. Gigandet, « L'âme défaite : la théorie du sommeil dans l'épicurisme », dans V. Leroux, N. Palmieri, C. Pigné (éd.), *Le Sommeil : approches philosophiques et médicales de l'Antiquité à la Renaissance*, Paris, Champion, 2015, p. 85-96 ; V. Tsouna, « Les rêves chez les épicuriens », trad. fr. J. Masson, *Cahiers philosophiques* 159, 2019/4, p. 77-94.

46. Cette question se pose, si on pense notamment à la théorie aristotélicienne des plantes. Selon Aristote, la nutrition fait partie avec la croissance et la reproduction des facultés qui appartiennent à l'âme végétative. Cette espèce d'âme appartient à tous les vivants et est la seule qu'on trouve chez les végétaux (*DA* II, 2 et 4). À ce propos, voir R. Lo Presti et G. Korobili (eds.), *Nutrition and Nutritive Soul in Aristotle and Aristotelianism*, Berlin-Boston, De Gruyter, 2020.

47. *DRN* IV, v. 858-876.

l'être vivant à la recherche de nourriture, à savoir la faim. La cause en est une perte graduelle de matière, commune à tous les composés et qui donc ne concerne pas seulement les êtres vivants[48]. En effet, l'atmosphère qui nous entoure, selon les épicuriens, n'est pas vide de corps. Tout composé est entouré d'atomes qui voltigent isolés ou assemblés dans l'air qui est lui-même un composé de matière, même s'il est très raréfié. Cela veut dire que tout corps est continuellement soumis aux chocs de ces matières qu'on ne peut pas percevoir à cause de leur petitesse et qui produisent une sorte d'érosion[49]. Cette perte est perçue par les vivants sous la forme d'un type particulier de « douleur » (*dolor*) : la faim. Cette affection douloureuse pousse les vivants à se nourrir afin de réintégrer la matière perdue. Le phénomène de la faim, à savoir la perception de la perte de matière, implique l'âme. Cela veut dire que les plantes, inanimées, tout en perdant de la matière, n'en souffrent pas. Peut-on affirmer alors que la nutrition est un phénomène psycho-physiologique qui concerne exclusivement les vivants ?

À un premier regard nous serions tentés de répondre affirmativement. En effet, dans les vers sur la nutrition Lucrèce écrit que les vivants se nourrissent afin de « combler, béant dans les organes et les veines, l'amour de manger »[50] et que l'aliment « se répand aussi dans toutes les parties/qui le réclament, et les atomes de chaleur, dont la concentration brûle notre estomac, /se dissipent par l'eau »[51]. Bien que l'âme ne soit pas clairement évoquée, elle semble tout de même impliquée dans le phénomène de la digestion[52]. En effet, dans le chant III[53], Lucrèce écrit que l'âme est composée de quatre éléments : la chaleur, l'air, le souffle et une quatrième nature sans nom[54]. Les atomes de chaleur, dont la concentration à l'intérieur de l'estomac permet la digestion de l'aliment, sont selon toute probabilité les mêmes que ceux qui constituent le tissu psychique. Cela semble confirmé par deux témoignages. Le premier est un témoignage doxographique qui attribue à Épicure la théorie selon laquelle l'âme serait constituée, entre autres, par un élément chaud qui expliquerait la chaleur de l'être vivant[55]. Le deuxième nous le retrouvons dans les *Propos de table*[56] où Plutarque affirme que, selon Épicure, l'effet chauffant du vin dépendrait du tempérament ou de la nature de chacun. Or, grâce à Lucrèce, nous savons qu'Épicure avait formulé une espèce de théorie des tempéraments à partir de la théorie élémentaire de l'âme. Selon le Maître du Jardin, dans chaque individu, les éléments psychiques (chaleur, souffle et air) seraient présents dans des quantités différentes et la présence prédominante d'un des trois conditionnerait son caractère naturel[57]. D'après le témoignage de Plutarque, cela conditionnerait aussi les effets du vin sur l'individu. Nous

---

48. *DRN* I, v. 314-328.

49. Ce processus est accéléré chez les vivants à cause du mouvement (*DRN* IV v. 862-864).

50. *DRN* IV, 868-869.

51. « *Umor item discedit in omnia quae loca cumque/poscunt umorem* » (*DRN* IV v. 870-871). Nous traduisons.

52. À ce propos, je me permets de renvoyer à G. Scalas, *La théorie épicurienne du vivant. L'âme avec le corps*, Paris, Classiques Garnier, 2023, p. 325-348.

53. *DRN* III, v. 231-236.

54. *DRN* III, v. 231-248.

55. Aétius 4.3. 11 = 315 Us.

56. *Propos de table*, III, 5, 652A = 60 Us.

57. *DRN* III, v. 293-307.

pouvons affirmer que, comme la chaleur corporelle du vivant et sa variation en cas d'ivresse, la digestion fait partie de ces phénomènes qui s'expliquent, chez Épicure, à partir de la constitution psychique élémentaire. L'âme semble donc aussi impliquée dans le phénomène nutritif ou au moins dans une phase de celui-ci. Toutefois, cela ne semble pas exclure la possibilité que les plantes soient douées de la faculté nutritive. En effet, d'une part, la digestion par coction pourrait être, aux yeux d'Épicure, un phénomène uniquement « animal ». Dans ce cas-là, les plantes pourraient avoir ce qu'on appelle une « digestion crue » [58]. D'autre part, le fait que la chaleur fasse partie des éléments psychiques, n'exclut pas qu'elle soit présente dans d'autres composés non-psychiques, tels que les plantes [59].

En ce qui concerne la distribution de l'aliment qui suit la digestion, il s'agit d'un phénomène mécanique [60] qui n'implique pas nécessairement la présence de l'âme. En effet, Lucrèce affirme que « le suc se répand aussi dans toutes les parties / qui le réclament » [61] (v. 870-871). Or, pour comprendre cette affirmation, il faut revenir au phénomène de la faim qu'on a examiné plus haut. Nous avons vu que cette sensation douloureuse se déclenche quand le corps se raréfie (*rarescit corpus*). Ce même phénomène de raréfaction est évoqué par Lucrèce au chant IV de son poème, à propos du mouvement :

> […] l'âme à son tour frappant le corps, ainsi toute / sa masse est de proche en proche ébranlée. / En même temps le corps se raréfie et l'air, / comme l'exige évidemment sa nature mobile, / s'engouffre et pénètre à flots par les conduits béants, / se dispersant ainsi dans les moindres recoins [62].

Dans ce passage, que nous analyserons dans le détail plus tard [63], Lucrèce affirme que suite au mouvement du corps, ses tissus subissent une sorte de tension qui en modifie la densité [64]. Les atomes qui constituent le corps s'éloignent en formant des espaces vides. L'air environnant, qui est toujours en mouvement, s'engouffre dans ces vides et « dans les moindres recoins » du corps. Ce phénomène est expliqué par un des principes fondamentaux de la physique épicurienne : le mouvement dans (et vers) le vide [65]. Il est fort probable que le suc de l'aliment suive le même sort que l'air dans les vers sur le mouvement. En effet, la raréfaction du corps, qui dans le cas de la faim est une raréfaction substantielle, à savoir la formation de vide dans les organes et les tissus suite à la perte de matière, constitue la cause du mouvement de distribution de l'aliment. Le suc se dirige mécaniquement là où

---

58. La « digestion ou dissolution crue » est théorisée entre autres par le médecin Asclépiade de Bithynie, dont la théorie physiologique se fonde sur une conception mécaniste et corpusculariste du vivant. Selon son point de vue, aucune forme de cuisson n'intervient dans l'estomac et l'aliment se décompose (*solutio cruda*) avant de se distribuer dans le corps (Caelius Aurelianus, *Celeres passiones* 1, 113).

59. C'est ce que Lucrèce semble suggérer dans ses vers sur les incendies dans les forêts (*DRN* I v. 901-903).

60. Sur cette question il existe un important et controversé témoignage de Galien (*De naturalibus facultatibus* (désormais *Nat. Fac.*), 1.14) qui attribue à Épicure une conception attractive de la distribution de l'aliment. Sur son interprétation, je me permets de renvoyer à G. Scalas « Le fer et l'aimant : l'explication épicurienne des phénomènes d'attraction dans le *De naturalibus facultatibus* de Galien », *Revue des Études philosophiques* 144, 2023, p. 111-140.

61. Nous traduisons.

62. *DRN* IV, v. 886-897.

63. Cf. *infra*, p. 56-57.

64. *DRN* III, v. 434-444.

65. *Hrdt* 40, *DRN* I, v. 334-339, III, v. 234-236 et VI, v. 1002-1016.

son mouvement n'est pas entravé (les espaces vides), à savoir là où les tissus doivent être reconstitués. Pour que cela ait lieu, il n'y a pas besoin d'âme. Les plantes peuvent donc subir une perte de matière et aussi la réintégrer[66] mécaniquement tout en étant inanimées[67]. Faut-il alors conclure que la nutrition n'est pas un phénomène vital ? Je me réserve de répondre à cette question à la fin de notre étude.

L'âme des vivants : les hommes et les animaux

Revenons à notre témoignage sur les plantes. Le doxographe affirme que, selon les stoïciens et les épicuriens, les plantes ne sont pas animées : « en effet, certains (êtres animés) sont doués d'une âme appétitive (ὁρμητικῆς), et désirante (ἐπιθυμητικῆς), certains autres d'une âme rationnelle (λογικῆς) ». Le doxographe semble vouloir expliquer cette affirmation à la lumière d'une théorie des facultés psychiques. Or, la théorie évoquée n'est pas épicurienne[68]. Cependant, si cette théorie vise à rassembler les animaux et les êtres humains sous une même catégorie afin de justifier l'exclusion des plantes des êtres animés, il est possible d'identifier une théorie pour ainsi dire correspondante dans la doctrine d'Épicure. En effet, auparavant nous avons mentionné la théorie élémentaire selon laquelle l'âme serait composée de quatre natures : la chaleur, le souffle, l'air et un quatrième élément sans nom[69]. En fonction de la proportion de chaque élément à l'intérieur de l'âme, le caractère de l'individu sera différent. Toutefois, par cette théorie, les épicuriens expliquent aussi le caractère spécifique des animaux[70]. Le comportement, la façon dont les êtres humains et les animaux agissent naturellement dépend de la proportion élémentaire qui caractérise leur âme. Cette proportion particulière les rend plus enclins à la colère, à la crainte, ou à tranquillité. Si l'on prend en considération l'objectif du doxographe, trouver un dénominateur commun aux

66. Un autre phénomène physiologique est lié à la nutrition : la reproduction. La scholie au paragraphe 66 de la *Lettre à Hérodote* ainsi que les vers 1037-1038 du chant IV du *De rerum natura* de Lucrèce, transmettent la théorie selon laquelle, pour Épicure, la semence provient de tout le corps. Selon Lucrèce, une fois la croissance terminée, le surplus de nourriture est expulsé par les organes (*DRN* IV, v. 1037-1038) et s'accumule dans les organes génitaux (*DRN* IV, v. 1041-1042). Chez les êtres vivants, le mélange de semences féminines et masculines produit l'embryon. Même si nous n'avons pas de preuves à ce sujet concernant les plantes, il n'est pas exclu que selon Épicure, puisqu'elles peuvent se nourrir, les plantes aussi soient capables de se reproduire grâce au résidu alimentaire. Cependant les vers de Lucrèce sur la « jeunesse du monde » (*DRN* V, 783 sq.) semblent suggérer une autre théorie. Selon Lucrèce, la terre désormais incapable de donner naissance aux animaux, continue d'engendrer les plantes ainsi que certains vivants de simple constitution. Pour ce qui concerne les végétaux, cela se fait aussi grâce à l'intervention de l'homme qui, grâce aux techniques agricoles, arrive à exploiter les dernières capacités génératives de la terre de moins en moins fertile. Cela semble donc suggérer plutôt que les plantes ne seraient pas autonomes du point de vue reproductif mais qu'elles dépendraient à la fois de la terre et de l'intervention de l'homme.

67. Selon Théophraste, Démocrite (68 A 162 DK) aussi reconnaissait aux plantes la capacité à se nourrir. Le philosophe atomiste semble avoir même étudié l'impact que les différentes structures des plantes ont sur leur capacité à croître. Sur ce point, voir L. Repici, *Uomini capovolti, op. cit.*, p. 63-64.

68. Du point de vue du lexique, cela rappelle en partie la théorie de Posidonius (Gal. *De plac.* VIII, 652-3, éd. Kühn, p. 653.12-654.3 M) selon lequel l'âme serait gouvernée par trois facultés : désirante (ἐπιθυμητικῆς), colérique (θυμοειδοῦς) et rationnelle (λογιστικῆς). À ce propos, voir I. G. Kidd, *Posidonius. Vol. II. The Commentary*, Cambridge, Cambridge University Press, 1988, p. 165. Toutefois, comme me l'a remarqué J.-B. Gourinat, « À propos d'une conception antique de la vie », *op. cit.*, p. 62-63 n. 16), du point de vue terminologique, le doxographe semble avoir interverti cette théorie attribuée aux stoïciens et épicuriens avec celle attribué à Aristote selon lequel les animaux seraient doués de facultés appétitive, perceptive et intellective (ὁρμητικὰ εἶναι καὶ αἰσθητικά, <ἔνια> δὲ καὶ λογικά).

69. *DRN* III, v. 231-245.

70. *DRN* III, v. 293-307.

animaux et aux hommes, la théorie des caractères transmise par Lucrèce est assez proche de la théorie des facultés évoquée dans le témoignage. Ces deux théories, quoique de façon différente, cherchent à expliquer le mouvement en termes d'action impliquant l'âme. Cela est confirmé par la suite du témoignage qui porte justement sur la capacité des plantes à se mouvoir « spontanément sans l'intervention de l'âme ». Ce que le doxographe semble vouloir dire, alors, est que chez les stoïciens et les épicuriens, contrairement à Empédocle et Platon, le mouvement n'est pas un critère suffisant pour considérer les plantes comme des vivants.

Le mouvement des plantes

D'après le doxographe, selon les épicuriens, les plantes se meuvent de façon spontanée (αὐτομάτως). Qu'est-ce que cela signifie ? Pour répondre à cette question il faut d'abord répondre à une autre question : dans quel sens faut-il comprendre l'affirmation selon laquelle les plantes se meuvent ?

Les épicuriens auraient théorisé deux espèces de mouvements (des corps macroscopiques) : un mouvement volontaire et un mouvement involontaire [71]. Le mouvement volontaire est expliqué ainsi :

> Je dis que les images du mouvement viennent d'abord / marteler notre esprit, comme nous l'avons dit plus haut. / Puis naît la volonté, car nul ne commence rien / si l'esprit auparavant n'a vu ce qu'il veut faire. / Cette prévision consiste en l'image de l'acte. / Quand donc l'esprit se meut de manière à vouloir / aller et s'avancer, il frappe aussitôt l'âme / à travers tout le corps et l'organisme éparse, / chose facile en raison de leur union étroite. / Puis l'âme à son tour frappant le corps, ainsi toute / sa masse est de proche en proche ébranlée. / En même temps le corps se raréfie et l'air, / comme l'exige évidemment sa nature mobile, / s'engouffre et pénètre à flots par les conduits béants, / se dispersant ainsi dans les moindres recoins [72].

Lucrèce identifie trois moments distincts dans l'accomplissement du mouvement : il est d'abord question de la conception de l'action (expliquée par la théorie des simulacres [73]), puis de la communication de l'action (expliquée par la théorie de l'âme [74]) et enfin du mouvement du corps (expliqué par une théorie qui se fonde sur le travail conjoint de l'âme et de l'air externe). Lucrèce rend d'abord compte de l'aspect volontaire du mouvement, en faisant appel à la théorie de l'imagination [75]. La phase de conception de l'action s'explique par le contact des simulacres du mouvement avec l'esprit. Ces images viennent « frapper ou marteler l'esprit » (*animum pulsare*). Puisque l'action conçue est un mouvement, il n'y a pas un seul simulacre qui agit sur l'esprit mais plusieurs, en une rapide succession qui frappe l'esprit à répétition [76]. Cependant, l'esprit

---

71. Chez Lucrèce la question du mouvement et de son rapport avec la *voluntas* (volonté) est examinée à plusieurs reprises. Sur ce point, voir D. J. Furley, *Two studies in The Greek Atomists*, Princeton (NJ), Princeton University Press, 1967 et T. O'Keefe 2005, *Epicurus on Freedom*, Cambridge, Cambridge University Press, 2005 p. 26-47.
72. *DRN* IV, v. 880-896.
73. *DRN* IV, v. 46-229.
74. *DRN* III, v. 136-176.
75. Qui conclut la section sur la perception et sur la pensée du chant IV.
76. À ce propos, je me permets de renvoyer à G. Scalas, *La théorie épicurienne de l'âme, op. cit.*, p. 90 *sq.*

n'est pas complètement passif. En effet, dans les vers précédents[77], Lucrèce a affirmé que le mécanisme de la pensée est le fruit de l'activité conjointe des simulacres et de l'esprit qui se focalise sur les simulacres qui l'intéressent. Une fois l'esprit frappé « naît la volonté » (*voluntas fit*). Le fait que l'esprit communique le mouvement au reste de l'âme est ce qui permet de distinguer une action pensée d'une action qu'on veut accomplir[78]. Après avoir reçu l'image de l'action à accomplir, l'esprit communique cette « information » à l'âme. Le troisième moment décrit par le poète est celui du mouvement en tant que tel. Le corps, d'après Lucrèce, est mis en mouvement, petit à petit, par l'âme. Il se raréfie (*rarescit corpus*). À travers le corps raréfié entre de l'air qui, s'ajoutant à la matière de l'âme en mouvement contribue à pousser le corps vers l'accomplissement de l'action. La théorie épicurienne du mouvement transmise par Lucrèce reconnaît une place importante à l'âme, et notamment à sa partie rationnelle, l'esprit. Cela s'explique par la nécessité de rendre raison de l'aspect volontaire de l'action[79]. Le mouvement involontaire et sa différence avec le mouvement volontaire sont brièvement décrits dans les célèbres vers sur la théorie de la déclinaison atomique (*clinamen*) :

> Ainsi, vois-tu, la source du mouvement est le cœur, / c'est la volonté qui procède d'abord, / puis il se communique à l'ensemble de l'organisme. / Rien de tel lorsque nous avançons poussés / par une force étrangère, puissante et contraignante. Dans ce cas, en effet, toute la matière de notre corps / se trouve évidemment entraînée malgré nous / jusqu'à ce que la volonté la freine en tous nos membres[80].

Dans ces vers, Lucrèce cherche à convaincre son lecteur de l'existence d'une volonté libre (*libera voluntas*) chez l'homme. Il attire alors l'attention sur la perception d'une volonté contraire dont on peut faire l'expérience lorsqu'on est forcés à accomplir un mouvement (c'est le cas d'une chute). Le mouvement qui fait l'objet de la partie finale du témoignage ne semble pourtant pas appartenir à cette deuxième catégorie. Le doxographe écrit clairement que les plantes se meuvent αὐτομάτως πως, « d'une certaine manière spontanément », ce qui exclut la possibilité d'un mouvement forcé, produit par une cause extérieure aux plantes.

Y aurait-il, chez les épicuriens, un troisième type de mouvement qui ne soit donc ni volontaire (avec l'intervention de l'âme) ni involontaire (forcé)[81] ? Nous retrouvons chez Lucrèce deux exemples d'actions qui pourraient, de prime abord, rentrer dans cette catégorie. Le premier concerne les animaux et plus précisément les lions[82]. Le poète décrit un phénomène étrange : les lions s'enfuient devant les coqs de façon inexplicable malgré le fait que ces derniers ne constituent nullement une menace. Cette réaction est expliquée, selon le poète, par la douleur aux yeux provoquée par la composition

77. *DRN* IV, v. 722-731 et 744-746.
78. Cela évite la conclusion (dangereuse pour l'éthique d'Épicure) que toute pensée se résout dans l'action.
79. Voir D. J. Furley, *Two studies, op. cit.*
80. *DRN* II, v. 269-278.
81. Sur cette catégorisation chez Aristote, voir P.-M. Morel, « Volontaire, involontaire et non-volontaire dans le chapitre 11 du "De Motu" d'Aristote », A. Laks et M. Rashed (éd.), *Aristote et le mouvement des animaux : dix études sur le* De motu animalium, Lille, Presses Universitaires du Septentrion, 2004, p. 167-183.
82. *DRN* IV, 710-717.

atomique des coqs, et donc de leurs simulacres[83]. Or, la fuite du lion tout en étant une action « irrationnelle » n'est pas une action accomplie sans l'intervention de l'âme. En effet, les simulacres du coq produisent une sensation de douleur chez le lion et la douleur est une affection de l'âme (de la partie a-rationnelle, à savoir l'*anima*). Il s'agit donc d'une réaction instinctive et a-rationnelle, qui n'implique probablement pas l'esprit[84] mais l'*anima* (la partie a-rationnelle), certainement.

> Selon les stoïciens et les épicuriens, les plantes ne sont pas animées.

L'autre cas de mouvement spontané est celui de l'érection et de l'éjaculation. À la fin du chant IV[85], Lucrèce décrit le phénomène de l'éjaculation *via* la métaphore de la blessure. L'être vivant frappé par le désir est comparé à la victime d'un coup qui cause une blessure sanguinolente[86]. La sortie du sperme est à son tour comparée à l'écoulement de sang. Lucrèce trace un parallèle entre la direction du mouvement du sang suite au coup, qui donc vise la cause de la blessure, et la direction de l'émission de sperme qui suit le désir et vise le corps qui l'a provoquée. Comme on le voit assez clairement grâce à cette comparaison, Lucrèce a une conception très mécanique du désir et de sa satisfaction qui ne semble pas passer par l'esprit et par son action. Il paraît expliquer ce phénomène par un effet direct de l'objet du désir sur l'organisme du sujet désirant. Toutefois, Lucrèce insiste sur le rôle joué par « le garçon aux membres féminins / ou la femme dont tout le corps darde l'amour » (v. 1053-1054) dans le phénomène d'excitation. Mais si ce sont les simulacres de l'objet du désir qui constituent le déclenchement du désir, alors l'âme est encore une fois impliquée, du moins la partie a-rationnelle qui est le principe de sensation du vivant.

Les passages du poème de Lucrèce que nous venons d'analyser semblent suggérer que le mouvement local, qui implique toujours au moins la partie a-rationnelle de l'âme, n'appartienne qu'aux animaux[87].

Cependant, nous ne pouvons pas exclure qu'Épicure ait reconnu aux plantes la capacité d'effectuer des mouvements « locaux » limités (afin de chercher la lumière du soleil, par ex.). Dans ce cas-là, comment Épicure aurait-il pu rendre compte de ce phénomène ? Il est possible que pour les épicuriens un autre type de mouvements existe, qui sans être libres et volontaires[88] ne sont pas causés par des phénomènes extérieurs mais dépendent exclusivement de la structure et la constitution du composé. Le poète Lucrèce pour s'y référer emploie l'expression *sponte sua* (« spontanément ») parfois renforcée par *ipsa*

■ 83. Sur ce passage voir D. Konstan, *Some aspects of Epicurean Psychology*, Leiden, Brill, 1973.

■ 84. Malheureusement aucun écrit épicurien portant sur la psychologie animale ne nous est parvenu. Il est donc impossible de dire si selon les épicuriens les animaux sont doués d'esprit.

■ 85. *DRN* IV, v. 1041-1057.

■ 86. Sur cette métaphore voir R. D. Brown, *Lucretius on Love and Sex : a Commentary on* De Rerum Natura IV, *1030-1287 with Prolegomena, Text and Translation*, Leiden, Brill, 1987, p. 182. Le parallèle entre le désir et la violence se trouve aussi aux vers 1079-1090 où le rapport sexuel est décrit sous la forme d'une lutte.

■ 87. Le mouvement local, en effet, semble être issu du projet de l'esprit ou bien la réponse à une affection (douleur/plaisir).

■ 88. Déconnectée à la fois des phénomènes extérieurs et de la structure constitutive de l'agent qui produit l'action. Ce genre d'action semble appartenir exclusivement au vivant et plus spécifiquement à l'être humain.

ou par *per se* (« par lui-même/elle-même »). Cette expression est considérée traditionnellement comme la traduction du mot αὐτομάτως[89] ou de l'expression κατ'αὐτομάτον[90]. Dans les textes d'Épicure, ce terme est employé dans le cadre de sa réflexion éthique[91] et de sa philosophie de l'esprit[92]. Dans le poème lucrècien, en revanche, l'expression *sponte sua* revient très souvent et dans des contextes très différents. Lucrèce l'emploie à propos de la puissance génératrice de la terre[93], dans le cadre de la réfutation de la théorie selon laquelle tout tend vers le centre de l'Univers[94], à propos du mouvement des astres[95], du feu[96], des atomes[97] et de l'œuvre de la nature[98], pour qualifier l'action humaine[99], celle des vivants en général[100], en relation aux sens en tant que critères de vérité[101], et pour décrire la formation de certains simulacres[102]. Cette expression est utilisée le plus souvent par le poète pour distinguer les corps dont l'activité est produite par eux-mêmes de ceux dont l'activité est produite par des causes extérieures[103]. À ce propos, l'exemple de la terre est particulièrement pertinent pour notre étude. Contre la théorie de la génération spontanée et en faveur de la théorie de la panspermie atomique, Lucrèce affirme que si n'importe quel corps pouvait se produire à partir de n'importe quel substrat, alors nous n'aurions nul besoin de labourer la terre, elle produirait tous ses fruits *sponte sua* (« spontanément ») et même mieux, sans notre intervention. D'autre part, quand le poète décrit « la jeunesse du monde », il insiste sur le fait que la terre était tellement riche et prospère, à l'origine, qu'elle pouvait créer *sponte sua* « les blondes moissons, les vignobles riants », et toutes sortes de créatures[104]. La spontanéité de l'activité génératrice de la terre réside dans la capacité de son substrat atomique à produire de lui-même les produits naturels. Si nous lisons le témoignage du doxographe à la lumière des vers de Lucrèce, nous pouvons affirmer que selon Épicure, les plantes seraient douées d'une constitution atomique qui leur permettrait de se mouvoir sans que ce mouvement soit impulsé par quelque chose d'autre que

89. Ce terme est employé pour décrire le mouvement des atomes qui selon Démocrite, se meuvent « spontanément » à savoir sans l'intervention d'une intelligence ordinatrice (Dionys. *apud*. Eus. *PE* XIV, 23, 2-3 ; 106, 7).

90. Fr. 52 *P. Herc.* 697 corn 4. et fr. 44 *P. Herc.* 1056 col. 22. Cette expression nous la retrouvons à deux reprises dans le livre XXV du *Peri Physeos* suivie par ἀνάγκη et est souvent traduite par « nécéssité accidentelle » (voir F. G. Masi, *Epicuro e la filosofia della mente*, Baden Baden, Academia Verlag, 2006, p. 121 *sq*.).

91. *SV* 64.

92. *Peri Physeos*, livre XXV, fr. 5 *P. Herc.* 697 corn 4. et fr. 44 *P. Herc.* 1056 col. 22.

93. *DRN* I, 214 et V, v. 212, II, v. 1158 et V, v. 938.

94. *DRN* I, v. 1064.

95. *DRN* V. v. 79.

96. *DRN* II, v. 193.

97. *DRN* II v. 1059, *DRN* III, v. 1041, IV, v. 47, VI, v. 1021.

98. *DRN* II, v. 1092.

99. *DRN* V, v. 961 et 1147. En particulier, à propos de l'attitude de Démocrite à l'égard de la mort *DRN* III, v. 33.

100. *DRN* V, v. 804 et v. 872.

101. *DRN* IV v. 481.

102. *DRN* IV v. 131 et v. 736.

103. À ce propos, voir M. R. Johnson, « Nature, spontaneity, and voluntary action in Lucretius », D. Lehoux, A. D. Morrison and A. Sharrock (eds.), *Lucretius : Poetry, Philosophy, Science*, Oxford, Oxford University Press, 2013, p. 99-130.

104. Cela ne veut pas dire que pendant la période de « jeunesse » de la terre, on pouvait assister à une forme de « génération spontanée ». La terre ne peut produire que les composés dont elle possède les éléments premiers. Ce que Lucrèce veut dire est que, à ce moment-là, la terre était encore tellement prospère et riche qu'elle pouvait créer d'elle-même tous les produits de la nature sans besoin de l'intervention de l'homme et de sa technique agricole.

son propre corps, à savoir par l'âme[105]. Nous ne possédons malheureusement pas de textes nous permettant de reconstituer la façon dont le mouvement local et spontané des plantes était expliqué dans le détail par les Épicuriens.

Il est aussi possible que par « mouvement » des plantes, Épicure ne se réfère pas (uniquement?) au mouvement local. En effet, dans les vers que nous avons cité plus haut, Lucrèce utilise la métaphore de la compétition (*certamen*) pour décrire la poussée des arbres sous la forme d'un mouvement vers le haut. Il est possible qu'Épicure ait considéré la croissance comme une sorte de mouvement[106]. L'image de Lucrèce, qui renvoie à la compétition engagée entre les arbres à qui pousse le plus haut, semble aller dans cette direction. Nous avons vu, dans la première partie de cette étude, que la nutrition n'implique pas nécessairement la présence de l'âme. Peut-on affirmer la même chose pour la croissance?

Croissance

Dans le cadre du discours sur la formation, la « vie » et la « mort » du cosmos[107], Lucrèce traite du phénomène de la croissance et de la décroissance (vieillissement) :

> Les êtres que tu vois grandir en progression joyeuse / et gravir peu à peu les degrés de l'âge adulte / assimilent en effet plus d'atomes qu'ils n'en rejettent, / tant que la nourriture afflue sans peine dans leurs veines, / tant qu'ils ne sont assez distendus pour perdre beaucoup / et dépenser plus que leur âge ne peut absorber. / Car les atomes sont nombreux à s'écouler des corps, / il faut le concéder, mais plus nombreux à les rejoindre, / jusqu'au jour où le faîte de la croissance est atteint. / Lors, insensiblement, force et vigueur adultes / se brisent et la vie s'écoule vers le pire. / Car au terme du progrès, plus un corps est vaste, / plus il s'est amplifié, plus nombreux sont les atomes/ qu'il rejette et répand en tous sens alentour[108].

L'objectif de ces vers de Lucrèce est d'expliquer d'un point de vue exclusivement mécaniste la croissance et la décroissance. L'enjeu alors est en particulier d'expliquer ce qui fait que la nutrition n'ait pas les mêmes effets sur le corps selon les différents moments de la vie. Autrement dit, le poète veut montrer pourquoi, tout en mangeant et en réintégrant régulièrement la matière perdue, les corps parfois s'accroissent, parfois stagnent, parfois dépérissent. Lucrèce identifie une cause externe et une cause interne. Comme nous l'avons vu à plusieurs reprises, l'atmosphère est remplie de corps qui voltigent et frappent sans cesse les êtres vivants (cause externe). Ensuite, les corps susceptibles de croissance ont une capacité limitée à intégrer la matière dont ils se sont nourris (cause interne). En effet, Lucrèce affirme que le corps intègre de la matière et pousse jusqu'au jour où il atteint le point le plus haut de la croissance (*summum cacumen*, v. 1030). Afin d'expliquer la courbe du

---

■ 105. Dans ce sens, αὐτομάτως serait utilisé par le doxographe avec la même signification que lui attribuait Démocrite, cf. *supra* n. 91 p. 12.

■ 106. Comme pour Aristote (*Physique*, II, 1, 192b10-20).

■ 107. Voir F. Solmsen, « Epicurus on the Growth and Decline of the Cosmos », *American Journal of Philology* 74, 1953/1, p. 34-51.

■ 108. *DRN* II, v. 1022-1143.

développement du monde et des êtres vivants, Lucrèce identifie l'acmé de la croissance en termes de taille, d'extension et de quantité de matière. Quand les corps atteignent le maximum de l'extension, ils commencent à perdre plus de matière que celle qu'ils intègrent. Cela arrive parce que la surface frappée par les chocs des corps qui voltigent dans l'atmosphère est devenue plus étendue. Il s'avère alors de plus en plus difficile de réintégrer la matière perdue, jusqu'au moment où le corps succombe aux chocs extérieurs. Pendant cette phase de décroissance (vieillesse), le corps ne diminue pas en taille mais en densité. Autrement dit, le corps ne se rétrécit pas mais il se raréfie. Ces phénomènes, l'accroissement et le décroissement, concernent les vivants aussi bien que les non-vivants[109]. En effet, Lucrèce en parle aussi à propos du monde qui comme le vivant pousse et s'accroit pour ensuite vieillir jusqu'à l'épuisement total. Il n'est donc pas étonnant que ce mouvement spontané qu'est la croissance[110] caractérise aussi les plantes.

■ 109. Le concept de croissance est aujourd'hui source de nombreux débats (voir à ce propos F. Giorgianni, P. Li Causi, M. C. Maggio, R. Marchese (ed.), *Crescere/Svilupparsi. Teorie e rappresentazioni fra mondo antico e scienze della vita contemporanee*, Palermo, Palermo University Press, 2020). Cette notion, en effet, si fréquemment utilisée dans la description des phénomènes qui constituent la vie de la planète, ne s'applique pas à tous les êtres de la même manière. Les plantes et les animaux, en effet, ne s'accroîtraient pas de la même façon (voir F. Hallé, *Éloge de la plante. Pour une nouvelle biologie*, Paris, Seuil, 1999). Comme l'écrit justement Buccheri (A. Buccheri, « Crescite troppo rigogliose : modelli botanici del (superamento del) limite », F. Giorgianni, P. Li Causi, M. C. Maggio, R. Marchese (ed.), *Crescere/Svilupparsi. Teorie e rappresentazioni fra mondo antico e scienze della vita contemporanee, op. cit.*, p. 147-184) « Les animaux sont caractérisés par une croissance "déterminée", alors que la croissance des plantes est caractérisée par son aspect "ouvert", "indéterminé". Il s'agit de la possibilité, voire de la nécessité, pour l'organisme végétal de se développer tout au long de sa vie. En effet, alors qu'un mammifère forme presque tous ses organes dès la gestation, une plante vivace continue à en produire de nouveaux (feuilles, tige et racines) chaque année » (p. 147-148). La tendance de ces nouvelles recherches est d'adapter la notion de croissance au comportement spécifique des plantes, en essayant de ne pas plaquer sur les végétaux le modèle animal (plus en général, sur la tentative d'une nouvelle réflexion sur les plantes en dehors de la hiérarchisation zoo-centrée, voir N. Chouchan, « Éditorial », *Cahiers philosophiques* 152, 2018, p. 5-8). Chez Épicure, le phénomène du développement du monde est pensé sur le modèle de la croissance animale. Toutefois, nous ne pouvons pas affirmer avec certitude que cela vaille aussi pour les plantes. Il est fort probable que la croissance se fasse par l'ajout de matière venant de l'extérieur, comme c'est le cas pour le vivant. Cependant, cela n'implique pas que, chez Épicure, les plantes aussi aient un développement déterminé du type « croissance-stagnation-décroissance ». D'ailleurs, le vers lucrétien sur la poussée des arbres semble aller plutôt dans la direction contraire (une « libre » croissance vers le haut). Cependant, du point de vue épicurien, tout composé est voué, de toute façon, à la décomposition. Les plantes comme n'importe quel composé sont soumises à la décroissance (sous la forme d'une raréfaction de leur structure atomique). Cela n'est pas dû à l'utilisation d'un modèle animal pour comprendre le végétal, mais plutôt au paradigme explicatif atomiste qui considère tout composé comme temporaire.

■ 110. On peut remarquer qu'Aristote identifie chez les plantes la capacité de croître et de décroître : « ce n'est pas seulement vers le haut qu'ils s'accroissent, à l'exclusion du bas, mais c'est pareillement dans ces deux directions ; ils se développent ainsi progressivement de tous côtés et continuent à vivre aussi longtemps qu'ils sont capables d'absorber la nourriture » (*DA* II, 413a25-27. trad. fr. J. Tricot, *op. cit.*). Comme l'affirme à raison Rodier (*Traité de l'âme*, trad. fr. et annot. G. Rodier, Paris, Leroux, 1900, p. 195), « c'est précisément là ce qui distingue la croissance naturelle et organique de la simple augmentation dont sont susceptibles les corps inanimés ». La symétrie de la croissance naturelle (voir A. Macé, « Hésiode et les racines du monde : la cosmogonie et le schème de la croissance végétale », F. Giorgianni, P. Li Causi, M. C. Maggio, R. Marchese (eds.), *Crescere/Svilupparsi. Teorie e rappresentazioni fra mondo antico e scienze della vita contemporanee, op. cit.*, p. 59-78.) n'est pas un élément théorique exclusivement aristotélicien. Nous le retrouvons aussi dans la *Collection hippocratique* (*Nature de l'enfant* XXII 3, l. 16-17). Épicure ne semble pas faire de distinction entre croissance (des êtres animés) et augmentation (des êtres inanimés), probablement parce que, les deux phénomènes sont expliqués par les mêmes principes mécaniques. Il s'agit du mouvement vers le vide (les atomes vont là où l'espace n'est pas entravé par d'autres corps) et par la compatibilité des formes atomiques (qui permet aux atomes de s'accrocher et de faire augmenter l'extension du composé). De plus, comme nous l'avons vu dans le cas du monde, même un composé inanimé peut être caractérisé par un cycle croissance-stagnation-décroissance comme un composé animé.

Conclusion : Les plantes et le vivant dans la physiologie épicurienne

Nous avons analysé le témoignage doxographique sur la théorie épicurienne des plantes et confronté son contenu avec la doctrine épicurienne telle que nous la connaissons. La théorie transmise est globalement cohérente avec le reste de la physiologie d'Épicure et nous restitue une conception des plantes très particulière. Nous avons vu comment, pour les épicuriens, les plantes, tout en étant inanimées et donc non-vivantes, sont caractérisées par des phénomènes communs aux vivants : la nutrition et la croissance. Faut-il en conclure que ces phénomènes ne sont pas des phénomènes vitaux ? Pas exactement. Il est vrai que chez le vivant la nutrition se fait à chaque étape, en impliquant l'âme autant que le corps. Nous avons vu que l'âme permet de percevoir la perte de matière (la faim) et de digérer l'aliment (avec ses atomes de chaleur). L'âme est aussi impliquée, en un certain sens, dans la distribution de l'aliment puisque les atomes qui la constituent peuvent être soumis à la dispersion et donc aussi à la réintégration, tout comme les atomes du corps[111]. De plus, chez le vivant, ce phénomène, comme aussi la croissance et la décroissance, fait partie avec d'autres (la respiration, le sommeil, la reproduction), d'un système plus complexe caractérisé par des cycles répétés et réguliers qui sont la condition nécessaire de la survie de l'être vivant[112]. Cependant, c'est l'esprit[113] qui, enfermé dans la poitrine, permet à l'individu de rester en vie malgré la perte constante de matière (fatigue, sueur, blessures), et qui garantit la permanence et la continuité du soi malgré la suspension temporaire de la sensation (sommeil, évanouissement etc.). Quand la partie rationnelle quitte son siège, la partie a-rationnelle la suit et la vie cesse d'exister. La nutrition en soi, en tant que simple réintégration de matière suite à une perte, n'est pas un phénomène vital. Elle le devient quand son apport contribue au bon fonctionnement d'un système plus complexe : l'organisme animé. Le même discours vaut pour la croissance qui, dans le cas du vivant, contribue de fait à son développement et à son maintien, mais qui peut caractériser aussi un être non-vivant comme le monde[114]. Chez le vivant, la nutrition et la croissance participent d'un système. Cela veut dire que les effets de ces activités physiologiques conjointement aux effets des activités psychiques comme le sommeil, ont comme conséquence le maintien de l'organisme sensible. Tout de même, ces activités physiologiques ne sont pas dirigées par

---

■ 111. Cela peut être déduit à partir de la théorie embryologique d'Épicure. La scolie au paragraphe 66 de la *Lettre à Hérodote* ainsi que les vers 1037-1038 du chant IV de Lucrèce transmettent la théorie selon laquelle, pour Épicure, la semence provient de tout le corps. Selon Lucrèce, une fois la croissance terminée, l'aliment en surplus est chassé par les organes (*DRN* IV, v. 1037-1038) et se rassemble dans les parties génitales (IV v. 1041-1042). Or, nous savons toujours grâce au poète épicurien, que l'âme naît avec le corps (et qu'elle ne se faufile pas en lui dans un deuxième moment, *DRN* III, v. 776-780). Cela veut dire que dans la semence féminine et masculine, il y a déjà les atomes qui constituent, une fois mélangées les deux semences, l'âme de l'enfant. Mais cela veut dire aussi que, puisque la semence provient de l'aliment, ce dernier permet de réintégrer à la fois la matière corporelle et la matière psychique. À ce propos, voir G. Scalas, *La théorie épicurienne du vivant, op. cit.*, p. 412 *sq.*

■ 112. *DRN* III, v. 396-407.

■ 113. Voir G. B. Kerferd, 1971, « Epicurus'Doctrine of the Soul », *Phronesis* 16, 1971, p. 80-96.

■ 114. *DRN* II, v. 1022-1143.

l'âme. Cette conception est très éloignée du célèbre paradigme par lequel Aristote a systématisé le monde naturel et institué una *scala naturae* où les plantes et les activités liées à l'âme végétative constituent la première unité élémentaire de la vie. Toutefois, cette différence n'est pas étonnante. Cette théorie des plantes et du vivant trouve, en effet, toute sa cohérence dans la conception purement mécaniste de la nature propre à l'épicurisme. La nutrition et les autres phénomènes qu'on a examinés se trouvent aussi chez d'autres êtres naturels et inanimés parce que ces fonctions n'appartiennent pas à et n'ont pas été conçues et prédisposées pour la vie et pour le vivant. Selon Épicure, le vivant n'est pas un organisme dont les rouages sont conçus et posés spécialement et exclusivement pour son bien. Cela confirme l'idée, chère aux épicuriens, que « rien dans le corps n'est pour notre usage formé » [115].

Giulia Scalas
Centre Léon Robin

115. *DRN* IV, v. 835.

Épistémologie épicurienne

L'ÉPISTÉMOLOGIE ÉPICURIENNE DANS LE *DE RERUM NATURA* : RIGUEUR ET CRÉATIVITÉ

José Kany-Turpin

Lucrèce adopte résolument les principes de l'épistémologie d'Épicure mais il n'en explicite guère les procédures et le vocabulaire qu'il emploie pour en traduire les termes spécifiques n'est pas toujours cohérent, ce qui entraîne quelques difficultés et des innovations. Après cette présentation générale, on étudiera certaines analogies dans lesquelles Lucrèce infléchit la méthode d'inférence épicurienne. L'usage spécial des analogies à des fins scientifiques semble même la marque de la créativité méthodologique du poète latin. On tentera donc finalement d'évaluer l'intérêt que présente cette méthode pour la compréhension de la doctrine d'Épicure, en particulier dans ses aspects les plus complexes.

Au début du chant III, Lucrèce proclame sa fidélité à Épicure : il le suit, il imprime ses pas dans les traces des siens [1]. L'ordre des thèmes traités dans le *De rerum natura* reproduit, en effet, à quelques exceptions près, celui des quinze premiers livres du grand traité *Sur la nature*, tel que David Sedley l'a reconstruit à partir des fragments et des témoignages conservés ainsi que des *Lettres* d'Épicure [2]. Lucrèce a cependant fait certaines transpositions, également signalées par David Sedley. Et, surtout, il a voulu transmettre avec la plus grande clarté les « découvertes obscures » d'Épicure, il le dit à la fin du préambule de son poème (I, 136-145). L'épicurisme dont Lucrèce entend, par sa poésie, « propager la pensée » est, résume Mayotte Bollack, « infiniment moins compliqué, moins détaillé, moins pédagogique en somme,

---

1. *De rerum natura* (désormais *DRN*), III, 3-4. Plus exactement : « J'enfonce les traces de mes pieds (*ficta pedum pono uestigia*) dans les signes (*signis*) imprimés (*pressis*) par les tiens ». Le thème des « traces » revient souvent dans le poème, voir *infra*, p. 75.

2. D. Sedley, *Lucretius and the transformation of Greek wisdom*, Cambridge, Cambridge University Press, 1998, p. 109-165.

que les méandres de la pensée du maître »[3]. Qu'en est-il, dans ces conditions, de l'épistémologie épicurienne, de la transmission de ses procédures et de leur application dans le poème ? Par quels moyens la poésie lucrétienne a-t-elle pu satisfaire aux exigences d'une théorie de la connaissance ? Ces questions sont à l'origine de l'exposé qui suit[4]. Je présenterai d'abord les principes de la connaissance et la méthodologie qu'adopte le *De rerum natura* en conformité avec l'empirisme d'Épicure. Cependant, alors même qu'il déplore la pauvreté de la langue latine[5], Lucrèce emploie des mots usuels – susceptibles de se plier à la prosodie – pour rendre les termes spécifiques de la philosophie grecque et, d'ordinaire, il n'en propose aucune définition[6], ce qui, dans le cadre de l'épistémologie, soulève, comme on le verra, quelques difficultés. Après cette présentation générale, j'étudierai certaines analogies dans lesquelles « l'imitation créative »[7] du poète latin paraît avoir infléchi la méthode d'inférence épicurienne. D'où cette question : l'usage spécial et consistant des analogies à des fins scientifiques serait-il la marque de la créativité méthodologique de Lucrèce ?

De la perception des « choses » à la connaissance de leur « nature » Bases sensorielles de la connaissance

Le *De rerum natura* ne présente pas d'exposé systématique de l'épistémologie épicurienne, mais des références aux principes de la connaissance sont disséminées dans le poème. Lucrèce énonce le premier après avoir récapitulé sa découverte de l'atome et du vide (I, 422-425) :

> *Corpus enim per se communis dedicat esse / sensus; cui nisi prima fides fundata ualebit, / haut erit occultis de rebus quo referentes / confirmare animi quicquam ratione queamus.*

> La sensation commune déclare que le corps existe par soi. / Et si la foi en celle-ci n'est pas d'emblée fermement établie, / quand il s'agira des choses cachées, il n'y aura rien à quoi nous rapporter / pour assurer quoi que ce soit par le raisonnement de l'esprit[8].

Selon la *Lettre à Hérodote* (§ 38), « il faut s'assurer de toutes choses en s'en remettant à la réalité ». Pour Épicure, « la saisie intellectuelle des principes <de la nature> et la connaissance rationnelle des causes sont toujours tributaires du témoignage des sens », comme le rappelle Pierre-Marie Morel[9]. Au

■ 3. M. Bollack, « L'imitation de la poésie didactique », in *Cronache Ercolanesi* 33, 2003, p. 199-204.

■ 4. Je remercie Thomas Bénatouïl et Stéphane Marchand pour leurs critiques et pour leurs conseils.

■ 5. *DRN*, I, 145 et 830-832.

■ 6. Épicure se défiait des définitions, *Lettre à Hérodote*, § 38 (désormais *Hrdt.*). Parmi les exceptions notables, la définition de *coniuncta* (*sumbebêkota*, propriétés) face à *euenta* (*sumptômata*, accidents), *DRN*, I, 449-458.

■ 7. Ce concept emprunté à M. Bollack (« L'imitation de la poésie didactique », *op. cit.*, p. 203) ne signifie évidemment pas que la puissance inouïe de Lucrèce se laisse réduire à quelque imitation.

■ 8. La traduction des passages du *DRN* que je présente est mienne et reproduit, avec quelques modifications, celle de l'édition bilingue GF-Flammarion (Lucrèce, *De la nature, De rerum natura*, trad. fr., présentation, notes et bibliographie J. Kany-Turpin, Paris, GF-Flammarion, 2021[3]).

■ 9. P.-M. Morel, *Épicure, La nature et la raison*, Paris, Vrin, 2009, p. 117.

chant IV, dans un passage remarquable (cité *infra*), Lucrèce précisera le rôle de la sensation à l'égard du raisonnement.

Sensus désigne dans le *De rerum natura* la sensation (*aisthesis*) et l'affect (*pathos*). Il n'existe que deux affects, le plaisir et la douleur. Issus de la sensation, ils sont comme elle critères du vrai ; ils traduisent un état objectif de l'organisme dû au mouvement des atomes et nous indiquent ce qui nous est bénéfique ou nuisible. Si Lucrèce a clairement marqué la différence entre plaisir et souffrance du corps et plaisir et souffrance de l'esprit [10], son poème étant consacré à la physique, il ne traite guère des affects mentaux pour eux-mêmes, question relevant de l'éthique ; leur spécificité s'explique par la différence entre l'âme, principe de la sensibilité répandu dans tout le corps, et l'esprit, logé dans le cœur et d'une structure atomique beaucoup plus complexe, selon la démonstration du chant III.

Notities ou *notitia* désigne en latin classique la notion ou la connaissance ; dans le poème, le terme est traduit par « notion » ou par « concept » mais il paraît souvent référer à la « prolepse » (*prolepsis*), terme choisi par Épicure pour désigner le troisième critère [11] (et souvent traduit par « préconception »). Cependant la signification de *notitia* dans le cadre de l'étude du mouvement des poussières demeure ambiguë, comme on le verra. Au chant IV (v. 473-477), on rencontre un exemple particulièrement intéressant, puisqu'il traite de l'origine de la « notion » (au sens de prolepse) : « D'où vient la notion du vrai et du faux, du douteux et du certain, si l'on n'a rien vu auparavant (*ante*) de vrai dans les choses » [12] ?

La notion véridique des dieux, êtres intangibles et vivant au-delà de notre monde, correspond, d'après une interprétation traditionnelle, à une prolepse [13]. Si les dieux n'ont pu créer ni le monde, faute d'un modèle, ni les humains, faute d'en avoir la « notion » *notitia* (V, 181-3), les humains, en revanche, ont conçu l'existence et la nature des dieux à partir des « figures merveilleuses » qu'ils « voyaient » à l'état de veille et, plus souvent encore, dans le sommeil [14] (V, 1169-1182). À la conception véridique de la divinité comme un être incorruptible et bienheureux s'est ajoutée par la suite une opinion fausse due à la méconnaissance des phénomènes naturels : alors on a cru que les dieux gouvernaient le monde. *Notitia* n'est pas employé dans ce passage mais, dans le *De natura deorum*, I, 43, le porte-parole de

---

10. *DRN*, III, 136-176 ; ainsi, l'esprit ou intelligence a le pouvoir de « raisonner et de se réjouir seul » (v. 145-151). Voir aussi les prologues II, 16-19, V, 45-48 et VI, 9-34.

11. Puisque ces notions sont produites empiriquement à partir des traces laissées en nous par les images des choses, elles sont vraies. Sur *notitia* dans le *DRN* : II, 123-4 et 741-5 ; IV, 476 et 853-4 ; V, 122-5, 181-6 et 1046-9. Sur la prolepse, voir P.-M. Morel, *Épicure, op. cit.*, p. 140-151 ; sur « l'empirisme » et l'épistémologie d'Épicure, voir l'article publié dans ces *Cahiers*, p. 9-27.

12. Sur le processus d'intellection qui permettrait de lier la notion présente à un « avant », voir l'analyse de C. Gaudin, *Lucrèce la lecture des choses*, La Versanne, Encre marine, p. 194-199.

13. Sur la question, fort débattue, du statut des dieux épicuriens, voir S. Marchand, « Sens et fonction de la théologie épicurienne d'après le *De rerum natura* », in *Le De rerum natura de Lucrèce : perspectives philosophiques*, Aitia 10, 2020 (https://doi.org/10.4000/aitia. 7686).

14. V. Tsouna a contesté la valeur de « prolepse » de cette conception primitive des dieux (« Les rêves chez les Épicuriens », *Cahiers philosophiques* 159, 2019/4, p. 91). Cependant Lucrèce insiste sur le fait que la conception fausse est venue s'ajouter à la première (V, 1195) ; et les caractères physiques des dieux vus à l'état de veille ou en rêve correspondent à la tradition grecque et latine, interprétée par un poète ; au chant III, Lucrèce s'était inspiré d'Homère pour décrire les calmes séjours des dieux (III, 18-22).

l'épicurisme explique que « la nature même imprima dans l'esprit de tous la notion (*notio*) des dieux » ; c'est ainsi que « le genre humain a une sorte d'anticipation des dieux, qu'Épicure appelle *prolepsis* »[15].

La saisie mentale, l'*epibolê tês dianoias* (expression traduite par « projection » ou par « appréhension de l'esprit »), se divise, selon Épicure, en deux espèces : l'appréhension « particulière » (*kata meros*) et l'appréhension « d'ensemble » (*athroa*). Bien que Lucrèce n'utilise pas nommément cette distinction, l'examen des textes montre qu'il a privilégié la seconde espèce. Une référence implicite à l'appréhension particulière se rencontre au chant IV, 802-815 : il faut porter son attention sur les images sensorielles pour que l'esprit les perçoive avec acuité. Par ailleurs, une « projection de l'esprit », *iniectus animi*, nous permet de concevoir des « corps de la matière » sans couleur, affirme Lucrèce en II, 739. Il s'appuie en particulier sur l'exemple des aveugles de naissance : ils connaissent au toucher les corps qu'ils n'ont jamais associés à aucune couleur (II, 739-747). *Iniectus animi* semble alors apparenté à l'appréhension ou saisie « particulière »[16]. Quant à l'*athroa epibolê*, cette projection de l'esprit correspondant à une « appréhension d'ensemble », Voula Tsouna a montré qu'elle acquiert une dimension nouvelle chez les successeurs d'Épicure[17]. Par ailleurs, selon un fragment d'un papyrus attribué à Polystrate, ce troisième scholarque de l'École fait cette recommandation : « Que nous utilisions l'une ou l'autre des deux sortes d'*epibolê*, elles devraient nous porter à chanter des hymnes pour Épicure, notre Sauveur ». Ce fragment jette un jour nouveau sur les éloges d'Épicure dans le poème, notamment le premier : après avoir parcouru l'Univers par la seule force de son esprit, un Grec revint nous dire « ce qui peut naître ou non », « pourquoi est assignée à chaque chose une borne immuable » (I, 74-77). L'infini *et* la limite sont pensés ensemble. Admirable illustration de l'*athroa epibolê*, « l'appréhension d'ensemble » dont nous avons sans cesse besoin, selon Épicure[18]. Un emploi exemplaire de *iactus animi* en son extension nouvelle se rencontre au chant II (v. 1046-7), dans l'introduction aux vers consacrés à l'infinité de l'Univers : « ce lieu que l'intelligence voudrait voir, / où l'esprit se projette en son libre essor ».

L'épistémologie épicurienne repose sur une théorie de la perception que Lucrèce présente au chant IV (v. 34-822). Cet ensemble traite en effet des « images » (*simulacra*), ces pellicules d'atomes qui émanent des choses et frappent continûment nos sens et notre esprit de manière à former la sensation et la pensée. Dans le cadre limité de cet article, je délaisse les explications physiques mais récapitule brièvement, en raison de leur intérêt épistémologique, les arguments destinés à prouver, contre les objections sceptiques, le caractère véridique de la sensation corporelle et mentale

---

15. Sur le contexte, voir C. Lévy, « Cicero and the Creation of a Latin Philosophical Vocabulary » *in* J. W. Atkins et T. Bénatouïl (eds.), *The Cambridge Companion to Cicero's Philosophy*, Cambridge, Cambridge University Press, 2022, p. 71-87.

16. Cependant, si l'appréhension d'atomes incolores est analogue à notre appréhension des objets dans l'obscurité, comme le souligne V. Tsouna, « The Epicurean Notion of *epibolê* », *Rhizomata* 9, 2021, p. 194-5, elle implique aussi l'autre sorte de projection de l'esprit, développée par Lucrèce (voir *infra*).

17. *Ibid.*, p. 191-199 (p. 192 pour le fragment). V. Tsouna souligne l'importance du *DRN* pour appréhender cette extension nouvelle de la « projection de l'esprit » et en relève les occurrences dans le *DRN*.

18. Au début de sa *Lettre à Hérodote* (§ 35).

(v. 469-512)[19]. 1) Vers 469-477 : « Celui qui pense qu'on ne sait rien ne sait pas même si on peut le savoir puisqu'il avoue ne rien savoir » ; c'est comme s'il « marchait sur la tête ». 2) Vers 478-499 : la sensation, qui est à l'origine du savoir, est aussi critère du vrai. La raison, étant née de la sensation (v. 483), ne peut la réfuter. Et les sens ne peuvent se réfuter les uns les autres. 3) Vers 500-512 : mieux vaut encore une erreur de raisonnement (portant par exemple sur le fait qu'une tour carrée apparaisse ronde, vue de loin) que trahir, au péril de notre vie, notre « foi » première en la sensation. « Considère donc comme un vain amas de paroles les arguments fourbis contre les sens », telle est la conclusion de Lucrèce.

Un point, cependant, est à souligner. Les sens sont véridiques mais, pour les Épicuriens, sentir n'est pas assentir[20]. À la différence de l'âme, principe de la sensibilité, l'esprit a la capacité de raisonner. Il peut donc se tromper[21] mais aussi exercer une activité de contrôle, en particulier sur nos peurs, comme l'enseigne le chant III. Bien plus, « les traces laissées par nos natures et que la raison ne parvient pas à arracher sont si minces qu'il n'est aucun obstacle à la vie digne des dieux » (III, 321-322). Lucrèce avait déjà mis en garde contre le danger que représenterait l'identification d'un être sensible aux atomes insensibles qui le forment (II, 973-990). À l'évidence, on rit sans être doté d'atomes rieurs, on raisonne sans atomes savants[22].

Après ses arguments (résumés plus haut) contre les objections sceptiques, Lucrèce conclut à la nécessité des critères du vrai pour toute connaissance (IV, 513-521). Ce passage qui fait peut-être allusion à l'ouvrage d'Épicure, le *Canon* (la *Règle*), mérite, je crois, d'être examiné en raison de l'intérêt qu'il présente tant pour l'épistémologie que pour la poétique de Lucrèce.

> Dans une construction, si la règle première est mauvaise, si l'équerre ment et s'écarte des lignes droites, si le niveau en quelque endroit cloche d'un rien, il s'ensuit nécessairement que tout est gauche et de travers, […] et s'écroule à cause de la fausseté des premiers critères (*iudiciis primis*) ; de même, toute explication des choses (*ratio rerum*) qui naîtrait de sensations fausses (*falsis ab sensibus orta*) serait nécessairement viciée et fausse.

Dans la première branche de la comparaison, Lucrèce nomme les trois instruments qui servaient de « critères » à un maçon pour la construction (*fabrica*) d'un édifice : la règle (*regula*), ligne droite graduée, l'équerre (*norma*), dont les deux branches vérifiaient l'orthogonalité, et le niveau (*libella*) qui attestait l'horizontalité[23] ; or, dans le « comparé », le seul critère

---

19. Sur ce passage et sur celui qui traite des « illusions » des sens, voir P.-M. Morel, *Épicure, op. cit.*, p. 126-132 ; sur l'ensemble du texte, C. Salemme, *Lucrezio e il problema della conoscenza, De rerum natura* 4, 54-822, Bari, Cacucci Editore, 2021.

20. En paraphrasant une formule que Cicéron applique aux Stoïciens : *sensus ipsos adsensus esse* (*Academica*, II, 108).

21. Voir en *DRN*, IV, 465-468, l'explication de ce que nous appelons les « illusions » des sens par une « opinion » (à ne pas confondre avec la saisie mentale, cf. *supra*) ajoutée par l'esprit sans être vérifiée.

22. *DRN*, II, 983-988. L'argument est déjà esquissé en I, 915-920.

23. Je dois à Catherine Saliou ces précisions ainsi que la référence à Vitruve ; sur ces divers instruments, voir J.-P. Adam, *La construction romaine, matériaux et techniques*, Paris, Picard, 1984, p. 42-44. Au sommet d'une « équerre-niveau », était suspendu un fil à plomb : il peut donc sembler que, par la pesanteur, la Nature elle-même apporte sa caution à la comparaison de Lucrèce …

nommé est la sensation. Et nous voilà bien loin de « la règle tombée du ciel », selon l'expression que Cicéron prête à Torquatus, défenseur de la doctrine épicurienne [24]. D'autre part, la différence que fait Vitruve entre la conception (*ratiocinatio*) et la construction (*fabrica*) d'un édifice peut s'appliquer au *De rerum natura* : Lucrèce ne spécule pas mais il entend élaborer, à partir des données sensorielles, une construction rationnelle permettant à tout lecteur, quelle que soit sa culture, de voir en pensée « la nature des choses ».

Finalité et méthode de la recherche scientifique

Les sens ne peuvent connaître la nature des choses. Nous voyons l'ombre et la lumière mais est-ce la même ombre qui passe d'un endroit à l'autre ? Notre ombre nous suit-elle ? C'est à la raison d'expliquer que « le sol est privé de la lumière que nous interceptons et s'en remplit après notre passage » [25].

La connaissance de la nature a pour finalité l'absence de trouble qui, selon la doctrine épicurienne, définit la vie heureuse. Ce but, énoncé au premier chant – « Ces terreurs, ces ténèbres de l'esprit, il faut les dissiper » –, est plusieurs fois rappelé au cours du poème. Il en justifie l'agencement : à partir des atomes et du vide, ces principes de toutes choses révélés au chant I et II, Lucrèce explique la nature de l'âme et de l'esprit (chant III), le processus de la sensation et le fonctionnement de l'être vivant (IV), la nature mortelle du monde, sa formation et sa structure, puis l'histoire des êtres humains, nés de la terre, (V) et, finalement, les phénomènes météorologiques (VI). Les explications visent, pour la plupart, à supprimer les craintes que suscitent la mort, la souffrance, les « spectres », les dieux, les catastrophes et les épidémies qui ravagent le monde. Lucrèce ne cherche pas, dit-il, à accumuler les preuves en faveur des thèses qu'il défend, mais à fournir des repères, des « traces » (*uestigia*), qui permettront au lecteur de s'engager à sa suite dans la quête de la vérité et de « voir seul », par lui-même, « tout le reste » [26].

L'épistémologie du *De rerum natura* repose, en effet, sur la méthode épicurienne d'inférence par signe (*semeiôsis*) [27]. En utilisant les objets de notre expérience comme des signes, il convient de faire des inférences au sujet des objets par nature invisibles et de ceux que nous ne connaissons pas suffisamment et dont nous n'avons pas d'expérience directe.

La connaissance de certains objets est simplement en attente de « confirmation » (*epimarturêsis*), comme la forme carrée des tours qui apparaissent rondes quand on les voit de loin, phénomène expliqué par Lucrèce en IV, 353-563. Dans le cas des choses par nature invisibles, il faut établir une corrélation entre elles et les phénomènes visibles utilisés comme signes ;

24. *De finibus*, I, 63. Cicéron fait allusion au *Canon* d'Épicure et joue alors sur le double sens, concret et abstrait, de *regula*, traduisant le grec *canôn*. Contrairement à ce que peut suggérer cette expression (qu'on trouve aussi chez Plutarque, *Contre Colotès*, 19, 1118A), les critères sont matériels, semblables à ceux des artisans. Dans le *De natura deorum*, I, 43, Cicéron mentionnera un *uolumen* d'Épicure, *De regula et iudicio*, *iudicium* traduisant le grec *kritêrion*.
25. *DRN*, IV, 364-386.
26. Voir en I, 404-409, l'extraordinaire illustration de cette méthode d'enseignement. On pourra comparer ce texte à celui d'Épicure sur un thème semblable, *Hrdt.*, 83.
27. Épicure, *Hrdt.*, 38.

ceux-ci doivent être divers et nombreux à l'intérieur d'un même genre[28]. Au chant I, l'existence d'un élément indestructible de la matière, l'atome, est inférée à partir de divers phénomènes prouvant que « rien ne naît de rien » et qu'il existe une permanence dans le cours de la nature (dont témoigne en particulier le renouvellement des espèces). D'autre part, les théories non atomiques de la matière sont jugées fausses. L'hypothèse du vide est rejetée par « certains » <philosophes>, rappelle aussi Lucrèce. Il réfute leurs arguments et démontre en particulier que, sans vide, il n'y a pas de mouvement, ce que dément l'évidence. Selon Épicure, les thèses portant sur les choses invisibles ne se trouvent pas confirmées, elles sont seulement non infirmées (selon la formule « pas d'infirmation », *ouk antimarturêsis*). Cependant, toutes les hypothèses contraires à l'existence de l'atome et du vide étant infirmées, Épicure assume leur existence[29]. Quant à Lucrèce, s'il valide lui aussi ses inférences en réfutant les thèses adverses, il ne se réfère pas explicitement à la procédure de « non infirmation » et n'en adopte pas le vocabulaire. Néanmoins, il applique d'ordinaire avec rigueur la méthode épicurienne : pour « découvrir » au chant II les propriétés de l'atome, au chant III, la nature de l'âme et, au chant V, le passé du monde et de l'humanité avant l'invention de l'écriture, bien qu'en ce domaine l'inférence repose entièrement sur « les traces que montre la raison »[30]. Il pratique abondamment le raisonnement par l'absurde, déjà présent chez Épicure.

Pour les phénomènes célestes, Épicure requiert différentes explications et il admet celles qui sont compatibles avec l'atomisme et n'entrent pas en conflit avec les faits évidents. Il utilise ainsi la méthode étiologique qu'il appelle « multiple »[31]. La formule « rien ne l'infirme » ou un équivalent ponctue quelques-unes des explications de sa *Lettre à Pythoclès* consacrée à la « météorologie », autrement dit l'étude des phénomènes au-dessus de nous. Et cette *Lettre* explique par des causes de même espèce les phénomènes astronomiques et les autres phénomènes naturels. Ce trait majeur de l'épistémologie d'Épicure se retrouve dans le *De rerum natura*. Lucrèce applique la méthode d'explications multiples à l'étude des astres (chant V) et à celle de la météorologie, au sens actuel du terme (chant VI). Pour lui, refuser l'explication unique, c'est avant tout refuser le recours à des divinités qui tiendraient le monde sous leur gouvernement, comme le veut la religion populaire, alors qu'Épicure visait surtout les astronomes et l'astrologie savante. Afin d'expliquer les phénomènes météorologiques, Lucrèce prend en compte

▓ 28. Voir Philodème, *De signis, Les Phénomènes et les Inférences*, § 35, trad. fr. J. Boulogne *et al.* dans D. Delattre et J. Pigeaud (dir.), *Les Épicuriens*, Paris, Gallimard, 2010, p. 549.

▓ 29. D'après Sextus Empiricus, *Adversus Mathematicos*, VII, 216, l'absence d'infirmation est, pour Épicure, critère de vérité. Sur la procédure de non infirmation, voir J. Vuillemin, *Nécessité ou contingence*, Paris, Minuit, 1984, chap. VII « Épicure et l'intuitionnisme » (p. 189-208 ; en référence au vide, p. 196-200).

▓ 30. *DRN*, V, 1447. A. Schiesaro, *Simulacrum et imago. Gli argomenti analogici nel De rerum natura*, Pisa, Giardini, 1990, p. 91-168, présente les données empiriques et les raisonnements matérialistes à partir desquels Lucrèce a construit les diverses « analogies diachroniques » de ce chant. Sur certains traits de l'inférence, voir par ex. B. Holmes, « The Poetic Logic of Negative Exceptionalism in Lucretius Book V », *in* D. Lehoux *et al.* (ed.), *Lucretius : poetry, philosophy, science*, Oxford, Oxford University Press, 2013, p. 153-19 et J. Kany-Turpin, « Notre passé antérieur prophétisé ? *De rerum natura*, V, 925-1457 », *Anabases* 3, 2006, p. 155-171 (https://doi.org/10.4000/anabases. 2704).

▓ 31. Épicure, *Lettre à Pythoclès* (désormais *Pyth.*), 87. Sur la méthode multiple, *Pyth.*, 113-114.

la diversité de leurs manifestations, développant ainsi la méthode du maître. Par exemple, il propose onze causes possibles du tonnerre (VI, 96-159). S'il se conforme en général à la méthode d'explications multiples, certaines de ses théories ne sont pas formulées dans les textes épicuriens antérieurs [32].

Tardivement, au chant VI (v. 703-711), Lucrèce justifie l'emploi de la méthode multiple :

> Pour quelques faits encore, il ne suffit point de dire une cause,
> il en faut plusieurs, parmi lesquelles une seule existe.
> De même, si tu vois de loin un corps inanimé,
> il te faut énumérer toutes les causes de mort
> pour que soit dite celle qui frappa cet homme-là [...]

L'intérêt épistémologique de ce passage est très faible, selon certains critiques. Cependant, contrairement à son habitude, Lucrèce rend compte de sa méthode. Et sa comparaison est empruntée à la pratique juridique ; or le vocabulaire utilisé par Épicure pour l'enquête scientifique, d'une part la confirmation (*epimarturêsis* : littéralement, témoignage), d'autre part la non infirmation (*ouk antimarturêsis* : pas de contre-témoignage), était lui-même juridique.

Analogie et représentation : l'inventivité de la poétique lucrétienne

On ne conçoit rien, sinon par « saisie » directe des choses ou par analogie, affirme Épicure [33], mais, les *Lettres* étant des « abrégés » de sa doctrine, elles en présentent « les thèses les plus générales » et offrent peu d'exemples de raisonnements analogiques dans leur forme complète. L'un d'entre eux est cependant particulièrement instructif : dans la *Lettre à Hérodote* (§ 58), le terme s'applique à la démonstration portant sur les *minima*. Il désigne alors génériquement une analogie : ce que le minimum visible est à l'objet visible, la partie minimale, conçue par la pensée, l'est à l'atome, mais il a aussi un sens spécifique et désigne un rapport de proportion entre le minimum et la grandeur totale, comme le montre le § 59. En effet, « le rapport entre la quantité des *minima* et la grandeur du tout qu'ils composent s'applique aux grandeurs sensibles comme à la grandeur de l'atome » [34]. On a donc là une analogie, au sens spécifique que les mathématiciens et Aristote ont pu lui donner. Quant à Lucrèce, il affirme d'emblée l'existence d'une « pointe extrême » de l'atome, constituant « la nature la plus petite » [35]. Son principal argument [36] est le suivant : faute d'un minimum, les corps les plus petits seront constitués d'une infinité de parties, « puisque la moitié d'une moitié toujours aura / une moitié et qu'aucune chose ne fixera une limite » [37], de sorte qu'il n'y

---

■ 32. J'ai présenté la « méthode multiple » et ces théories *in* « La "météorologie" dans le *DRN*. Fidélité à Épicure et invention », *Aitia* 10, 2020 (https://doi.org/10.4000/aitia. 8156). La cosmogonie du *DRN* rompt cependant avec la méthode multiple, voir *infra*, p. 78, le dernier texte cité : V, 457-470.

■ 33. *Hrdt.*, 40 (*ibid.*, 35, pour la citation suivante).

■ 34. Épicure, *Lettres et maximes et autres textes*, trad. fr. P.-M. Morel, Paris, GF-Flammarion, 2011, note 51, p. 136.

■ 35. *DRN*, I, 599 ; l'exposé sur les *minima* s'étend du vers 599 au vers 634.

■ 36. *Ibid.*, I, 615-622.

■ 37. *Ibid.*, I, 618 : [...] *nec ulla res praefiniet* : la reprise de *res* au vers suivant (*rerum summam*) traduit formellement l'égalité concrète de l'infiniment petit et de l'infiniment grand qui découlerait, selon Lucrèce, de l'absence de *minimum*. Cette sorte de paralogisme ne se trouve pas dans *Hrdt.*

aura plus de différence « entre la somme des choses » (autrement dit l'Univers) « et la plus petite des choses » (I, 619). Pour Épicure, s'agissant du « corps limité » perceptible – et l'argument vaudra ensuite pour l'atome –, il faut rejeter non seulement l'augmentation illimitée du nombre et de la grandeur des « masses » ou parties [38] mais aussi leur division à l'infini « afin que nous ne fassions pas toutes les choses faibles et que […] nous ne soyons pas forcés, en comprimant les êtres, de les épuiser jusqu'au non-être » (§ 56). Or, bien qu'il reprenne le thème de l'épuisement de la matière, Lucrèce ne le lie pas à l'hypothèse de l'infiniment petit : « Si la nature réduisait les corps aux *parties minimales* » – et non aux divers atomes –, « elle ne réussirait plus à rien refaire avec elles » [39]. Le disciple délaisse donc le rapport de proportion qui permettait au maître de concevoir, par analogie avec les corps visibles,

> **Les analogies du *De rerum natura* ont souvent une grande force heuristique.**

un minimum de grandeur comme unité de mesure des atomes (fin du § 58 et § 59). D'autre part, la perspective a changé : Lucrèce affirme en conclusion que l'existence de parties minimales inséparables rend compte de la diversité tout à la fois des atomes et de leurs mouvements « grâce auxquels se forment toutes les choses (*res quaeque geruntur*) ». Le texte consacré aux *minima* se termine donc par un des thèmes majeurs du poème : la pérennité de la matière génératrice, *genitalis materies* [40].

Le *De rerum natura* présente un grand nombre d'analogies, au sens usuel du terme, et de comparaisons. P.-H. Schrijvers [41] a révélé dans leur usage une poétique qui « s'inspire des axiomes de l'épistémologie sensualiste d'Épicure et répond à la définition […] de l'artiste comme étant celui qui sait élargir, approfondir et surtout renouveler la perception de ses lecteurs ». Les comparaisons du chant III destinées à éclairer la nature de l'âme [42] s'avèrent étrangement suggestives puisque l'âme est « une chose bien particulière, à laquelle on ne peut rien comparer d'autre », aux dires mêmes d'un épicurien, Philodème [43]. Les analogies du *De rerum natura* ont souvent une grande force heuristique – ainsi, et par excellence, les lettres, les mots, le poème en référence

---

38. Pour une raison évidente : sinon, la grandeur du corps serait illimitée, ce que dément l'expérience (*Hrdt*, 57).

39. *Ibid.*, I, 628-630.

40. *Ibid.*, I, 631-633. L'intérêt de Lucrèce pour le vivant (voir l'utilisation très fréquente de *semen*, « semence », pour traduire « atome ») se manifeste mieux encore en IV, 116-122 où, pour rendre compte de la finesse des « images », il invoque celle des atomes et utilise comme analogues des animalcules si menus que nous n'en distinguons qu'un tiers. Si nous ne pouvons même imaginer la petitesse de leurs organes, qu'en sera-t-il des atomes de leur âme ? Nulle trace d'ancêtre du ciron de Pascal dans le fragment du livre II d'Épicure traitant de la petitesse des simulacres (D. Delattre et J. Pigeaud (dir.), *Les Épicuriens, op. cit.* p. 80-81 ; col. 27, 1-5 dans l'édition de G. Leone, Epicuro, *Sulla Natura*, libro II, Naples, Bibliopolis, 2012).

41. « Le regard sur l'invisible » dans *Lucrèce, Entretiens sur l'Antiquité Classique* 24, Genève, 1978, p. 77-114 ; repris dans P.-H. Schrijvers, *Lucrèce et les sciences de la vie*, Leiden, Brill, 1999, p. 183-213. L'auteur signale aussi quelques comparaisons indues entre le microcosme et le macrocosme. La citation est extraite de la page 213.

42. Voir P.-H. Schrijvers, *Lucrèce et les sciences de la vie, op. cit.*, p. 202-205 et A. Schiesaro, *Simulacrum et imago, op. cit.*, p. 48-58. Sur la rigueur argumentative de ce chant, voir P.-F. Moreau, *Lucrèce. L'âme*, Paris, P.U.F., 2002.

43. Philodème, *De signis, Les Phénomènes et les Inférences*, dans D. Delattre et J. Pigeaud (dir.), *Les Épicuriens, op. cit.*, § 25, p. 552.

aux atomes, aux composés, au monde[44] –, elles procurent également un plaisir immédiat, celui de découvrir telle image exquise, telle représentation de notre monde élaborées par Lucrèce pour illustrer tel ou tel argument épicurien. Cependant la représentation ou *mimèsis* des phénomènes a parfois entraîné des innovations dans leur traitement en tant que « signes » de la réalité invisible. Pour finir, je présente donc certaines analogies qui paraissent singulières ou qui soulèvent des difficultés par rapport à la méthode d'inférence d'Épicure.

Dans le premier chant, la superbe analogie entre les fleuves impétueux et les vents emprunte ses images à la tradition épique et paraît « inventée » par Lucrèce. En voici la conclusion :

> Les vents, encore une fois, sont donc des corps aveugles
> puisque seules leurs actions et leurs mœurs les révèlent
> émules des grands fleuves dont le corps est visible[45].

Lucrèce relève un défi : prouver au moyen d'un corps invisible qu'il peut exister des corps invisibles, les atomes. Il choisit pour sujet premier ou « comparé » un phénomène à la limite ultime de l'invisible, le vent. Dès lors, le raisonnement, conforme à l'inférence épicurienne, paraît simple : A (le fleuve) produit un effet *y*, or A est un corps, donc B (le vent) qui a même effet est également un corps, puisqu'il a été « démontré » que seuls des corps peuvent frapper (*impellere*) nos sens (I, 302-304). L'expression « corps aveugles » désigne dans la suite du poème les atomes. Au chant VI, consacré à la météorologie, Lucrèce jouera de cette ambiguïté : l'action des vents vaudra souvent pour l'action de leurs atomes.

Au chant II, le texte célèbre sur les particules souvent appelées « grains de poussière » met en œuvre un usage « vertical » de l'analogie attesté chez Platon mais qu'on ne trouve pas chez Aristote[46]. Lucrèce vient d'affirmer qu'il existe deux mouvements des atomes dans « le vide infini » : « par le choc d'un autre ou par leur propre poids » ; dans le cas des chocs, ils rebondissent en divers sens[47]. Il entend dans le texte ci-après donner une image de ce mouvement :

> *Cuius, uti memoro, rei simulacrum et imago*
> *ante oculos semper nobis uersatur et instat.*
> *Contemplator enim, cum solis lumina cumque*
> *inserti fundunt radii per opaca domorum :*
> *multa minuta modis multis per inane uidebis*
> *corpora misceri radiorum lumine in ipso [...]*

■ 44. Sur sa réception en physique, voir J.-M. Lévy-Leblond, « Les atomes de Lucrèce, vingt siècles après » dans S. Ballestra-Puech (dir.), *Lectures de Lucrèce*, Genève, Droz, 2019, p. 161-190 (en part. p. 183-190, sur « la fécondité heuristique de la pensée analogique ») ; en référence au langage, B. Holmes, « "Daedala lingua" : Crafted Speech in *De rerum natura* », *The American Journal of Philology* 126, 2005, p. 527-585 (en particulier p. 528-557, 571-2, 578-580). Bien plus, « les analogies de l'expérience, notamment la comparaison des lettres » sont « le fil d'Ariane » du livre déjà cité de C. Gaudin, *Lucrèce la lecture des choses*.

■ 45. *DRN*, I, 295-297.

■ 46. Pour Aristote, voir P. Aubenque, « Les origines de la doctrine de l'analogie de l'être. Sur l'histoire d'un contresens », *Études philosophiques*, 1978, p. 3-12, reproduit dans *Problèmes aristotéliciens*, Paris, Vrin, 2009, p. 239-250, en part. p. 248-249. Les analogies d'Épicure, à la différence de celles d'Aristote, impliquent un rapport en quelque sorte « vertical » : bien qu'il ne suppose pas de hiérarchie entre les termes qu'il rapproche, Épicure attend en effet de l'analogie qu'elle nous élève de la connaissance des composés visibles à celle des atomes invisibles.

■ 47. *DRN*, II, 84 et 98-108. Le troisième mouvement, *clinamen* (déviation), est présenté en II, 251-293. Dans les textes que j'analyse, Lucrèce ne l'aborde pas.

conicere ut possis ex hoc, primordia rerum
quale sit in magno iactari semper inani,
dumtaxat rerum magnarum parua potest res
exemplare dare et uestigia notitiai.

L'image ou simulacre de la chose que je rapporte,
nous l'avons sans cesse présente à nos yeux.
Quand les lumières, quand les rayons du soleil
se glissent dans l'obscurité d'une chambre, contemple.
Tu verras parmi le vide maints corps minuscules
se mêler de maintes façons dans les rais de lumière [...]
C'est ainsi que tu peux saisir par conjecture
l'éternelle agitation des atomes dans le grand vide,
pour autant que de grandes choses une petite chose
puisse fournir l'exemple et les traces de la notion[48].

La comparaison des atomes avec les poussières se trouve déjà chez Démocrite, suivant le témoignage d'Aristote : « [...] les atomes de forme sphérique, il les nomme feu et âme (c'est comme, dans l'air, ce qu'on appelle les poussières, qui apparaissent dans les rayons de soleil filtrant à travers les ouvertures) »[49].

Selon Lucrèce, le mouvement de ces particules infimes que sont les poussières permet d'acquérir la notion de cette « grande chose », le mouvement des atomes, à condition que l'on concentre son attention sur le mouvement visible. *Exemplum* désigne un analogue, une chose servant d'illustration à une autre. *Notitia* pourrait référer à l'un des critères de la vérité, la prolepse, puisque celle-ci suppose des « traces »[50]. Mais Lucrèce n'en a pas encore parlé et, au chant I (v. 402 et 406), comparant la recherche de la vérité à la traque d'une proie, il avait également utilisé le terme « traces » (*uestigia*). Il est donc préférable de comprendre que le mouvement des poussières, phénomène à la limite du visible, fournit des traces ou indices pour la « connaissance » du mouvement des atomes, un sens classique de *notitia*.

Il est encore une raison de mieux observer
les corps se bousculant parmi les rayons du soleil :
de telles turbulences signifient qu'au-dessous
la matière est agitée de mouvements obscurs.
Oui, tu verras souvent ces corps changer de route
et retourner en arrière sous d'aveugles chocs,
tantôt ici, tantôt là, partout et en tous sens[51].

---

48. *DRN*, II, 112-124.

49. *De l'âme*, I, 2, 404a2-4, trad. fr. E. Barbotin légèrement modifiée (Paris, C.U.F., 1966). La comparaison, qui porte sur le mouvement des atomes (*ibid.* 6-9 et 16-20), se comprend d'autant mieux que, selon Démocrite, nous respirons les atomes sphériques présents dans l'air, lesquels viennent compenser les pertes d'atomes de notre âme (Aristote, *De la respiration*, IV, 471b30-472a18 = DK, 68A106 ; DK, 68 (traitant de Démocrite) n'inclut pas le passage cité) – atomes communiquant le mouvement à notre corps ; voir T. Bénatouïl, « L'esprit de l'atomisme », *Concepts* 9, 2005, p. 3-18.

50. Voir *supra*, note 11. On a ici un nouvel exemple du fait que le vocabulaire de Lucrèce n'est pas toujours cohérent à cause non seulement de son usage poétique mais aussi de la plasticité du latin. Notons aussi que la *prolepsis*, au sens strict, s'applique non aux atomes mais à des objets soumis aux sens.

51. *DRN*, II, 125-131.

Le mouvement, discontinu et dans toutes les directions, de corps infimes observés dans un rayon de soleil est présenté maintenant comme un signe permettant une inférence au sujet du mouvement invisible de la matière. Or le mouvement des poussières ne se trouve pas assorti à des mouvements de même genre, comme le voudrait la méthode d'inférence épicurienne[52]. Et l'on notera au passage des traits formels propres à Lucrèce : le sujet premier sur lequel porte la démonstration, la « matière », est encadré par l'analogue ; le mouvement de retrait des « corps » est comme scandé par la rapide allitération, *retroque repulsa reuerti* du vers 130 ; enfin, l'hypallage qualifiant d'ordinaire les « corps » invisibles ou atomes est appliquée aux chocs, laissant présager la suite :

Assurément, cette errance est due aux principes des choses.
Ils sont en effet les premiers à se mouvoir, d'eux-mêmes,
puis les corps dont l'assemblage est le plus petit,
les plus proches pour ainsi dire de la force des principes,
se meuvent sous la poussée des chocs aveugles
et frappent à leur tour des corps un peu plus grands.
Ainsi, à partir des principes, le mouvement s'élève et s'en vient
peu à peu jusqu'à nos sens, si bien que se meuvent aussi
les corps que nous pouvons discerner dans un rayon de soleil ;
mais par quels chocs opèrent-ils[53], cela n'apparaît pas à découvert[54].

D'un rapport analogique postulé entre le mouvement des poussières (l'analogue ou comparant) et celui de la matière (le sujet premier ou comparé), nous sommes passés à un rapport étiologique[55] : le mouvement des atomes *dans le vide* devient la cause de celui des poussières. Bien plus, Lucrèce construit et « représente » les étapes de la transmission du mouvement à partir des atomes jusqu'aux poussières. Pour bien appréhender cette construction, il faut se rappeler que, selon Lucrèce, la cause efficiente du mouvement des poussières est un corps – probablement l'air – et donc un agrégat d'atomes. Carlo Giussani[56] a cependant fait remarquer que l'on ne comprend pas comment « la force » des atomes pris séparément peut être supérieure à celle de leur agrégat, nécessairement plus grand qu'un seul atome. Il s'agit en fait de la vitesse ou *mobilitas* des atomes. La question est abordée par Épicure dans sa *Lettre à Hérodote*, § 62 :

Mais en outre, concernant les composés, on dira que l'un est plus rapide que l'autre, bien que les atomes aient la même vitesse. Cela tient au fait que les atomes contenus dans les agrégats se portent vers un unique lieu dans le *minimum* de temps continu – même si ce n'est pas vers un lieu unique dans

---

52. Voir *supra* et note 28. Un tel mouvement des poussières représente un mouvement « forcé » dans la mesure où il ne tend pas vers le bas (*DRN*, II, 184-215).

53. « Ils » désigne les « principes » ou atomes ; *error* (v. 132), traduit par « errance », réfère au mouvement erratique des poussières.

54. *DRN*, II, 132-141.

55. Sur l'originalité du traitement de la causalité par Épicure, voir J. Giovacchini, *L'empirisme d'Épicure*, Paris, Garnier, 2012, p. 163-207.

56. T. Lucreti Cari, *De rerum natura libri sex*, vol. I, *Studi Lucreziani*, Turin, 1896, réédition New York-London, Garland, 1980, p. 120-121.

les temps observables par la raison, car ils se font obstacle sans interruption jusqu'à ce que la continuité du mouvement tombe sous la sensation [...][57].

Le raisonnement est explicité par Pierre-Marie Morel : « Le mouvement perceptible de l'agrégat, même lorsqu'il paraît plus ou moins rapide, continu et unidimensionnel, est la résultante des multiples mouvements atomiques qui se produisent dans cet agrégat. Or ceux-ci sont de vitesse égale, discontinus et multidirectionnels »[58].

Contrairement à ce que pourrait laisser penser le passage cité plus haut, lequel présente le mouvement des agrégats comme étant uniquement causé par des chocs externes, Lucrèce connaît, par un texte ou un autre d'Épicure, la théorie complexe du mouvement exposée au paragraphe 62 de la *Lettre à Hérodote*, comme l'attestent plusieurs passages du *De rerum natura* :

– À la vision des poussières dans la pénombre d'une chambre soudain traversée par des rais de lumière succède le spectacle sublime de l'aurore (II, v. 144-149). Le mouvement extrêmement rapide de la lumière et « vapeur » du soleil au lever du jour sert alors de comparant au mouvement des atomes dans le vide. Ils ont une vitesse bien supérieure pour deux raisons : ils ne rencontrent aucun obstacle, à la différence de la lumière du soleil ; celle-ci se trouve ralentie de surcroît par les chocs que les atomes qui la composent reçoivent les uns des autres (II, v. 150-156). Cette cause du ralentissement d'un agrégat est exposée, avec plus de précision, au paragraphe cité de la *Lettre*.

– En II, 308-332, Lucrèce utilise un analogue – le mouvement incessant des soldats qui ralentit ou paraît même s'arrêter, quand on le voit de loin – pour en inférer le mouvement incessant des atomes, malgré le repos apparent de l'ensemble (*summa*).

– La théorie d'Épicure (à laquelle fait également allusion le paragraphe cité) sur la multitude de moments que recèle un temps perçu comme unique est invoquée au chant IV, dans un passage traitant des « images » des rêves (v. 794-796).

En résumé, Lucrèce divise et simplifie certaines questions ardues que soulève le mouvement des atomes[59]. En particulier, il ne tient guère compte de leur mouvement à l'intérieur d'un composé. Et, surtout, il introduit dans les vers cités plus haut (II, v. 132-141) un rapport de cause à effet entre les deux objets de l'analogie, le mouvement des atomes dans le vide et le mouvement des poussières, alors que celui-ci est seulement un signe indicatif du mouvement des atomes[60]. La représentation de la transmission du mouvement des atomes dans le vide à celui des poussières dans un espace vacant relève, me semble-t-il, d'une tendance de Lucrèce à réunir par une « projection de

▨ 57. Trad. fr. P.-M. Morel, dans Épicure, *Lettres et maximes, op. cit.*, p. 70. Si, pour Épicure, comme pour Lucrèce, le mouvement des atomes est, avec le vide, la cause première, en quelque sorte, de celui des choses visibles, néanmoins, d'après ce passage, le mouvement visible ne permet pas d'inférer quelle sorte de mouvement des atomes en est la cause.

▨ 58. *Ibid.*, p. 137, note 59.

▨ 59. La qualité et la richesse de l'appréhension générale du mouvement dans le *DRN* s'avèrent néanmoins remarquables, voir A. Gigandet, Lucrèce. *Atomes, mouvement. Physique et éthique*, Paris, Puf, 2001.

▨ 60. D'après *DRN*, II, v. 125-128, passage cité, voir p. 75.

l'esprit » deux niveaux, en quelque sorte, appréhendés séparément, le niveau atomique et celui de la réalité phénoménale[61]. Au chant V, la formation des « murailles » de notre monde[62] offre un des plus beaux exemples de l'inventivité de Lucrèce en ce domaine. Le poète nous donne alors à voir une chose inouïe, sans déroger aux principes de la doctrine : le monde et sa clôture céleste, l'éther, ne sont pas divins ; constitués d'atomes, ils périront un jour. Et pour « découvrir » comment s'est formé l'éther, Lucrèce a utilisé une analogie dont il paraît avoir lui-même élaboré les deux composants[63] :

> [...] *Ideo, per rara foramina, terrae*
> *partibus erumpens primus se sustulit aether*
> *ignifer, et multos secum leuis abstulit ignis,*
> *non alia longe ratione ac saepe uidemus,*
> *aurea cum primum gemmantis rore per herbas*
> *matutina rubent radiati lumina solis,*
> *exhalantque lacus nebulam fluuiique perennes,*
> *ipsaque ut interdum tellus fumare uidetur ;*
> *omnia quae sursum cum conciliantur, in alto*
> *corpore concreto subtexunt nubila caelum.*
> *Sic igitur tum se leuis ac diffusilis aether*
> *corpore concreto circumdatus undique flexit,*
> *et late diffusus in omnis undique partis,*
> *omnia sic auido complexu cetera saepsit.*

Par ses lâches conduits se dégageant des parties
de la Terre, premier à jaillir fut donc l'éther[64],
flamboyant et léger, entraînant de multiples feux.
Un spectacle assez proche s'offre à nous le matin :
quand les premiers rayons de lumière dorée
parmi les perles de rosée dans l'herbe rougeoient,
un nuage s'exhale des lacs et des fleuves pérennes,
parfois même c'est la terre que nous voyons fumer,
puis ces émanations dans les hauteurs s'unissent,
nuées au corps dense tissant leur voile sous le ciel.
De même, en ce temps-là, l'éther léger et fluide,
corps dense devenu, en orbe s'infléchit
et s'étirant au loin, partout alentour,
enferma le reste dans son étreinte avide[65].

---

61. « Le "rythme" selon Lucrèce » dans J. Pigeaud (dir.), *Le rythme*, XVIIIes Entretiens de la Garenne Lemot, Rennes, P.U.R., 2014, p. 391-402, j'ai tenté de préciser la fonction esthétique et éthique de l'harmonisation des mouvements des choses et des mouvements des atomes dans le *DRN*.

62. Lucrèce a désigné comme les « remparts » ou « murailles » de notre monde, *moenia mundi* (v. 454), la limite que vient à former l'éther dans les vers qui suivent.

63. Voir la discussion dans A. Monet (éd.), *Le jardin romain. Épicurisme et poésie à Rome. Mélanges offerts à Mayotte Bollack*, Lille, Éditions du Conseil Scientifique de l'Université Charles de Gaulle-Lille 3, 2003, p. 299-301.

64. Lucrèce vient de préciser (V, 455-456) qu'il est composé d'atomes plus légers et plus ronds, d'éléments plus petits que ceux de la matière terrestre ; de tels atomes et éléments faisaient d'abord partie de notre Terre, laquelle naquit du tourbillon initial des atomes.

65. *DRN*, v. 457-470.

Épicure ne mentionne pas l'éther ; sa conception d'un cosmos homogène ne pouvait guère laisser place à cet élément spécifique (le cinquième élément, selon Aristote) de la région des astres. Et, surtout, la forme sphérique est imposée à partir d'une apparence qu'Épicure refusait de prendre en compte, celle de la voûte céleste. La *Lettre à Pythoclès* (§ 88) affirme en effet que la limite de notre monde peut avoir différentes formes et que cette zone du ciel est soit dense soit « rare » (autrement dit d'une structure atomique très poreuse et perméable).

Lucrèce déroge donc dans ce passage à la « méthode multiple » requise par Épicure pour la recherche dans le domaine des phénomènes célestes[66]. Et si l'analogie qu'il construit est *formellement* valide, la « représentation » qu'elle met en œuvre convainc surtout par le choix et l'ordre des mots, la prosodie et les diverses figures de style, bref, par une poétique. Cette représentation du monde offre ainsi, au début de la cosmologie du *De rerum natura*, un modèle esthétique et éthique. À l'aurore, en été, oui, nous pouvons nous représenter la formation d'un monde clos et lumineux. Il ne durera pas indéfiniment puisque ses murailles sont en feu mais, à l'instant où les vapeurs montent de tel ou tel lieu familier, une image de sérénité advient[67].

Les quelques « déviations » de Lucrèce dans sa pratique de l'inférence se rencontrent surtout au chant II, lorsqu'il traduit sous une forme directement compréhensible des raisonnements scientifiques fort complexes. En général, il se conforme à l'épistémologie épicurienne, bien qu'il n'en explicite pas, d'ordinaire, les procédures. S'il a indiqué les instruments nécessaires pour assurer une base solide à l'édifice du savoir, il n'a guère présenté ceux qu'il utilisait pour le bâtir. Quant à ses analogies, Lucrèce n'en a pas non plus explicité la méthode, mais elles attestent sa créativité et, en particulier, son aptitude à concevoir et à figurer avec la plus grande clarté la dynamique des « principes des choses » jusqu'en leurs réalisations sensibles.

Le poète latin a traduit en visionnaire le mouvement incessant des atomes et le perpétuel devenir des choses au sein du vide infini. Dans ses prologues, il a souligné l'enchaînement des thèmes et des raisonnements, leur progression et la cohérence de l'ensemble de son œuvre. Assurément, l'enseignement du *De rerum natura* ne se laisse pas réduire à une suite de fulgurances, d'arguments ponctuels, relevant d'une « appréhension particulière » de la réalité. Au contraire, ils s'éclairent les uns par les autres, menant progressivement à une appréhension plus haute et plus complète de la nature des choses. Ainsi, certaines explications physiologiques des chants III et IV, si on les applique à l'épidémie de la peste, contribuent à l'enseignement physique et éthique du récit ultime de Lucrèce[68].

---

66. Sur la méthode d'explications multiples, que suit généralement Lucrèce, voir *supra*, p. 71-72.

67. *Res instat*, selon la définition du présent dans l'exposé sur le temps (*DRN*, I, 461).

68. G. Scalas, « L'âme, le corps et la maladie : le récit de la peste à la lumière des chants III et IV », *Aitia* 10, 2020 (https://doi.org/10.4000/aitia. 8361). Voir aussi, selon une perspective semblable, S. Luciani, « *Mirabilia* et philosophie. Quelques remarques sur le chant VI du *De rerum natura* », *ibid.* (https://doi.org/10.4000/aitia. 8301).

Utile, solide et beau, l'édifice rationnel du *De rerum natura* répond exemplairement aux critères fixés par Vitruve en architecture. Et, pour cet admirateur de Lucrèce, la beauté, *uenustas*, impliquait le plaisir…

José Kany-Turpin
Professeur émérite de langue et littérature latines
Université Paris-Est Créteil
EA 4395, Lettres, Idées, Savoirs

DOSSIER

Épistémologie épicurienne

TOUT CE QUI APPARAÎT EST VRAI : NICOLAS D'AUTRÉCOURT, L'ÉPICURIEN MALGRÉ LUI

Aurélien Robert

Dans les grandes histoires de l'épicurisme, seul Nicolas d'Autrécourt est parfois mentionné pour le Moyen Âge en raison de son atomisme. Bien qu'il ne se dise jamais épicurien et qu'il refuserait probablement cette étiquette, il défend une thèse longtemps associée à Épicure : tout ce qui apparaît est vrai. Bien qu'il ait pu savoir qu'il s'agissait d'une thèse épicurienne, nous faisons l'hypothèse qu'il arrive à ce résultat parce que leur ambition était la même : sauver Démocrite sans tomber dans le scepticisme qui lui est attribué par Aristote. Cet article compare de manière systématique Épicure et Nicolas d'Autrécourt dans le but d'éclairer leurs théories de la connaissance.

Autant l'affirmer d'emblée : il n'existe aucun disciple déclaré d'Épicure au Moyen Âge. Lorsque l'on y rencontre des « épicuriens », il s'agit toujours d'une étiquette attribuée par d'autres, d'une marque infamante, dont la fonction était de souligner une erreur philosophique ou d'imputer à une personne ou un groupe d'individus des propos hérétiques[1]. Pourtant, les philosophes médiévaux n'ont jamais cessé de s'intéresser à certains aspects de la philosophie du Jardin ou du moins à ce qu'ils pouvaient en connaître à partir des rares informations disponibles[2]. En effet, il fallut attendre 1433 pour que les *Vies et doctrines des philosophes illustres* de Diogène Laërce soient traduites en latin[3]. Par ailleurs, bien que le *De rerum natura* de Lucrèce ait été copié jusqu'à la fin de l'époque carolingienne, il fut apparemment peu

---

1. Voir A. Robert, *Épicure aux enfers. Hérésie, athéisme et hédonisme au Moyen Âge*, Paris, Fayard, 2021.
2. Voir H. Jones, *The Epicurean Tradition*, London-New York, Routledge, 1989.
3. On trouvera le texte latin du livre X dans Ch. Kaiser, *Epikur im lateinischen Mittelalter : mit einer Kritischen Edition des X. Buches der* Vitae Philosophorum *des Diogenes Laertios in der lateinischen Übersetzung von Ambrogio Traversari (1433)*, Turnhout, Brepols, 2020.

CAHIERS PHILOSOPHIQUES ▸ n° 173 / 2ᵉ trimestre 2023

lu en dehors des enseignements de la grammaire latine[4]. Ce n'est donc qu'à partir du XVe et surtout du XVIe siècle que l'on s'intéressa de près aux thèses philosophiques de ce poème, ainsi qu'aux lettres d'Épicure[5].

Les savants du Moyen Âge occidental se trouvaient donc dans une situation délicate, coincés entre leur intérêt réel pour la philosophie antique et les accusations d'hérésie contre l'épicurisme héritées des premiers chrétiens. Certains auteurs romains et même des Pères de l'Église fournissaient toutefois des résumés parfois fidèles de l'épicurisme – que l'on pense à certains dialogues de Cicéron, aux *Lettres à Lucilius* de Sénèque ou aux œuvres de Lactance – mais, en raison des conséquences de la physique, de la cosmologie et de la théologie d'Épicure (absence de providence, infinité des mondes, matérialisme et mortalité de l'âme), les lecteurs chrétiens ont le plus souvent limité leur intérêt pour l'épicurisme à des considérations sur l'éthique, pensant y trouver une forme d'ascèse compatible avec l'idéal de la vie monastique.

Malgré ce faible intérêt pour la science épicurienne, il y eut des atomistes au Moyen Âge[6]. Dès le XIIe siècle, on trouve des défenseurs de l'idée selon laquelle le continu ne serait pas divisible à l'infini et serait donc composé d'entités indivisibles, c'est-à-dire d'atomes[7]. Toutefois, dans leur écrasante majorité, ces atomistes s'écartaient grandement du matérialisme de Démocrite et d'Épicure. L'âme, en particulier, était considérée comme irréductible à des propriétés de la matière. En outre, les atomes étaient le plus souvent pensés sur le modèle du point géométrique, comme dans les traditions néo-pythagoricienne et néo-platonicienne, non comme des corpuscules, c'est-à-dire des entités à trois dimensions, qui seraient les parties minimales de corps plus grands[8]. Ajoutons qu'ils n'acceptaient généralement pas l'existence du vide dans l'univers, que ce soit entre les atomes ou en dehors du monde clos décrit par la cosmologie aristotélicienne[9]. L'atomisme n'était donc pas critiqué en tant que tel, mais seulement dans sa version matérialiste. Si la matière est composée d'atomes, il existe des formes qui ne sont pas réductibles à ces atomes et à leur mouvement.

Au sein de cette tradition, un philosophe fait toutefois exception : Nicolas d'Autrécourt (1295 / 1298 – 1367). Étudiant en arts à Paris, puis en droit, probablement à Orléans, membre du Collège de Sorbonne dans les années 1330-1340, il est resté célèbre pour ses thèses condamnées en Avignon par le pape Benoît XII entre les années 1340 et 1346[10]. Farouche opposant

4. Sur la réception médiévale de Lucrèce, voir la mise au point de M. Reeve, « Lucretius in the Middle Ages and early Renaissance : transmission and scholarship », dans S. Gillespie et Ph. Hardie (eds.), *The Cambridge Companion to Lucretius*, Cambridge, Cambridge University Press, 2007, p. 205-213.

5. Pour un aperçu de la réception de Lucrèce chez les humanistes de la Renaissance, parmi les innombrables publications, voir par exemple A. Palmer, *Reading Lucretius in the Renaissance*, Cambridge, Harvard University Press, 2014.

6. Pour un aperçu de cette tradition, voir les études réunies dans Ch. Grellard et A. Robert (eds.), *Atomism in Late Medieval Philosophy and Theology*, Leiden-Boston, Brill, 2009.

7. B. Pabst, *Atomtheorien des lateinischen Mittelalters*, Darmstadt, Wissenschaftliche Buchgesellschaft, 1994.

8. A. Robert, « Atomisme pythagoricien et espace géométrique au Moyen Âge », dans T. Suarez-Nani, O. Ribordy, A. Petagine (éd.), *Lieu, espace, mouvement : physique, métaphysique et cosmologie (XIIe-XVIe siècle)*, Turnhout, Brepols, 2017, p. 181-206.

9. Pour les débats médiévaux sur le vide, voir E. Grant, *Much Ado about Nothing : Theories of Space and Vacuum from the Middle Ages to the Scientific Revolution*, Cambridge, Cambridge University Press, 2008.

10. Pour une présentation générale, voir Z. Kaluza, *Nicolas d'Autrécourt, ami de la vérité*, Paris, Académie des Inscriptions et Belles-Lettres, 1995.

aux aristotéliciens parisiens de son temps, ses livres ont été brûlés en place publique après sa condamnation. Par chance, outre les articles condamnés et une correspondance partielle avec deux autres maîtres, Bernard d'Arezzo et Gilles du Foin [11], nous avons conservé un traité, dont le titre est éloquent : *Traité utile afin de voir si les discours des péripatéticiens ont été démonstratifs* [12].

Dans ce livre, Nicolas d'Autrécourt défend plusieurs thèses controversées : l'éternité du monde ; l'atomisme, contre les arguments aristotéliciens de *Physique* VI et de ses commentateurs arabes ; l'existence du vide entre les atomes ; il propose enfin une relecture des principaux mouvements décrits dans la *Physique* d'Aristote en termes atomistes, que ce soit la génération et la corruption, l'altération, la condensation et la raréfaction, ou encore le mouvement local [13]. Contrairement aux autres atomistes médiévaux, il ne limite pas son analyse aux points géométriques et distingue les « corps atomiques » (*corpora atomalia*) – indivisibilité physique – et les points – indivisibilité mathématique. Grâce à cette distinction, il répond, comme Épicure, aux principaux arguments de la physique aristotélicienne [14]. En d'autres termes, bien qu'il n'ait lu ni la *Lettre à Hérodote* ni le *De rerum natura*, son atomisme ressemble par plusieurs aspects à celui d'Épicure et de Lucrèce [15]. Mais les similitudes avec l'épicurisme ne se limitent pas à la physique. Nicolas d'Autrécourt défend la thèse selon laquelle tout plaisir est bon, dès lors qu'on le considère en lui-même, comme objet simple d'un désir, abstraction faite de ce qui pourrait en découler par ailleurs [16]. Comme Épicure, il défend aussi la thèse selon laquelle tout ce qui apparaît aux sens est vrai. C'est sur ce dernier point que nous souhaiterions porter notre attention dans les pages qui suivent. Car, à notre connaissance, personne n'a encore rapproché ces deux philosophes sur ce point [17].

Notre objectif n'est pas de faire de Nicolas d'Autrécourt un disciple d'Épicure, puisqu'il ne le cite jamais. Il s'agira plutôt de comprendre dans quelles conditions il a pu devenir un épicurien sans le savoir. Peut-être même fut-il épicurien malgré lui, puisqu'il aurait assurément récusé cette étiquette. L'hypothèse que nous voudrions élaborer ici est la suivante : ces similitudes s'expliquent au moins en partie par leur commune défense de l'atomisme, mais

11. Nicolas d'Autrécourt, *Correspondance. Articles condamnés*, intro., trad. fr. et notes Ch. Grellard, Paris, Vrin, 2001.

12. Le texte, que l'on nomme aussi par son incipit (*Exigit ordo*), a été édité par J. O'Donnell, « Nicholas of Autrecourt », *Medieval Studies* I, 1939, p. 179-266 (notre traduction). Cette édition souffrant de nombreux défauts, nous citerons ici le texte latin légèrement amendé dans l'édition bilingue latin-italien : Nicola di Autrecourt, *Il « Trattato »*, trad. it. A. Mussu, Pise, ETS, 2009 (désormais *EO*, selon l'usage).

13. Voir Ch. Grellard, « Nicholas of Autrecourt's Atomistic Physics », *in* Ch. Grellard et A. Robert (eds.), *Atomism in Late Medieval Philosophy and Theology, op. cit.*, p. 105-126.

14. On retrouve donc chez lui la même stratégie que chez Épicure. Voir A. Laks, « Épicure et la doctrine aristotélicienne du continu », dans F. De Gandt et P. Souffrin (éd.), *La Physique d'Aristote et les conditions d'une science de la nature*, Paris, Vrin, 1991, p. 182-194.

15. Cela a déjà été remarqué par J. Salem, *L'Atomisme antique. Démocrite, Épicure, Lucrèce*, Paris, Livre de Poche, 1997, p. 37.

16. *EO*, p. 224-226.

17. Rares sont les commentateurs qui ont comparé dans le détail Épicure et Nicolas d'Autrécourt. Zénon Kaluza pense même qu'il n'y a aucun rapport entre les deux. Voir Z. Kaluza, « Nicolas d'Autrécourt et la tradition de la philosophie grecque et arabe », dans A. Hasnawi, A. Elamrani-Jamal et M. Aouad (éd.), *Perspectives arabes et médiévales sur la tradition scientifique et philosophique grecque*, Louvain-Paris, Peeters-Institut du Monde Arabe, 1997, p. 365-394.

aussi et surtout par une même opposition au scepticisme et au relativisme. En effet, si une longue tradition a fait de Nicolas d'Autrécourt le « David Hume médiéval », les travaux récents ont montré de manière décisive qu'il n'en était rien [18]. Au contraire, il s'en prend explicitement aux « académiciens » et tente de répondre au défi sceptique en fondant la connaissance sur des principes fiables [19]. Comme Épicure, il tente de défendre son atomisme face aux conséquences potentiellement sceptiques de l'atomisme. En effet, comme le remarquait Aristote dans le livre Γ de la *Métaphysique*, si ce qui nous apparaît dans l'expérience sensible ne correspond pas à la réalité, puisque cette dernière n'est jamais qu'un composé d'atomes et de vides, inconnaissables par les sens, « il n'y a rien de vrai, ou la vérité, du moins, ne nous est pas accessible » [20]. D'un autre côté, lisant ce même texte de la *Métaphysique*, Nicolas d'Autrécourt est conscient que la thèse opposée, attribuée à Protagoras, selon laquelle toutes nos perceptions seraient vraies, peut aussi induire des conséquences sceptiques ou du moins relativistes. Car, écrivait Aristote, « si toutes les opinions et toutes les impressions sont vraies, il est nécessaire que tout soit en même temps vrai et faux ; un grand nombre d'hommes en effet ont des conceptions contraires les unes aux autres et ils estiment que ceux qui ne partagent pas leurs opinions sont dans l'erreur » [21].

Bien que la question de savoir ce qu'Épicure a pu lire d'Aristote soit encore débattue par les spécialistes [22], il semble répondre au dilemme proposé dans la *Métaphysique* [23]. Lorsqu'il défend la vérité de toutes nos perceptions sensibles, il souhaite lui aussi conserver la physique atomiste sans renoncer à la vérité des phénomènes. Mais il récuse aussi le relativisme de Protagoras [24]. Gageons donc que la comparaison entre ces deux philosophes éloignés de plusieurs siècles permettra d'éclairer d'un jour nouveau leurs épistémologies respectives.

Épicure et le défi sceptique

Si Épicure soutient que les qualités sensibles sont l'effet de l'arrangement des atomes à un niveau infra-sensible, il refuse d'en faire, comme Démocrite, de pures conventions ou de simples manières de nous rapporter à cette réalité cachée [25]. Même sans connaissance du détail physique de la constitution des

18. Voir par exemple Ch. Grellard, « Nicholas of Autrecourt's Skepticism : The Ambivalence of Medieval Epistemology », *in* H. Lagerlund (ed.), *Rethinking the History of Skepticism : The Missing Medieval Background*, Leiden-Köln-Boston, Brill, 2010, p. 119-142.

19. J. M. M. H. Thijssen, « The Quest for Certain Knowledge in the Fourteenth Century : Nicholas of Autrecourt against the Academics », *in* J. Sihvola (ed.), *Ancient Scepticism and the Sceptical Tradition*, Helsinki, The Philosophical Society of Finland, 2000, p. 199-223.

20. Aristote, *Métaphysique*, Γ, 5, 1009b11-12, trad. fr. J. Tricot, Paris, Vrin, 1991, p. 140-141.

21. *Ibid.*, 1009a9-14, p. 138.

22. Voir M. Gigante, *Kepos e Peripatos. Contributo alla storia dell'aristotelismo antico*, Napoli, Bibliopolis, 1999, p. 33-50.

23. Ce rapprochement a déjà été opéré, par exemple par G. Striker, « Epicurus on the Truth of Sense Impressions », *in* G. Striker, *Essays on Hellenistic Epistemology and Ethics*, Cambridge, Cambridge University Press, 1996, p. 77-91.

24. Voir K. M. Vogt, « All Sense-Perceptions Are True : Epicurean Responses to Skepticism and Relativism », *in* J. Lezra et L. Blake (eds.), *Lucretius and Modernity : Epicurean Encounters Across Time and Disciplines*, New York, Palgrave Macmillan, 2016, p. 145-159.

25. Sur ce point, voir la présentation très claire de P.-M. Morel, *Épicure : la nature et la raison*, Paris, Vrin, 2009, p. 118-121.

corps, ce que les sens connaissent est bien réel et représente d'une certaine manière la réalité telle qu'elle est. Ce réalisme épistémologique s'oppose donc à la gnoséologie de Démocrite, mais aussi à toute forme de scepticisme [26]. Le témoignage de Lucrèce est particulièrement éclairant à cet égard, puisqu'il s'en prend explicitement aux sceptiques pour défendre la vérité des sensations : « enfin, si quelqu'un pense qu'on ne sait rien, cela non plus il ne sait pas s'il est possible de le savoir, puisqu'il confesse ne rien savoir » [27]. Affirmer que les sceptiques se réfutent eux-mêmes ne constitue certes pas une réponse suffisante aux objections qu'ils soulèvent contre l'empirisme. Il faut encore montrer qu'il est possible de trouver un principe fiable et une méthode pour fonder ce rapport véridique au monde extérieur.

L'épistémologie qui accompagne la thèse de la vérité de la sensation était décrite dans l'ouvrage perdu d'Épicure intitulé le *Canon* ou *Sur le critère*, dont on a seulement conservé un bref résumé dans la *Lettre à Hérodote* et les *Vies et doctrines des philosophes illustres* de Diogène Laërce. La perspective adoptée par Épicure dans le *Canon* était éminemment normative [28]. Il cherchait à définir des conditions *a priori* de toute connaissance vraie, sans délaisser les dimensions descriptives et pour ainsi dire phénoménologiques nécessaires à la fondation d'une théorie empiriste de la connaissance. Il ne s'agissait pas seulement de « sauver des phénomènes », grâce à une bonne théorie, mais aussi de leur attribuer une valeur intrinsèque et quasi-absolue dans le processus cognitif [29]. Ce qui nous apparaît (φαίνεται) constitue la mesure étalon de toute connaissance vraie.

Nous nous concentrerons ici sur ce critère premier de la sensation vraie, puisque le principe général de cette canonique est « qu'il faut s'assurer de toutes choses en s'en remettant aux sensations » [30]. Revenir aux sensations signifie revenir à une donnée empirique brute et simple, qui est « dénuée de raison et totalement dépourvue de mémoire » [31]. Mais pour que la sensation soit prise comme fondement ultime de la connaissance, il faut encore s'assurer de sa fiabilité. Or c'est précisément l'un des points sur lesquels les sceptiques attaquaient l'empirisme : les sens paraissent peu fiables, comme le montrent les illusions sensibles, optiques ou sonores, ou bien la difficile distinction de la perception sensible éveillée et rêvée, ou encore les jugements contradictoires sur une même entité sensible (douce pour les uns, amère pour les autres). Le principal argument d'Épicure repose sur la distinction entre la sensation d'un côté, entendue comme phénomène naturel, l'opinion et le jugement de

---

26. Diogène Laërce, *Vies et doctrines de philosophes illustres*, trad. fr. M.-O. Goulet-Cazé, Paris, Le livre de poche, 1999, X, 121, p. 1307 : « Le sage élaborera des doctrines et ne restera pas dans le doute ». Tous les commentateurs ne sont pas d'accord avec cette lecture. Voir S. Everson, « Epicurus on the truth of the senses » art. cit., p. 161-183.

27. Lucrèce, *De rerum natura*, IV, 469-472, trad. fr. J. Pigeaud, dans D. Delattre et J. Pigeaud (dir.), *Les Épicuriens*, Paris, Gallimard, 2010, p. 406.

28. A. Gigandet, « La connaissance : principes et méthodes », dans A. Gigandet et P.-M. Morel, *Lire les épicuriens*, Paris, Puf, 2007, p. 73-98 (en particulier p. 74).

29. On trouvera des présentations succinctes de l'épistémologie épicurienne ainsi qu'une bibliographie récente dans E. Asmis, « Epicurean Empiricism », *in* J. Warren (ed.), *The Cambridge Companion to Epicureanism*, Cambridge, Cambridge University Press, 2009, p. 84-104; et G. Striker, « Epistemology », dans Ph. Mitsis (ed.), *The Oxford Handbook to Epicurus and Epicureanism*, Oxford, Oxford University Press, 2020, p. 43-58.

30. Épicure, *Lettre à Hérodote*, trad. fr. P.-M. Morel, Paris GF-Flammarion, 2011, p. 60.

31. Diogène Laërce, *Vies et doctrines de philosophes illustres*, op. cit., X, 31, p. 1261.

l'autre. L'erreur, et donc le faux, n'existent que dans ce que l'on pense ou dit de ce qui nous apparaît, jamais dans l'apparition même du sensible.

Toutes les perceptions sensibles sont vraies

Suffit-il que certaines sensations soient vraies pour réfuter la thèse sceptique ? Ce n'est pas la stratégie retenue par les épicuriens, si l'on en croit Cicéron : « Épicure a craint que, si une seule vision était fausse, aucune ne fût vraie ; il déclara donc que tous les sens sont messagers de vérité »[32]. Épicure va plus loin, en réalité, puisqu'il affirme qu'il « n'est rien qui puisse réfuter les sensations »[33].

En effet, les facultés supérieures ne peuvent pas réfuter complètement les données sensibles sur lesquelles elles reposent elles-mêmes. Par ailleurs, les différentes sensations (vue, ouïe, odorat, goût et toucher) ne se réfutent pas entre elles, parce qu'elles ont des objets propres, absolument différents, lesquels, par définition, ne peuvent donc se contredire. Selon Lucrèce, on ne peut pas même dire que deux visions se contredisent[34]. Car il est impossible qu'elles aient lieu simultanément en nous. À l'instant t je ne peux pas voir tel objet en même temps noir et blanc. Autrement dit, toutes les sensations sont vraies au moment où les choses nous apparaissent. Sextus Empiricus résume ainsi cette théorie :

> Épicure avait coutume de dire que tous les sensibles sont vrais, que toute impression provient de quelque chose d'existant et ressemble à la chose qui met la sensation en mouvement ; et que ceux qui disent que certaines impressions sont vraies, mais certaines autres sont fausses, sont dans l'erreur, parce qu'ils sont incapables de séparer l'opinion de l'évidence[35].

D'aucuns, tel Olympiodore, ont tenté de rapprocher Épicure de Protagoras, pensant le faire plonger avec lui dans le relativisme[36]. Si toutes les sensations sont vraies, elles se valent toutes, ainsi que les jugements, même contradictoires, qui en découlent. Or, Épicure refuse un tel relativisme : lorsqu'il affirme qu'une perception sensible est vraie, il ne dit pas qu'elle est vraie pour le sujet qui perçoit. Au contraire, sa vérité est présentée comme un phénomène objectif. En revanche, même si toutes les sensations sont vraies, la fausseté peut s'introduire au niveau du jugement[37]. Ce sont donc toujours les jugements qu'il faut corriger, s'ils sont faux, non les sensations elles-mêmes. Cette correction peut s'effectuer grâce à un processus de confirmation ou d'infirmation, c'est-à-dire *a posteriori*, indépendamment de l'événement que constitue la sensation. Ce ne sont pas les informations fournies par les sens

---

32. Cicéron, *La Nature des dieux*, trad. fr. C. Auvray-Assayas, Paris, Les Belles Lettres, 2018, livre I, XXV, 70, p. 31 (traduction légèrement modifiée).

33. Diogène Laërce, *Vies et doctrines des philosophes illustres*, op. cit., X, 32, p. 1261.

34. Lucrèce, *De rerum natura*, op. cit., IV, 486-499, p. 407.

35. Sextus Empiricus, *Adv. Math* VIII (*Contre les logiciens*, II), 63, trad. fr. J. Brunschwig et P. Pellegrin, dans A. A. Long et D. N. Sedley, *Les Philosophes hellénistiques I. Pyrrhon – L'épicurisme*, Paris, GF-Flammarion, 2001, p. 170.

36. Olympiodore, *In Platonis Phaedonem Commentaria*, cité par H. Usener, *Epicurea*, Leipzig, Teubner, 1887, fr. 247, p. 183.

37. Épicure, *Lettre à Hérodote*, op. cit., 50, p. 65.

que l'on confirme ou infirme, mais bien les jugements émis à partir d'elles, en complétant certaines de ces informations par d'autres ou en examinant les causes qui engendrent des défauts dans le jugement.

Plus positivement, l'évidence phénoménologique de nos perceptions sensibles explique en partie leur vérité. Car « le fait que les impressions sensibles existent accrédite la vérité des sensations »[38]. Ces impressions sensibles attestent que nos sens sont affectés par des réalités extérieures. Ainsi, de même que je ne puis pas douter des affections comme le plaisir et la douleur – je ne peux sincèrement dire que je ne souffre pas lorsque je souffre – de même je ne peux pas douter que je vois, que je touche ou que j'entends. En un premier sens donc, lorsqu'il est question de vérité des sensations (τῶν αἰσθήσεων ἀλήθεια), il s'agit d'abord d'exprimer leur réalité en tant qu'expérience[39]. Mais, en un second sens, la sensation est aussi vraie parce qu'elle fournit une information véritable sur l'objet réel et présent qui lui apparaît. Toute la question est de savoir si cette information, jugée fiable par Épicure, concerne la chose elle-même ou son effet, c'est-à-dire la trace ou la représentation laissée par cette chose en nous[40].

> **Nicolas d'Autrécourt défend une thèse très proche de celle d'Épicure.**

Selon le premier sens du vrai, même « les images mentales (φαντάσματα) des fous et celles qui surviennent dans les rêves sont vraies, car elles meuvent ; mais ce qui n'est pas ne meut pas »[41]. La vérité dont il est question ici est donc d'abord une vérité des effets : les perceptions sensibles sont vraies en ce sens que les objets sensibles agissent, au sens d'un mouvement physique, sur nous et en nous. De ce point de vue, les choses comme les images contenues dans l'esprit nous apparaissent également ainsi, par leurs effets. Dans ce cas, le contenu de mon hallucination ne correspond pas nécessairement à quelque chose de réel en dehors de mon esprit. C'est précisément une erreur de jugement de considérer que cette image a un correspondant réel. Mais cela ne change rien à la vérité de ce qui m'apparaît, en tant qu'expérience vécue.

Selon le second sens, la sensation aurait une vérité qui se rapproche de celle des opinions et des jugements, au sens où les apparences sont aussi vraies parce qu'elles sont, d'une certaine manière, conformes à la réalité. Même l'image du rêve ou de l'hallucination est formée à partir d'images reçues des choses. Épicure doit donc montrer comment l'image reçue dans les sens exprime tout ou partie de la chose qu'elle représente.

▨ 38. Diogène Laërce, *Vies et doctrines de philosophes illustres*, op. cit., X, 32, p. 1261.
▨ 39. Sextus Empiricus, *Adv. Math* VII (*Contre les logiciens* I), 206-210, p. 170 : « La fonction propre de la sensation est de n'appréhender que ce qui lui est présent et qui la met en mouvement, par exemple la couleur, et non de décider que l'objet ici est différent de l'objet là. » Voir les commentaires de G. Striker, « Epicurus on the Truth of Sense Impressions », art. cit.
▨ 40. Voir à ce sujet S. Everson, « Epicurus on the Truth of the Senses », art. cit.
▨ 41. Diogène Laërce, *Vies et doctrines de philosophes illustres*, op. cit., X, 32, p. 1262.

Les simulacres : causalité et ressemblance

Dans la description qu'il fait de la théorie épicurienne, Sextus Empiricus propose deux critères pour rendre compte de la vérité des sensations : la causalité exercée par un objet sur nos facultés sensitives et la ressemblance entre notre représentation et sa cause[42]. Il s'agit ici d'une référence à la théorie épicurienne des simulacres. Dans la *Lettre à Hérodote*, Épicure suggère que toutes nos sensations suivent le modèle de l'action du son sur l'ouïe, c'est-à-dire celui d'un flux, qui fonctionne par transport, puis par contact entre un corps extérieur à nous et notre corps, nos organes, de sorte que toutes nos sensations proviennent de ces composés atomiques subtils transportés dans le milieu et qu'on appelle simulacres[43]. Ces entités n'étant pas connaissables par nous, au même titre que les atomes dans les choses, Épicure se contente de montrer « qu'il n'y a pas d'impossibilité que se produisent de telles émanations dans le milieu environnant »[44]. Lucrèce détaille beaucoup plus cet aspect, par un réseau d'analogies avec d'autres phénomènes naturels, comme la fumée, diverses exhalaisons ou encore la diffusion des sons. Si l'on peut concevoir, grâce à leurs effets, la diffusion de particules infimes et invisibles dans l'air environnant, la diffusion de simulacres paraît plausible. Le point important de cette théorie est qu'elle rend compte par un seul phénomène physique de la causalité et de la ressemblance entre nos représentations et leurs causes dans les corps extérieurs.

Les empreintes, traces ou images (τύποι) laissées en nous par l'action des sensibles « sont identiques par la couleur et par la forme, en adaptant leur taille à notre vue et à notre pensée (…) et préservent la sympathie à distance du substrat », de sorte que « l'image – de la forme ou des propriétés – que nous recevons en l'appréhendant par la pensée ou bien par les organes des sens est la forme même du corps solide, et elle se constitue en conformité avec la suite serrée du simulacre ou avec son effet résiduel »[45]. L'image reçue à travers la sensation partage donc certaines propriétés avec le corps qui en est la cause, et plus particulièrement sa forme ou sa figure, ainsi que certaines qualités. Les sensations ne sont donc pas seulement vraies parce qu'elles nous apparaissent, mais aussi parce que notre connaissance sensible fonctionne objectivement selon ces principes physiques[46]. Cependant, si je rêve qu'il pleut, cette apparition est vraie, selon Épicure, même s'il ne pleut pas. Je sais que cela m'apparaît et je sais que ce qui m'apparaît est de la pluie. Ce serait seulement une erreur de jugement que d'inférer qu'il pleut.

La physique atomiste d'Épicure et sa théorie de l'action à distance permettent seulement de confirmer *a posteriori* la plausibilité de la thèse de la vérité de toutes les sensations. De manière générale, les images sont vraies, parce qu'elles sont causées par des choses et ressemblent à ces choses. Mais le processus physique à l'origine de ces sensations et représentations sensibles

---

42. Voir le texte cité plus haut, p. 87 et sa suite (VII, 205 *sq.*).
43. Épicure, *Lettre à Hérodote, op. cit.*, 46-56, p. 63-67.
44. *Ibid.*, p. 63.
45. *Ibid.*, 50, p. 65.
46. Voir à ce sujet l'interprétation de S. Everson, « Epicurus on the truth of the senses », art. cit., p. 169.

permet aussi d'expliquer l'origine des différences de perceptions d'un même objet et les illusions sensibles.

L'analyse des illusions sensibles

Selon le témoignage de Sextus Empiricus, ce qu'on appelle illusion d'optique, comme le célèbre cas de la tour qui paraît ronde de loin et carrée de près, n'est en rien une illusion pour les épicuriens[47]. Il n'y a pas à choisir entre les deux sensations, puisqu'elles sont toutes deux vraies au moment où les impressions nous frappent, c'est-à-dire en des temps différents. Une fois de plus, c'est une erreur de jugement de penser qu'il y a contradiction entre des sensations dans des sujets différents ou dans un même sujet à des moments différents. Comme l'écrit Lucrèce :

> Les autres faits de ce genre, étranges, nous en voyons beaucoup
> qui semblent tous comme chercher à violer la foi qu'on accorde aux sens ;
> en vain, puisque la plus grande part de ces faits nous trompe
> en raison de l'opinion de l'esprit que nous ajoutons de nous-mêmes[48].

Parfois nous ajoutons quelque chose à l'impression sensible brute en associant plusieurs simulacres qui ne correspondent pas à un objet réel qui nous apparaîtrait à cet instant précis. Dans le cas de la tour qui paraît ronde et carrée, il s'agit d'une différence d'effet de la tour sur nous qui est due au fait que les simulacres émis par la tour sont en quelque sorte corrompus ou distordus avant d'arriver à nos sens, dans le milieu qui nous sépare de la tour[49]. Pour autant, la tour n'aurait pas pu nous apparaître autrement à ce moment précis et à cette distance. Le phénomène de la sensation a lieu comme il doit avoir lieu selon les lois physiques de la transmission des simulacres dans le milieu. Les informations transmises par la vue reflètent donc bien quelque chose de la tour existante, quelque chose de vrai, puisqu'elle est la cause de ma vision, même si, pour des raisons contingentes, ces informations sont seulement partielles ou déformées.

Si telle est bien la théorie épicurienne, elle pose à nouveaux frais le problème de la représentation. Car ce qui est vrai, ce n'est pas que la tour est ronde ou que la tour est carrée, mais que ce qui nous apparaît nous apparaît comme rond ou carré. Cela paraît renforcé par le fait que les images vues dans une hallucination ou un rêve sont elles aussi vraies pour Épicure. Autrement dit, l'objet de notre perception serait le simulacre, pas la chose. Il faut donc expliquer l'intentionnalité de ces simulacres : comment nous permettent-ils de penser les choses dont ils sont seulement les traces et les représentants ? La théorie épicurienne ne serait-elle qu'un phénoménisme et non un réalisme ?

Une première solution pour conserver une forme de réalisme consisterait à supposer que l'esprit reconstruit mentalement l'objet réel, dans le temps et non seulement dans l'instant, en faisant varier les points de vue sur celui-ci,

■ 47. Sextus Empiricus, *Adv. Math* VII (*Contre les logiciens* I), VII, 206-216, trad. fr. dans *Les Épicuriens*, *op. cit.*, p. 986-988.

■ 48. Lucrèce, *De rerum natura* IV, 463-465, trad. fr. dans *Les Épicuriens*, *op. cit.*, p. 403.

■ 49. Sextus Empiricus, *Adv. Math* VII (*Contre les logiciens* I), VII, 206-216, trad. fr. dans *Les Épicuriens*, *op. cit.*, p. 986-988..

en partant des différentes sensations, par un même sens et par plusieurs sens – c'est notamment le rôle des prolepses d'effectuer ce genre de synthèse du sensible [50].

Une seconde solution consisterait à privilégier la causalité sur la ressemblance pour faire de la théorie épicurienne une forme d'externalisme causal. Si la vérité de ce qui apparaît concerne d'abord l'existence d'un objet, on peut penser que les illusions d'optique n'empêchent aucunement d'être certain de l'existence de la chose, comme la tour par exemple, dès lors que tout simulacre a une cause réelle extra-mentale. Cela n'empêche pas, par la suite, de commettre des erreurs de jugement. Mais cela n'affecterait en rien la référence à la tour elle-même. Dans un second temps, on pourra corriger ces jugements, soit par la multiplication des expériences (comme dans l'hypothèse constructiviste évoquée ci-dessus), soit par des inférences théoriques. Dans le cas de la tour, une fois que l'on aura reconnu que les différentes perceptions dépendent de la distance avec l'objet, ainsi que d'autres conditions liées au milieu environnant, nous pourrons affiner notre représentation de la tour et comprendre que la vérité de notre sensation de la tour ne concernait pas seulement la tour, mais aussi son environnement, et tout ce qui m'affectait en même temps que la tour elle-même.

Ce sont de simples hypothèses et il reste assurément des zones d'ombre dans la théorie épicurienne. Nous n'avons pas la prétention de les éclairer d'un jour totalement nouveau ici, mais, puisque Nicolas d'Autrécourt s'empare des mêmes problèmes et défend une thèse très proche de celle d'Épicure, la comparaison de ces deux auteurs permettra peut-être, espérons-le, de préciser ces possibles lectures de l'épistémologie épicurienne.

Nicolas d'Autrécourt et la sensation comme fondement de la connaissance

Parmi les articles de Nicolas d'Autrécourt condamnés dans les années 1340, deux au moins concernent la vérité de ce qui apparaît aux sens. Dans le premier (n°34), le philosophe reconnaît avoir soutenu à la Faculté des arts de Paris que « l'on ne peut pas montrer avec évidence que toutes les choses qui apparaissent ne sont pas vraies » [51]. Cette formulation, négative, comme l'était la maxime XXIV d'Épicure, semble faire porter la charge de la preuve sur ses adversaires. Dans le second (n°65), plus positif, il est dit « qu'il a soutenu dans son premier *Principium* à la Faculté des arts que tout ce qui apparaît est vrai » [52]. Comme l'indique sa correspondance, il soutenait encore cette thèse au Collège de Sorbonne dans les années 1330 dans le débat qui l'opposait au franciscain Bernard d'Arezzo. Voici ce qu'il lui écrivait : « à ce qu'il m'apparaît, des choses plus absurdes suivent de votre position que de celle des académiciens. Et c'est pourquoi, afin d'éviter de telles absurdités, j'ai soutenu lors de soroniques que je suis certain avec évidence des objets des

---

■ 50. Voir à ce sujet J. Giovacchini, *Épicure*, Paris, Les Belles Lettres, 2008, p. 138-143 qui compare la théorie épicurienne à celles de John Locke et David Hume.
■ 51. Nicolas d'Autrécourt, *Correspondance. Articles condamnés, op. cit.*, p. 141.
■ 52. *Ibid.*, p. 154.

cinq sens »[53]. Cela indique d'emblée la perspective de Nicolas d'Autrécourt : comme dans l'épicurisme, la défense de la vérité des apparences sert de rempart contre le scepticisme. De même, l'évidence de l'apparence entraîne en quelque sorte l'existence et la vérité de ce qui apparaît. La discussion la plus détaillée de cette thèse se trouve dans le traité *Exigit ordo (EO)* et fait directement écho à la discussion des thèses de Démocrite et de Protagoras au livre Γ de la *Métaphysique* d'Aristote[54]. Cependant, contrairement à ce que suppose Dallas Dennery, Nicolas d'Autrécourt ne cherche aucunement à réhabiliter l'épistémologie relativiste de Protagoras[55]. Il s'agit, au contraire, de fonder toute connaissance certaine sur cette vérité première de la sensation et de montrer que cette thèse est plus probable (Épicure disait « non impossible ») que celle de ses collègues aristotéliciens.

J'affirme donc, s'il existe en nous quelque certitude à propos des choses, qu'il est probable que tout ce qui apparaît être est et que tout ce qui apparaît être vrai est vrai[56].

Pour ce faire, comme dans la canonique épicurienne, il montre l'impossibilité de penser autrement la connaissance (on perdrait tout fondement) et la nécessité d'établir des règles (*regulae*), notamment pour ce qui concerne la logique des inférences[57]. Nous mettrons ici de côté la question des inférences pour nous limiter à l'évidence sensible.

Nicolas d'Autrécourt limite la thèse de la vérité des apparences aux objets connus par les sens externes, par opposition ici à ce qui est connu par les sens internes, comme l'imagination ou la mémoire notamment, mais aussi, par extension, à l'intellect, qui en fait ses matériaux pour former des jugements[58]. Comme Épicure, sa stratégie consiste à montrer que l'erreur des sceptiques et des relativistes tient au fait qu'ils ne distinguent pas assez nettement ce qui apparaît aux sens et les jugements produits ensuite par l'intellect, avec l'aide des facultés inférieures. L'erreur sur le sensible se trouve donc uniquement du côté du jugement.

À partir de ce que nous venons de dire, la conclusion proposée paraît probable, selon laquelle, bien que les actes de jugement et d'assentiment puissent être faux, ce n'est pas le cas de l'acte d'une évidence dernière (*actus ultimatae evidentiae*) ; et c'est pourquoi, comme pour le reste, nous en sommes persuadés, parce qu'une telle apparence est le principe fondamental de toute vérité connue de nous ; si elle pouvait coexister avec le non-être, on supprimerait alors toute certitude[59].

53. Nicolas d'Autrécourt, *Première lettre à Bernard*, dans *Correspondance, op. cit.*, p. 83.
54. Cette référence avait été repérée par J. R. O'Donnell, « The Philosophy of Nicholas of Autrecourt and his Appraisal of Aristotle », *Medieval Studies* 4, 1942, p. 97-125 ; voir aussi J. Weinberg, *Nicholas of Autrecourt. A Study in 14th Century Thought*, Princeton (NJ), Princeton University Press, 1948.
55. D. Dennery, « Protagoras and the Fourteenth-Century Invention of Epistemological Relativism », *in* L. Bitel (ed.), *Visualizing the Invisible : Visionary Techniques in Religious and Cultural Contexts*, a special issue of *Visual Resources* XXV, n°1-2, 2009, p. 29-51.
56. *EO*, p. 202.
57. Voir Ch. Grellard, *Croire et savoir. Les principes de la connaissance selon Nicolas d'Autrécourt*, Paris, Vrin, 2005 ; ainsi que l'introduction à Nicolas d'Autrécourt, *Correspondance. Articles condamnés, op. cit.*, p. 7-72.
58. *EO*, p. 202.
59. *EO*, p. 208.

Il convient cependant de distinguer plusieurs cas de figure : parfois l'intellect forme un jugement sans aucun fondement empirique (sans ce qu'il appelle une *ultimata evidentia*) ; parfois ces jugements ont un fondement empirique, mais seulement partiel ou incomplet. Il se peut, dans le premier cas, que des jugements portant sur des choses que nous n'avons jamais expérimentées soient vrais ; mais ils ne seront ni évidents ni certains pour celui qui les formule. Celui qui est à Rome et affirme que « Rome est une grande cité » a une connaissance évidente de cette proposition, parce que celle-ci repose sur une *apparentia* qui vient fonder l'évidence du jugement[60]. Celui qui n'a jamais vu Rome peut aussi juger qu'il s'agit d'une grande ville, mais sans cette évidence liée à l'*apparentia*.

Dans le second cas de figure, notre jugement porte bien sur quelque chose qui nous apparaît, mais cette chose peut apparaître de différentes manières à différents sujets, comme lorsque quelque chose paraît doux à l'un et amer à un autre, rouge à l'un, blanc à un autre. Si le premier cas n'était guère problématique, puisqu'il est clair que c'est l'apparence qui entraîne l'évidence, le second demande quelques éclaircissements, d'autant que Nicolas d'Autrécourt, suivant une tradition bien établie depuis le *Contra Academicos* d'Augustin, rapproche ces cas de jugements divergents d'autres situations, comme le rêve ou les illusions d'optique[61].

Un premier élément semble le distinguer des épicuriens. Nicolas d'Autrécourt refuse de faire des conditions extérieures à l'acte même de connaissance sensible, comme l'action du milieu, la distance avec l'objet connu ou les dispositions des organes, des conditions de l'évidence et de la vérité[62]. Pour autant, il ne s'oppose pas à l'utilisation de ces éléments pour expliquer *a posteriori*, c'est-à-dire théoriquement, l'origine de certaines erreurs de jugement sur le sensible. Il insiste cependant sur le fait que cela ne change rien à la vérité de ce qui apparaît. Selon lui, on ne sait jamais quand ces conditions sont remplies dans l'expérience sensible elle-même, c'est-à-dire au moment de l'apparition des choses sensibles. Il faudrait que ces conditions nous apparaissent elles aussi clairement pour qu'elles nous informent, au moment de l'apparition, sur ce qui apparaît ; or ce n'est pas le cas de manière générale. On ne peut donc pas expliquer les degrés de fiabilité des sens par quelque chose qui n'apparaît pas lui-même clairement. Autrement dit, lorsqu'un objet sensible nous apparaît, quel que soit l'état du milieu ou de mes organes, il m'apparaît avec évidence comme existant et comme vrai.

■ 60. *EO*, p. 202 et 204. L'exemple de la ville remonte à Augustin et se retrouve à l'identique chez plusieurs auteurs, comme Guillaume d'Ockham, *Expositio in libros Physicorum Aristotelis*, Prologus, éd. R. Wood *et al.*, in *Opera Philosophica*, IV, New York-Saint Bonventure, The Franciscan Institute, 1985, p. 5.

■ 61. Sur la réception médiévale de ces débats, voir Ch. Grellard, « Le scepticisme au Moyen Âge, de saint Augustin à Nicolas d'Autrécourt. Réception et transformation d'un problème philosophique », *Cahiers philosophiques* 153, 2018/2, p. 55-78.

■ 62. *EO*, p. 212-213.

Jugements divergents et illusions sensibles

Dans le cas de l'homme fiévreux qui sent de l'amertume là où son voisin en pleine santé sent de la douceur, Nicolas d'Autrécourt dit que ce n'est pas la chose qui est amère, mais ce qu'il goûte[63]. Car, explique-t-il, il y a bien quelque chose d'amer dans les organes de l'homme fiévreux[64]. Même chose pour celui qui voit du rouge là où un autre voit du blanc. Il existe donc toujours un fondement réel à ces *apparentiae*. Mais il ne dit pas s'il faut comprendre que la chose elle-même est à la fois douce et amère, ou si l'amertume et la douceur se trouvent seulement dans l'organe, comme les simulacres des épicuriens. Il se contente ici de dire qu'il y a dans les organes des copies (*exemplaria*) des atomes liés à l'amertume qui sont venus jusqu'à l'âme. Quoi qu'il en soit, même si l'*apparentia* est vraie, au sens où il y a bien un objet existant et sensible qui est sa cause, elle est en quelque sorte incomplète, voire brouillée.

Une autre possibilité, que Nicolas d'Autrécourt évoque dans un autre contexte, lorsqu'il cherche à rendre compte du phénomène de l'épuisement intellectuel, serait que les images venues des sens se mélangent dans le processus physique de leur transmission depuis les organes jusqu'aux sens internes grâce aux esprits (*spiritus* étant ici l'équivalent du *pneuma* grec) qui leur servent de véhicules.

L'image d'une chose, qui a le mode d'être des choses corporelles, est transportée <par des esprits> au lieu où l'intellection doit se produire, ou plutôt dans la faculté cogitative pré-requise pour l'intellection. Ces esprits, dont certains transportent l'image de cette chose, d'autres l'image d'une autre chose, peuvent se gêner mutuellement dans leur mouvement, et ainsi aucun d'eux n'apporte l'image de la chose sinon de façon tronquée ; et ce sont ceux-là qui jugent des choses de manière tronquée et imparfaite[65].

Les jugements contradictoires sur le sensible proviennent ainsi d'un défaut au niveau de l'image formée dans les sens et les sens internes, non d'un défaut de l'impression sensible elle-même ou des conditions de la réception de cette impression (milieu, etc.). En d'autres termes, les atomes liés à l'amertume présents dans nos organes donnent une information fiable sur l'amertume, mais ils peuvent brouiller d'autres informations en se mélangeant à elles ou en se substituant à d'autres. L'erreur de jugement consiste à penser que la chose est amère alors que c'est l'organe qui l'est.

Selon Nicolas d'Autrécourt, les cas classiques d'illusions optiques discutés depuis l'Antiquité, comme celui du bâton qui paraît brisé dans l'eau ou du navire qui paraît au repos alors qu'il se meut, s'expliqueraient par un processus semblable au niveau de l'image. Les arguments sceptiques reposent en effet sur une théorie des sens qui privilégie la vue sur les autres sens. Or, pour le philosophe lorrain, le toucher atteste que le bâton est droit et accède ainsi

63. *EO*, p. 202.
64. *EO*, p. 208.
65. *EO*, p. 300.

à la chose même, c'est-à-dire à ce qu'il appelle la chose fixe (*res fixa*). Si chaque sens accède à un aspect de la chose et si chacun donne à connaître quelque chose de vrai sur le phénomène, il ne faut pas opposer les sens entre eux, mais comprendre comment ils peuvent contribuer à une connaissance complexe de la chose, à une sorte de réduction phénoménologique, pour reprendre le vocabulaire d'Husserl.

Il ajoute plusieurs distinctions pour expliquer ces phénomènes liés aux images. Il distingue en premier lieu ce qui est vu dans sa propre lumière (*in suo proprio lumine*) et ce qui est vu « dans la lumière de son image, comme dans un miroir »[66]. Même si les images des miroirs ou celles entreposées dans l'imagination et la mémoire peuvent être fiables, puisqu'elles sont originairement engendrées par les choses elles-mêmes, elles n'attestent pas de la même manière de la présence et de la nature de l'objet qu'elles représentent. Il distingue en outre ce qui est vu en pleine lumière (*in pleno lumine*), c'est-à-dire directement et dans tous ses aspects, et ce qui est vu seulement dans l'obscurité (*in tenebris*)[67]. Il conclut ceci :

> Il est donc probable que tout ce qui apparaît est vrai, à savoir ce qui est clair et évident en pleine lumière ; autrement l'intellect ne serait certain de rien, puisque l'intellect ne peut se dire certain de rien en dehors de ce qu'il expérimente en lui ou de ce qu'il conclut à partir de ses expériences (…). En effet, l'intellect n'est certain d'aucune chose qui existe dans l'obscurité, mais seulement de ce qui existe dans la lumière[68].

Il y aurait donc des degrés de clarté dans l'apparence, indépendamment des phénomènes décrits plus haut, au niveau des sens internes. Dans certains cas, ces différences nous apparaissent d'elles-mêmes. Nous savons que la chose ne nous apparaît pas totalement. Dans d'autres, cela demande un travail *a posteriori* sur les données sensibles. Ces deux distinctions (lumière de la chose/lumière de l'image et pleine lumière/obscurité) permettraient ainsi de comprendre ce qui passe pour être des illusions, soit partielles, comme dans les illusions d'optique, soit totales, comme dans les rêves.

L'argument du rêve

Nicolas d'Autrécourt dit que le rêve est présenté par ses adversaires comme un argument extrêmement puissant contre son réalisme des apparences[69]. Comment distinguer ce qui nous apparaît en rêve de ce qui nous apparaît dans la réalité ? Question classique, s'il en est, mais la réponse du Lorrain l'est moins. Il rappelle d'abord qu'une différence entre la veille et le sommeil tient à l'usage de la volonté. Éveillé, les yeux fermés, je peux imaginer à volonté toutes sortes de choses, par exemple, écrit-il, que mon père vole dans les airs. Cela m'apparaît en image, mais la « vérité » de cette image et de la proposition « mon père vole » ne m'apparaît pas. Il faudrait pour cela

■ 66. *EO*, p. 214.
■ 67. Voir à ce sujet les remarques de Z. Kaluza, « Voir : la clarté de la connaissance chez Nicolas d'Autrécourt », in A. Paravicini Bagliani (ed.), *La visione e lo sguardo*, Florence, SISMEL, 1997, p. 89-105.
■ 68. *EO*, p. 210.
■ 69. *EO*, p. 206.

que j'ouvre les yeux et que je voie mon père voler. Il est donc clair que mon jugement initial portait seulement sur des images (le texte dit ici « formes exemplaires »). Cela vaut donc *a fortiori* pour le rêve, à la seule différence que ces associations ne sont pas volontaires.

Un second argument est que dans le sommeil nous n'avons pas d'apparence claire (*quod in somno non sit apparentia clara apparet*)[70]. D'un point de vue phénoménologique, il y aurait donc une différence qualitative intrinsèque et évidente entre l'apparence sensible et l'apparence rêvée. Il manquerait des détails par rapport aux choses que nous connaissons ordinairement. Non seulement nous savons que les rêves n'ont pas la même clarté que notre expérience éveillée, mais nous savons aussi que l'*apparentia* des rêves est d'une autre nature (*alterius rationis*), à savoir celle de la pure image. Dans le rêve, donc, l'image serait en quelque sorte *index sui*, pour reprendre une expression utilisée par Jean-Paul Sartre[71]. Elle se donnerait donc elle-même comme une forme dégradée de la réalité, avec ses zones d'ombre et ses bizarreries liées à l'absence de contrôle de la volonté. Cela ne change rien à la thèse de la vérité de ce qui apparaît :

> La quinzième conclusion est que ce qui apparaît dans le sommeil est vrai en tant qu'il apparaît à l'intérieur de nous, c'est-à-dire dans des formes exemplaires ; au contraire, dans la veille nous faisons l'expérience d'une autre évidence et à propos d'autres objets[72].

Dans le rêve, je ne doute pas de ce qui m'apparaît et je sais que les images existent, même si je les conçois immédiatement comme des images. Dans la veille, lorsque j'ai les yeux ouverts, la situation est différente, puisque je sais immédiatement qu'un objet extérieur existe grâce à cette lumière particulière qui rend possible l'apparition des objets visibles. Dans ce cas, ce qui nous apparaît peut être tout à fait clair et lumineux, mais il peut arriver que nous ayons du mal à distinguer l'image et la chose représentée (la *res fixa*, par opposition ici à la fluctuation des images qui accompagnent l'*apparentia*)[73]. En effet, ce qui joue le rôle d'une image dans les organes et ensuite pour les facultés cognitives supérieures est pour ainsi dire de la même nature que ce qu'elle représente, à savoir des atomes de divers types, avec les mêmes configurations. Nicolas d'Autrécourt précise cependant que le toucher conserve un certain privilège gnoséologique par rapport à la vue, puisqu'il nous met toujours en contact avec la chose elle-même, avec son corps et ses atomes. Dans ce contact, il n'y a jamais d'image (*non videtur esse aliquando ad imaginem, sed semper ad rem fixam*)[74]. Le problème de la représentation serait donc une spécificité de la vision (peut-être aussi de l'odorat et l'ouïe).

■ 70. *EO*, p. 208.
■ 71. J.-P. Sartre, *L'Imaginaire. Psychologie phénoménologique de l'imagination*, Paris, Gallimard, 1940.
■ 72. *EO*, p. 238.
■ 73. *EO*, p. 216.
■ 74. *Ibid.*

La taille du Soleil

Parmi les cas discutés par Nicolas d'Autrécourt, il en est un qui évoque immanquablement l'épicurisme : la taille du Soleil. Les épicuriens ont en effet été moqués pendant toute l'Antiquité pour avoir défendu que le Soleil est tel qu'il apparaît, c'est-à-dire petit, alors que l'on savait, grâce aux calculs des astronomes, qu'il était plus grand que la Terre. Lorsque cet exemple était discuté à Paris à la fin du Moyen Âge, il avait précisément pour but de démontrer la faiblesse des sens. À notre connaissance, Nicolas d'Autrécourt est le seul à défendre une thèse proche de celle des épicuriens, à savoir que le Soleil est tel qu'il nous apparaît. Cependant, contrairement à la thèse généralement attribuée aux épicuriens, il n'affirme pas que le Soleil mesure véritablement un pied[75]. Il nous apparaît nécessairement ainsi et ne nous apparaîtra jamais entier, dans sa taille réelle. Comme pour les autres illusions optiques, l'erreur tient au jugement que nous portons sur ce qui nous apparaît, lorsque nous pensons voir tout le Soleil alors que notre vision n'est que partielle[76]. L'apparence, quant à elle, reste vraie.

> Je dis à présent que tout acte linguistique (*actus dicendi*) qui suit la lumière et ne s'en éloigne pas est vrai. Ainsi, certains disent que lorsque nous voyons le Soleil, notre sens <de la vue> se trompe, car le Soleil est plus grand que la Terre entière et il semble faire deux pieds de diamètre. Nous nous étonnons de ceux qui parlent ainsi. S'ils réfléchissaient bien à ce qu'ils disent, ils se rendraient compte qu'ils parlent dans l'obscurité (*in tenebris*) ; sans cela, ils seraient d'accord avec moi. Car ils affirment que le Soleil tout entier est plus grand que la terre entière et que le Soleil qui apparaît à leurs sens est de la taille d'un pied. Comment donc ces deux choses peuvent-elles aller de pair : que le Soleil tout entier soit dans ce qui leur apparaît (*in apparentia sua*), et qu'il n'est que de la taille d'un pied ? Je réponds donc que nous le voyons dans la lumière de son image, c'est-à-dire que nous voyons une image qui est celle du Soleil et celle-ci étant vue nous disons que nous voyons d'une certaine manière le Soleil lui-même ; et dans cette image il n'y a pas plus une partie représentée qu'une autre. Là, l'extension du Soleil est donc représentée sur le mode de la configuration (*per modum configurationis*), relativement à sa figure, sa substance et sa lumière ; mais on ne le voit pas représenté par une figure quantitativement équivalente au Soleil réel[77].

Dans ce cas, comme dans les précédents, l'apparence m'assure bien de l'existence de l'objet qui apparaît, même lorsque celle-ci ne me fournit pas toutes les informations sur sa nature ou ses propriétés. De même qu'une photographie modifie les dimensions tout en conservant les proportions, l'image du Soleil représente bien le Soleil ou du moins une partie de ce qui est le Soleil. Dans une brève remarque, Nicolas d'Autrécourt semble renvoyer aux travaux d'optique pour rendre compte géométriquement de ce décalage

---

75. Parmi les innombrables témoins de ce débat, voir en particulier Cléomède, *Théorie élémentaire du monde céleste*, trad. fr. J. Delattre-Biencourt, dans *Les Épicuriens, op. cit.*, p. 943-954.
76. *EO*, p. 206.
77. *EO*, p. 214.

de taille entre l'image et la chose[78]. Ce n'est donc que par des inférences que les scientifiques peuvent calculer sa dimension réelle. Une fois de plus, si l'on peut expliquer *a posteriori* pourquoi le Soleil nous apparaît si petit, cela ne change rien à la vérité de ce qui apparaît.

L'erreur provient d'une mauvaise inclination de l'intellect (*ex malitia intellectus*), lorsque celui-ci outrepasse les limites de ce qui lui apparaît, c'est-à-dire lorsqu'il ne juge plus selon ce qui est à sa mesure (*in suam primam mensuram*)[79]. Comme chez Épicure, la vérité de l'apparence concerne d'abord l'existence et la réalité de l'objet perçu, ainsi que l'expérience elle-même, c'est-à-dire l'apparition dans son ensemble (*experior in me* dit Autrécourt). C'est bien le jugement, l'acte de langage (*actus dicendi*) qui est vrai ou faux : il est vrai lorsqu'il suit sa mesure (*mensuram*) ou sa règle (*veram regulam*), il est faux lorsqu'il s'en éloigne[80]. Il s'en éloigne lorsqu'il n'est pas attentif aux zones d'ombre dans ce qui apparaît et lorsqu'il confond l'image et la chose.

Causalité et ressemblance

Comme les épicuriens, Nicolas d'Autrécourt indique la nécessité d'une relation (*habitudo*) avec l'objet et parle même d'une relation nécessaire[81]. Il ne dit pas de quelle nature est cette relation, mais il paraît probable qu'il s'agisse d'une relation causale[82]. En effet, il substitue à la théorie médiévale de la multiplication des espèces (*species*) entre l'objet vu et l'œil, censée expliquer l'action causale à distance des sensibles sur les sens, une explication par le mouvement local des atomes entre les choses et nous. Il continue d'employer le vocabulaire de la *species* pour désigner les images dans les sens – comme Lucrèce d'ailleurs – mais en fait quelque chose de corporel, dont l'effet est celui d'un véritable mouvement physique. Ces atomes nous affectent donc causalement, comme dans la théorie des simulacres.

Que dire, en revanche, de la lumière qui se trouve dans le milieu ? Qu'en est-il pendant la nuit ? On peut dire que le rayon lumineux lui-même n'est rien d'autre que des corps qui sont naturellement inclinés à suivre le mouvement du Soleil ou d'un autre corps lumineux. Si l'on argue contre cela qu'un rayon de lumière est engendré instantanément, il faut répondre que bien qu'il paraisse être engendré instantanément, parce que de manière soudaine, sa production se fait pourtant dans le temps. De même, le son, selon la doctrine commune, se multiplie dans le milieu de manière successive, parce qu'il le fait par un mouvement local ; il paraît néanmoins être engendré soudainement. Il n'est donc pas difficile d'imaginer qu'il existe des corps plus subtils et plus

---

78. *EO*, p. 208-210.

79. *EO*, p. 220.

80. *EO*, p. 212, 214, 220.

81. Voir à ce sujet, D. Perler, « Relations nécessaires ou contingentes ? Nicolas d'Autrécourt et la controverse sur la nature des relations cognitives », dans S. Caroti et Ch. Grellard (éd.), *Nicolas d'Autrécourt et la Faculté des arts de Paris (1317-1340)*, Césène, Stilgraf Editrice, 2006, p. 85-111.

82. Christophe Grellard suggère que « Nicolas rejette toute explication causale dans les processus cognitifs ». *Cf.* Ch. Grellard, *Croire et savoir, op. cit.*, p. 125. En fait, il refuse seulement qu'une même cause puisse avoir plusieurs effets (*Ibid.*, p. 128). On pourrait suggérer qu'il veut limiter la causalité des sensibles à leur action sur les sens, en refusant qu'ils aient aussi une action causale sur l'intellect.

pénétrants qui semblent se répandre soudainement (*quasi subito*) dans l'ensemble du milieu[83].

Comme chez Épicure et Lucrèce, la diffusion de la lumière est rapprochée de celle du son. Quant aux images (*species*), les atomes qui les composent deviennent pour nous des copies des atomes des choses (des *atomalia exemplaria* dans le vocabulaire de Nicolas d'Autrécourt), c'est-à-dire qu'ils sont à la fois des traces laissées par le sensible, ce qui témoigne de la causalité de ces sensibles sur nous, et des représentations des choses extra-mentales. C'est ainsi qu'il convient de comprendre les affirmations de Nicolas d'Autrécourt, lorsqu'il écrit que la connaissance sensible fonctionne grâce à une image semblable à l'objet connu (*aliquo modo similis illi obiecto*)[84] ou ayant la même *configuratio* que l'objet[85]. Cette image, nous dit le Lorrain, a « le mode d'être des choses corporelles »[86] – ce n'est donc pas un pur objet intentionnel – et elle se déplace dans les différentes fonctions cognitives à l'aide du *spiritus*, qui est considéré à l'époque comme une entité physique[87].

Il existe donc un rapport de conformité entre les « atomes exemplaires » présents dans nos sens et les atomes des corps matériels en dehors de l'âme. Cette conformité s'explique par le rapport de causalité entre ces deux types d'atomes et par un partage de formes (qualités) et de figures. Cette conformité existe entre une image singulière et son objet, mais l'*apparentia* peut être perturbée lorsque se produit dans l'esprit un mélange d'images, dont certaines ne correspondent pas ou plus à l'objet qui est devant moi.

> Cependant, il faut savoir qu'il se produit parfois une agrégation de ces entités atomiques spirituelles non conforme <à la réalité extérieure>, parfois une agrégation conforme ; et de même que dans les réalités matérielles extérieures, selon que l'agrégation est conforme ou non conforme sont engendrés tantôt des monstres, tantôt des choses bien composées, de même dans l'âme, on dit qu'un énoncé complexe est faux en raison d'une agrégation non conforme et qu'un énoncé est vrai en raison d'une agrégation conforme, c'est-à-dire fondée sur une relation de conformité avec les choses extérieures à l'âme[88].

La monstruosité des compositions d'atomes dans l'esprit vient probablement de la liberté de l'imagination ou des confusions de la mémoire, sans remettre en cause la vérité des premières impressions sensibles simples. Comme chez les épicuriens, la théorie physique permet ainsi de rendre compte *a posteriori* et de manière cohérente de nos expériences lorsque celles-ci n'ont pas toute la clarté suffisante pour être évidentes d'elles-mêmes.

83. *EO*, p. 56.
84. *EO*, p. 246.
85. *EO*, p. 224 et 242.
86. *EO*, p. 300.
87. C'est assez clair chez Avicenne et ses lecteurs latins. Voir à ce sujet D. Jacquart, « La notion philosophico-médicale de *spiritus* dans l'Avicenne latin », *in* G. Gubbini (ed.), *Body and the Spirit in the Middle Ages*, Berlin-Boston, De Gruyter, 2020, p. 13-33.
88. *EO*, p. 84.

Conclusion

Au terme de ce parcours, il est apparu que nos deux philosophes, Épicure et Nicolas d'Autrécourt, ont tenté de répondre à un même défi posé par Aristote dans sa *Métaphysique* : comment sauver l'atomisme de Démocrite sans concéder que ce qui apparaît aux sens ne représente jamais la réalité, c'est-à-dire un ensemble d'atomes et de vide ? Comment sauver la vérité des apparences sans tomber dans le relativisme de Protagoras, qui consisterait à accepter que deux jugements opposés et contradictoires sur une même réalité sensible puissent être vrais en même temps ? Plus étonnant, malgré les siècles qui les séparent, leurs réponses respectives reposent sur des outils structurellement identiques : l'évidence des effets de la perception sur nous ; la distinction entre perception sensible et jugement sur le sensible (les erreurs de jugement n'invalident pas la vérité des apparences sensibles) ; fondation de la représentation sur la causalité et la ressemblance entre les choses et leurs images sensibles ; explication des perturbations de la perception dans les cas d'illusions sensibles par des causes concourantes. Ces similitudes ne doivent pas occulter certaines nuances, qui pourraient permettre d'affiner nos interprétations de leurs théories respectives.

Dans les sources disponibles au Moyen Âge, il était tout à fait possible de savoir qu'Épicure défendait lui aussi que « tout ce qui apparaît est vrai ». Cicéron en fait état dans plusieurs textes, mais c'est probablement chez Augustin, dans son traité *Contre les Académiciens*, que Nicolas d'Autrécourt a pu trouver une source d'inspiration[89]. La théorie épicurienne y est en effet présentée sous un jour qui n'est pas totalement négatif[90]. Pour Augustin, les cas d'illusions optiques, comme celui du bâton qui apparaît brisé dans l'eau ou les tours qui paraissent rondes de loin, carrées de près, ne font pas trembler la thèse centrale de la vérité de la perception sensible. Car une fois que l'esprit a donné « la cause de cette apparence », il peut corriger son jugement. Et d'ajouter : « Épicure ou les cyrénaïques auraient peut-être beaucoup d'autres arguments, contre lesquels je ne sache pas que les académiciens aient rien objecté »[91]. Même si Nicolas d'Autrécourt s'est inspiré de la théorie épicurienne présentée dans ces sources, il n'est pas étonnant qu'il ne revendique pas cet héritage, tant le nom d'Épicure était devenu un anathème sans liens parfois avec l'école philosophique qui portait son nom. Quoi qu'il en soit, les positions d'Épicure et de Nicolas d'Autrécourt présentent de nombreuses similitudes et leur comparaison a fait apparaître de légères différences qui peuvent servir à questionner nos interprétations de ces théories.

Le premier point concerne l'idée de vérité appliquée aux sens. Les commentateurs d'Épicure se sont longtemps interrogés à ce propos et ce que dit Nicolas d'Autrécourt de la conformité ou non de certains composés

---

■ 89. Voir Ch. Grellard, « Le scepticisme au Moyen Âge, de saint Augustin à Nicolas d'Autrécourt », art. cit. Augustin présente à plusieurs reprises la thèse de la vérité des sensations, dans la *Cité de Dieu* (VIII, 7) et la *Lettre à Dioscorus*.

■ 90. Augustin, *Contre les Académiciens*, trad. fr. J.-L. Dumas, dans *Œuvres* I, Paris, Gallimard, 1998, p. 68-69. C. Bolyard, « Augustine, Epicurus, and External world Skepticism », *Journal of the History of Philosophy*, vol. XLIV, 2, 2006, p. 157-168.

■ 91. *Ibid.*

atomiques dans les sens fournit une piste intéressante pour saisir l'existence d'un sens du mot « vérité » qui serait intermédiaire entre la vérité antéprédicative, simple attestation de l'existence d'un objet avec certaines propriétés, et la vérité du jugement, qui serait propositionnelle. Selon Nicolas d'Autrécourt, il y a des compositions d'atomes plus ou moins conformes et plus ou moins véridiques dans l'esprit. On ne trouve pas cette idée chez les épicuriens, mais elle ne paraît pas totalement incompatible avec leur théorie de la perception.

Le second point concerne les illusions sensibles. Il semblerait que les épicuriens fassent reposer l'explication de ces illusions sur l'effet déformant du milieu environnant. Comme cela a été souligné, cela fait peser un risque assez grand sur la fiabilité de l'image elle-même, puisqu'elle arrive parfois déformée dans les sens. Si cela ne remet pas en cause la relation causale entre la chose et l'image, cela affecte en revanche sa qualité en tant que représentation, à moins d'en faire un simple signe, comme une trace de pas dans la neige qui renverrait bien à sa cause sans donner d'informations précises sur celle-ci. En expliquant ces phénomènes au niveau de l'image présente dans les sens, Nicolas d'Autrécourt tente de conserver la véridicité de l'image (elle est causée par la chose et lui ressemble), tout en expliquant que celle-ci peut être tronquée (ce qui ne veut pas dire fausse) ou au contraire enrichie par l'ajout d'autres images (chacune des images est vraie, mais le composé est faux). On reste ainsi dans une explication naturaliste – il n'y a que des mouvements locaux d'atomes – mais celle-ci permet de conserver plus fermement peut-être les deux piliers de l'intentionnalité de l'image sensible : la causalité et la ressemblance.

Le troisième point concerne aussi ces différences qualitatives entre les images. Comme le remarque Stephen Everson, même si pour les épicuriens les images arrivent parfois déformées, elles n'en restent pas moins des valeurs absolues pour les jugements qui suivront, ce qui est problématique, puisqu'elles n'ont pas toutes la même qualité informative[92]. Cet absolutisme de la sensation permet à Épicure d'échapper à l'accusation de relativisme, mais la thèse peut paraître excessivement forte et contraire à nos intuitions ordinaires relativement à la qualité de ce qui nous apparaît. Pour y répondre, Arthur A. Long suggère que « les impressions sensibles peuvent être distinguées l'une de l'autre en termes de clarté et de vivacité ; (…) les sensations procurent une évidence fiable à propos des objets si et seulement si elles sont caractérisées par des impressions claires et distinctes »[93]. Ce n'est peut-être pas ce qui est affirmé dans les textes épicuriens, mais c'est bien la théorie de Nicolas d'Autrécourt. En cela, ce dernier fournit des éléments supplémentaires à cette hypothèse.

Enfin, Épicure et Nicolas d'Autrécourt distinguent tous deux assez nettement les différents sens et leurs objets propres. Si le débat sur la vérité des phénomènes s'est concentré sur les objets de la vue, les remarques de Nicolas d'Autrécourt sur le privilège du toucher, privilège qui semble aussi accepté par les épicuriens, pourrait constituer une piste intéressante de réflexion pour comprendre comment les cinq sens se complètent pour

92. S. Everson, « Epicurus on the Truth of the Senses », art. cit., p. 171-172.
93. A. A. Long, *Hellenistic Philosophy. Stoics, Epicureans, Sceptics*, London, Duckworth, 1974, p. 22.

parvenir à la chose elle-même. Les objets du toucher agissent sur nous sans médiation, par contact direct, et attestent de manière plus forte de l'existence de l'objet sensible et peuvent même permettre de corriger certains jugements lorsque nous sommes victimes d'illusions liées à des éléments extérieurs à la chose connue.

La comparaison entre ces deux philosophes n'apporte pas de solutions définitives aux problèmes posés par la théorie de la vérité des apparences sensibles, mais ouvre, espérons-le, de nouvelles pistes pour interpréter ces textes de l'Antiquité et du Moyen Âge.

Aurélien Robert
Directeur de recherches
Laboratoire SPHERE – UMR 7219
CNRS – Université Paris Cité – Université Paris 1 Panthéon Sorbonne

ÉTUDES

RÉMINISCENCE ET CONNAISSANCE A PRIORI

Sylvain Delcomminette

Cet article se propose de confronter la réminiscence platonicienne à la connaissance *a priori* kantienne. Pour ce faire, après avoir rappelé la différence entre connaissance *a priori* et connaissance innée selon Kant, il se tourne vers l'interprétation néokantienne de la réminiscence platonicienne par Paul Natorp. Il montre ensuite, en examinant en particulier des passages du *Phédon* et du *Théétète*, que le point le plus critiquable de l'interprétation de Natorp est moins sa compréhension de la connaissance atteinte par la réminiscence platonicienne comme étant *a priori* que comme étant transcendantale.

D ans *Recollection and Experience*, Dominic Scott présente deux types d'interprétation de la réminiscence platonicienne[1]. Selon la première, qu'il nomme « K » pour « kantienne », Platon chercherait avec la réminiscence à rendre compte de tout apprentissage, y compris de l'acquisition des concepts ordinaires que nous appliquons au monde de l'expérience et qui seraient mobilisés par nos capacités linguistiques, en interprétant ces concepts comme fondamentalement innés et comme ayant pour objets les Idées. Selon la seconde, qu'il nomme « D » (en référence à un certain Démarate, qui, d'après Hérodote, recouvrit une tablette de bois gravée d'une couche de cire vierge pour informer les Lacédémoniens des plans de Xerxès à l'insu des Perses[2]), la réminiscence platonicienne viserait seulement à rendre compte de la connaissance « supérieure » (mathématique et philosophique), qui s'élaborerait plutôt en rupture qu'en continuité par rapport à la connaissance ordinaire. Dans la suite de son ouvrage, Scott soutient l'interprétation D contre l'interprétation K, d'une manière à mes yeux largement convaincante.

---

1. D. Scott, *Recollection and Experience. Plato's Theory of Learning and its Successors*, Cambridge, Cambridge University Press, 1995, p. 17-21 ; voir déjà p. 7-8.
2. *Cf.* Hérodote, *Histoires*, VII, 239.

En ce qui concerne le rapport à Kant, toutefois, les choses sont plus compliquées. Tout d'abord, comme Scott le reconnaît lui-même dans une note[3], l'interprétation qu'il qualifie de « kantienne » n'est pas l'interprétation de la réminiscence proposée par Kant lui-même. Dans le célèbre texte de la *Critique de la raison pure* où il introduit le concept d'Idée en général en référence à la pensée platonicienne, Kant considère que Platon identifie la réminiscence à la philosophie en tant qu'elle porte sur les Idées, « qui non seulement ne dérive[nt] jamais des sens, mais dépasse[nt] même de loin les concepts de l'entendement dont s'est occupé Aristote, puisqu'on ne saurait rien trouver dans l'expérience qui y corresponde » et qui « sont chez lui les originaux des choses en elles-mêmes, et non de simples clefs pour des expériences possibles comme les catégories »[4]. À titre d'interprète de Platon, Kant ne souscrirait donc pas à l'interprétation dite « kantienne », mais plutôt à l'interprétation D de Scott : la réminiscence est par excellence l'affaire de la philosophie, et non un processus banal qui interviendrait dans notre expérience quotidienne.

Ensuite, l'interprétation K ainsi résumée n'a qu'un rapport lointain avec la philosophie kantienne authentique. Kant lui-même n'a évidemment jamais considéré que nos concepts « ordinaires » étaient « innés ». À vrai dire, selon lui, ni les concepts empiriques ni les concepts purs ne sont innés, mais bel et bien acquis. C'est ce qu'il explique dans l'écrit *Sur une découverte selon laquelle toute nouvelle critique de la raison pure serait rendue superflue par une plus ancienne*, également connu sous le titre de *Réponse à Eberhard*, où il distingue entre « acquisition dérivée », qui concerne les concepts empiriques en tant qu'ils présupposent les « concepts transcendantaux universels de l'entendement », et « acquisition originaire », expression qu'il reprend aux théoriciens du droit naturel pour désigner « une acquisition de ce qui n'existe pas encore auparavant, donc de ce qui n'a appartenu à aucune chose avant cette action », et qui concerne à la fois « la forme des choses dans l'espace et dans le temps » et « l'unité synthétique du divers dans des concepts » ; « car notre pouvoir de connaissance ne tire aucune des deux des objets, comme si elles étaient données dans ceux-ci pris en eux-mêmes, mais il y parvient de lui-même *a priori* ». La seule chose qui puisse être considérée comme innée selon le point de vue critique est le « fondement dans le sujet, fondement par lequel il est possible que les représentations en question naissent ainsi et non pas autrement, et qu'en outre elles puissent être rapportées à des objets qui ne sont pas encore donnés », c'est-à-dire, d'une part, « la simple *réceptivité* propre à l'esprit quand il est affecté de quelque chose (dans la sensation), sa capacité de recevoir une représentation conformément à sa constitution subjective », et, d'autre part, « les conditions subjectives de la spontanéité du penser (conformité avec l'unité de l'aperception) »[5].

3. D. Scott, *Recollection and Experience*, op. cit., p. 18, n. 6.
4. Kant, *Critique de la raison pure*, A313/B370, trad. fr. A. J.-L. Delamarre et F. Marty dans *Œuvres philosophiques*, t. 1, Paris, Gallimard, 1980, p. 1026-1027.
5. Kant, *Sur une découverte selon laquelle toute nouvelle critique de la raison pure serait rendue superflue par une plus ancienne*, Ak. VIII, 221-223 ; trad. fr. A. J.-L. Delamarre dans *Œuvres philosophiques*, t. 2, Paris, Gallimard, 1985, p. 1351-1353 (souligné dans le texte).

Kant est conscient de s'éloigner ainsi de l'usage leibnizien du concept d'innéité, selon lequel doivent être considérées comme innées non seulement la faculté ou la capacité de connaître certaines vérités, mais également ces vérités elles-mêmes en tant que l'esprit peut les tirer de son propre fonds, quels que soient le temps et les efforts que demande leur mise au jour[6]. Sur ce point, Kant est plus proche de Locke : seule la faculté de connaître est innée, ce qui dépouille le concept d'innéité de tout contenu utile puisque nul ne songe à nier cette évidence ; en revanche, toute connaissance est acquise[7]. Bien entendu, l'introduction de la distinction entre acquisition originaire et acquisition dérivée distingue radicalement la position de Kant de l'empirisme de Locke. Quoi qu'il en soit, il est clair que pas plus que Locke, ni Kant ni Leibniz ne considèrent que nos concepts *empiriques* sont « innés », position pour le moins invraisemblable – mais qui est pourtant attribuée à Platon par les tenants de l'interprétation K de la réminiscence selon Scott.

Parmi ceux-ci, Scott cite en particulier Ackrill, Bostock, Cornford et Gulley[8]. Aucun d'entre eux ne fait toutefois explicitement référence à Kant. Pour trouver une interprétation « kantienne » réellement informée de la réminiscence platonicienne, mieux vaut dès lors se tourner vers le grand interprète néokantien de Platon, à savoir Paul Natorp.

Selon Natorp, la réminiscence signifie « le retour en arrière de la connaissance [...] à sa source dans la conscience de soi »[9], de sorte que tout apprentissage authentique ne peut consister qu'en le réveil de la connaissance de soi, but de la dialectique socratique[10]. Mais comme le suggère le *Charmide*, la conscience de soi n'est pas à comprendre au sens vide et tautologique d'une « conscience de conscience », qui présenterait le risque d'une régression à l'infini, mais plutôt au sens de la conscience de la *légalité* qui accompagne toute connaissance d'objet[11]. Cette légalité correspond à la *forme* de toute connaissance d'objet, inséparable de sa matière, mais qui joue à son égard le rôle de déterminant[12]. En ce sens, elle ne tombe pas sous le coup des critiques de la connaissance de soi au sens de Critias, qui connaîtrait seulement le fait de connaître ou d'ignorer sans connaître l'objet lui-même ; en effet, elle porte aussi bien sur elle-même que sur l'objet, ou sur l'objet en tant qu'elle le *produit* (comme objet de connaissance)[13] – « car il n'y a plus d'objet véritable qui ne soit constitué dans le concept de la connaissance, conformément à la loi propre du connaître », la connaissance pure étant « le concept auto-produit dans lequel seul l'objet nous devient certain »[14].

Dans ces conditions, il est évident que la réminiscence ainsi comprise ne peut concerner que « les connaissances pures des sciences », et ce dès le

6. Leibniz, *Nouveaux essais sur l'entendement humain*, I, 1, § 5, éd. J. Brunschwig, Paris, GF-Flammarion, 1990, p. 62.

7. *Cf.* Locke, *Essai sur l'entendement humain*, I, 2, § 5, trad. fr. J.-M. Vienne, Paris, Vrin, 2001, p. 68-69.

8. D. Scott, *Recollection and Experience*, op. cit., p. 53, n. 1.

9. P. Natorp, *Platos Ideenlehre. Eine Einführung in den Idealismus*, Hamburg, Meiner, 1994 [1903, 1921²], p. 28-29 (je traduis).

10. *Ibid.*, p. 14-15.

11. *Ibid.*, p. 28.

12. *Ibid.*, p. 27-28.

13. *Ibid.*, p. 25 et 29.

14. *Ibid.*, p. 31 (je traduis).

Ménon (Natorp renvoie à 85 e, passage selon lequel la réminiscence s'applique περὶ πάσης γεωμετρίας… καὶ τῶν ἄλλων μαθημάτων ἁπάντων) [15]. C'est de ces connaissances, qui doivent se développer purement et entièrement à partir des moyens propres de la pensée, c'est-à-dire des lois du processus de la pensée lui-même, ou encore du fondement de la conscience, que le connaître peut nécessairement rendre compte par lui-même, indépendamment de tout enseignement qu'il devrait attendre de l'extérieur, y compris d'une impossible « chose » qui ne serait pas d'abord produite par et pour la connaissance – et ce précisément parce que dans leur cas, la connaissance de l'objet s'identifie à la connaissance de soi en tant que loi de sa constitution formelle [16].

Sur cette question, Natorp se sépare radicalement de l'interprétation K de Scott : bien entendu, la réminiscence ne peut porter sur les concepts empiriques, qui par définition requièrent l'expérience. Au contraire, la réminiscence représente « la découverte de *l'a priori* » [17]. Cependant, dès le *Ménon*, Platon envisage également *l'articulation* entre *l'a priori* et l'expérience. C'est en ce sens qu'il faudrait comprendre l'affirmation de Socrate selon laquelle on se ressouvient non seulement des choses de l'Hadès (c'est-à-dire du non-visible), mais aussi des choses d'ici-bas (le visible) (*Ménon*, 81c) : *l'a priori* n'inclut pas seulement les connaissances pures, mais également les lois de l'expérience, qui dépendent et résultent des connaissances pures ; bref, toutes les connaissances capables d'un *fondement* pur. Ce fondement, c'est la reconduction à la connaissance de soi comme source de légalité, mouvement qui prend la forme d'une « explication sur la cause » (*Rechenschaft über den Grund* = αἰτίας λογισμός, 98a) qui transforme les opinions vraies en connaissances véritables, valant fermement et pour tout temps, et qui s'identifie purement et simplement à la réminiscence [18].

Cette articulation entre *l'a priori* et l'expérience est mieux marquée dans le *Phédon*. Natorp insiste à raison sur le fait que dans ce dialogue, Socrate affirme dans les termes les plus nets que la réminiscence n'est possible qu'à partir de la perception sensible [19] :

> Par ailleurs, nous nous accordons aussi sur ce point : cette réflexion n'a pas d'autre origine, il n'est même possible de la concevoir qu'à partir de l'acte de voir, de toucher, bref d'une sensation quelconque – je veux dire que tout cela revient au même [20].

Comme le remarque déjà Hermann Cohen [21], on ne peut manquer de penser ici aux premiers mots de l'Introduction à la deuxième édition de la *Critique de la raison pure* :

■ 15. P. Natorp, *Platos Ideenlehre, op. cit.*, p. 34 ; voir aussi p. 143. Je reviendrai dans le paragraphe suivant sur la manière dont Natorp cherche à concilier cette affirmation avec *Ménon*, 81c, où la portée de la réminiscence semble beaucoup plus générale.

■ 16. *Ibid.*, p. 34-35.

■ 17. *Ibid.*, p. 42.

■ 18. *Ibid.*, p. 35 et 40-41.

■ 19. *Ibid.*, p. 141-142, 144-145.

■ 20. Platon, *Phédon*, 75a, trad. fr. M. Dixsaut légèrement modifiée, Paris, GF-Flammarion, 1999, p. 233.

■ 21. *Cf.* H. Cohen, *Platons Ideenlehre und die Mathematik*, Marburg, Philipps-Universität Marburg, 1878, p. 19 ; trad. fr. C. Prompsy et M. de Launay sous le titre « La théorie platonicienne des Idées et les mathématiques », révisée par A. Dewalque et reprise dans B. Bauch, H. Cohen, R. Hönigswald, E. Lask, R. H. Lotze, P. Natorp, W. Windelband, *Sur la théorie platonicienne des Idées*, Paris, Vrin, 2021, p. 147-148.

Que toute notre connaissance commence avec l'expérience, il n'y a là aucun doute ; car par quoi le pouvoir de connaître serait-il éveillé et mis en exercice, si cela ne se produisait pas par des objets qui frappent nos sens […] [22]

Or Kant poursuit de la manière suivante :

[…] et en partie produisent d'eux-mêmes des représentations, en partie mettent en mouvement notre activité intellectuelle pour comparer ces représentations, pour les lier ou les séparer, et élaborer ainsi la matière brute des impressions sensibles en une connaissance des objets, qui s'appelle expérience [23] ?

Selon Natorp, il en va exactement de même chez Platon. Pour le montrer, il renvoie au rôle attribué à la sensibilité dans la première partie du *Théétète*, qui consiste selon lui à *poser la question* à laquelle répond le concept en fournissant la matière à former, l'ἄπειρον, le « à déterminer = x », toute détermination étant le fait de la pensée. Précisément pour cette raison, la fonction du concept est elle-même liée à la question de la sensation, dans la mesure où elle consiste à déterminer cet indéterminé = x que la sensation lui présente. Dans le *Théétète*, cette détermination est assimilée au *jugement* (κρίνειν, 186b ; δοξάζειν, 187a), c'est-à-dire à la fonction générale de l'unité synthétique, dont les concepts fondamentaux ou catégories seraient les espèces fondamentales, et qui s'identifierait désormais à la connaissance en tant qu'elle pose l'objet dans et pour la pensée [24].

C'est ce point que le *Phédon* (qui selon Natorp est postérieur au *Théétète* [25]) va approfondir. Dans ce dialogue, en effet, le sensible se voit pour la première fois reconnu comme une deuxième espèce de ce qui est, à côté de l'intelligible (*cf.* 79a) [26]. Or cela n'est possible que s'il a une certaine homogénéité avec l'intelligible, afin que tous deux soient considérés comme des espèces du même genre. Cette homogénéité est celle du *jugement*, car « l'être en général signifie seulement la fonction du jugement » [27], le « c'est ainsi » que l'on pose à chaque fois que l'on pose quelque chose de pensé, c'est-à-dire que l'on juge [28]. Dès lors, dire que le x de la sensibilité, en soi indéterminé, doit être pensé comme déterminable relativement à la fonction du concept (les concepts étant selon Platon comme selon Kant des « prédicats de jugements possibles » [29]), c'est dire que les jugements empiriques doivent être fondés dans des jugements purs.

Tel est l'enjeu de la dernière section du dialogue (96-107), qui fait l'objet d'une analyse approfondie par Natorp [30]. Sans entrer dans les détails,

22. Kant, *Critique de la raison pure*, B1, op. cit., p. 757.
23. *Ibid.*
24. P. Natorp, *Platos Ideenlehre*, op. cit., p. 101-115. Sur cette question, voir les analyses approfondies de J. Servois, *Paul Natorp et la théorie platonicienne des Idées*, Lille, Presses Universitaires du Septentrion, 2004, p. 55-77.
25. P. Natorp, *Platos Ideenlehre*, op. cit., p. 164-167.
26. *Ibid.*, p. 147-150.
27. *Ibid.*, p. 150 (je traduis).
28. P. Natorp, *Über Platos Ideenlehre*, Berlin, Reuther & Reichard, 1914, p. 10 ; trad. fr. « Sur la théorie platonicienne des Idées », dans B. Bauch, H. Cohen, R. Hönigswald, E. Lask, R. H. Lotze, P. Natorp, W. Windelband, *Sur la théorie platonicienne des Idées*, op. cit., p. 166.
29. P. Natorp, *Platos Ideenlehre*, op. cit., p. 80.
30. *Ibid.*, p. 150-163.

Natorp y interprète la méthode prônée par Socrate à titre de « seconde navigation » comme consistant à reconduire tout jugement empirique du type « *x* est beau » à un jugement pur du type « le beau est ceci ou cela », bref à la définition du prédicat, qui vaut dès lors comme *loi* pour tout ce qui en participe, la participation n'étant rien d'autre que la subsomption du cas sous la loi ; puis à garantir ces jugements purs par la *déduction*, qui consiste à la fois à en étudier les conséquences et à les reconduire par analyse aux positions les plus fondamentales jusqu'au fondement « suffisant », principe et présupposition première de la déduction ; enfin, à fonder logiquement la possibilité d'une science du devenir en rendant compte de celui-ci comme passage d'une détermination contradictoire à une autre selon la différence des rapports de temps et d'espace.

Ainsi, le *Phédon* montre que l'*a priori* doit également valoir comme transcendantal, c'est-à-dire comme ce qui rend l'expérience possible. En ce sens, l'interprétation natorpienne de la réminiscence se distingue également de celle de Kant, puisqu'elle revient à assimiler les Idées aux concepts de l'entendement en tant que « simples clefs pour des expériences possibles »[31]. C'est la raison pour laquelle les concepts fondamentaux, « purs », sont essentiellement des concepts de relation :

> Une relation peut seulement être posée dans la mesure où est en même temps posé un « divers », qu'elle rapporte à l'« unité » de la pensée. La relation elle-même accomplit toutefois seulement la pensée : elle consiste seulement en la pensée ; et la pensée seulement en elle[32].

C'est en ce sens que les Idées sont des *lois* ; car au sens le plus large, une loi n'est rien d'autre que « l'expression de la persistance générale d'une relation »[33]. En posant la relation, la pensée pose en même temps les termes de celle-ci comme « absolus » ; mais ces termes ne sont absolus qu'en tant qu'ils sont *produits* par la pensée, et non en tant qu'ils seraient « donnés ». Seule est véritablement absolue la position des purs concepts, c'est-à-dire des lois de la pure fonction de la pensée, position qui est présupposée par, et même incluse dans, toute position relative dans la pensée[34].

Malheureusement, selon Natorp, ni dans le *Ménon*, ni dans le *Phédon*, ni dans le *Phèdre*, Platon n'est resté à la hauteur de cette découverte de l'*a priori*, auquel il a fait prendre une tournure psychologique et finalement métaphysique, en le liant à la préexistence de l'âme et en considérant que les concepts fondamentaux devaient être *retrouvés* comme « déjà présents » plutôt que *produits* dès le début par la connaissance elle-même. En conséquence, ceux-ci présentent le risque d'être pensés non plus comme des lois pour la connaissance de l'objet d'expérience, mais comme des objets à connaître

■ 31. Plus exactement, Natorp considère que le sens platonicien de l'Idée est plus large que le sens kantien, en ce qu'il inclut non seulement les idées au sens kantien, mais également les catégories et les principes : cf. P. Natorp, *Platos Ideenlehre*, op. cit., p. 196-197.

■ 32. *Ibid.*, p. 145 (je traduis).

■ 33. *Ibid.*, p. 201 ; voir aussi P. Natorp, « Platon », dans E. von Aster (hrsg.), *Große Denker*, vol. 1, Leipzig, Quelle und Meyer, 1911, p. 135 (trad. fr. J. Servois en appendice à son ouvrage *Paul Natorp et la théorie platonicienne des Idées*, op. cit., p. 207-208).

■ 34. P. Natorp, *Platos Ideenlehre*, op. cit., p. 114.

pour eux-mêmes, qui sont « en soi » – mécompréhension dans laquelle se sont engouffrés Aristote et toute la tradition ultérieure, mais de laquelle Platon, même s'il n'en a jamais été la victime, n'a pas toujours réussi à rester aussi éloigné que nécessaire, notamment dans le *Phèdre*. Alors qu'il eût fallu s'appuyer exclusivement sur le *fait* présent du processus de la pensée et de la connaissance lui-même et se contenter de mettre purement au jour et de développer dans ses conséquences la loi qui y règne et qui vient à la conscience, Platon a cru devoir reconduire le fondement de la logique à un être pré-temporel de l'âme connaissante.

Bien qu'il ne l'exprime pas dans ces termes, on peut sans doute dire que c'est ce tournant psychologique qui a pu faire dévier la problématique de l'*a priori* vers celle de l'innéisme. En bon kantien, Natorp évite soigneusement le recours à un tel vocabulaire ; s'il faut distinguer les concepts purs des concepts empiriques, c'est seulement en tant que les premiers sont originaires et les seconds dérivés ; c'est cela, et cela seulement, qu'il faut entendre lorsque Platon fait des Idées les « modèles » des « copies » sensibles, bien qu'une telle terminologie soit dangereuse, comme il l'admettra lui-même dans la première partie du *Parménide*[35]. Même si Platon aurait mis un certain temps à le reconnaître en toute clarté, il n'en reste pas moins qu'aussi bien les premiers que les seconds sont *acquis*, ou, comme préfère l'exprimer Natorp, *produits* par la connaissance elle-même. Une telle production, purement interne à la pensée, est évidemment à entendre de manière métaphorique : elle signifie l'exigence de fonder toute position de la pensée dans des positions plus fondamentales, jusqu'à des positions premières, qui ne peuvent être que de pures expressions du processus de la pensée elle-même, « derrière » laquelle il est impossible de remonter[36].

Ultimement, la présupposition la plus haute n'est donc pas une position particulière, mais bien plutôt « la loi de la légalité elle-même, qui repose immuablement au fondement de toutes les légalités particulières des sciences particulières »[37]. Telle est selon Natorp l'Idée du beau mise au jour dans le *Banquet* (qui serait postérieur au *Phédon*), où elle s'identifie non pas à *une* Idée ou *une* loi particulière, mais plutôt à l'Idée ou *la* loi en tant que telle, source de toute pensée[38]. La *République* reprendra cette thématique en présentant la fin dernière sous le nom d'Idée du bien, identifié au principe anhypothétique, « inconditionné », et ultimement au *logos* lui-même (*cf.* αὐτὸς ὁ λόγος, VI, 511b) : non pas *un* principe logique dernier, mais le principe du logique lui-même, dans lequel toute position particulière doit être fondée comme dans sa loi[39]. Les dialogues tardifs iront encore plus loin dans ce sens, puisque Platon y découvrira que les concepts, loin de s'opposer radicalement au devenir, présentent également une sorte de mouvement, d'auto-développement et de vie, ce qui lui permettra de séparer beaucoup plus radicalement la

35. *Ibid.*, p. 75.
36. *Ibid.*, p. 154-155.
37. *Ibid.*, p. 176.
38. *Ibid.*, p. 176-178.
39. *Ibid.*, p. 190-195.

logique et la psychologie (puisqu'il y a une « vie logique »)[40]. L'*a priori* ainsi mis au jour n'est plus métaphysique, mais proprement transcendantal ; et la réminiscence, désormais dépouillée de tout relent de psychologisme et à entendre dans un sens « purement logique », reçoit ainsi son dernier approfondissement : elle signifie que la racine ultime de toute connaissance n'est autre que la conscience en tant que renouvellement perpétuel de soi qui la produit spontanément selon ses propres lois[41].

> Le fait de « méditer sur soi-même » serait alors justement *l'approfondissement de la conscience* dans lequel les *relations* multilatérales qui se trouvent en soi dans la chose même deviennent, pour cette raison justement, connaissables pour la conscience, parce que la méditation retourne pour ainsi dire à ce niveau continu des déterminations pures de l'être qui ne contient pas simplement celles-ci en tant que *points de pensée* plus ou moins isolés, qui ne les contient pas non plus simplement sous leurs relations mutuelles *particulières*, mais qui les contient originairement dans et avec l'infinité – la *totalité* infinie – de leurs relations mutuelles qui s'étendent dans tous les sens. Ce niveau représenterait alors en même temps la *conscience pure*, originaire, dont chaque conscience individuelle limitée ne représenterait pour ainsi dire toujours qu'un fragment, une *visée* particulière survenant d'un « point de vue » limitatif [...]. [L]e *sens purement logique* de l'anamnèse, d'après justement les explications extrêmement claires fournies par Platon, est la connaissance des relations logiques qui lient en définitive tout avec tout, en reconduisant toutes les attitudes particulières de la pensée à leurs fondements logiques ultimes que les « Idées », justement d'après leur signification simplement logique, ne font que désigner[42].

Il faut insister sur le fait que la conscience dont il est ici question n'est pas la conscience subjective, personnelle, de tout un chacun : il s'agit bien plutôt de la « conscience en général » de Kant, qui pour Natorp n'a rien de subjectif, mais correspond simplement à « la *méthode* de l'unification d'un divers »[43]. C'est pour cette raison que Natorp n'est nullement troublé par l'argument de *Parménide* 132a-b, où Parménide réfute la suggestion de Socrate selon laquelle les Idées ne seraient rien d'autre que des « pensées » (νοήματα) ne se situant nulle part ailleurs que « dans les âmes » (ἐν ψυχαῖς) : selon lui, le pluriel indique clairement qu'ici, la pensée est réduite à une réalité psychologique, de sorte que la position de Socrate critiquée par Parménide s'apparenterait à un idéalisme psychologique du type de celui de Berkeley, dont Natorp tient à distinguer son propre idéalisme méthodologique – comme, selon lui, Platon lui-même dans ce passage du *Parménide*[44]. Dire que les Idées sont des positions de pensée ne signifie nullement à ses yeux les réduire à des entités subjectives : les Idées sont bien plutôt « objectivantes ». Comme il le souligne, notamment en référence à la « seconde navigation » du *Phédon*,

---

▮ 40. P. Natorp, *Platos Ideenlehre, op. cit.*, p. 36-37, 86-88, 145-146, 293-296.
▮ 41. *Ibid.*, p. 178-179.
▮ 42. P. Natorp, *Über Platos Ideenlehre, op. cit.*, p. 28 ; trad. fr. « Sur la théorie platonicienne des Idées », dans B. Bauch, H. Cohen, R. Hönigswald, E. Lask, R. H. Lotze, P. Natorp, W. Windelband, *Sur la théorie platonicienne des Idées, op. cit.*, p. 184-185.
▮ 43. P. Natorp, *Platos Ideenlehre, op. cit.*, p. 238.
▮ 44. *Ibid.*, p. 238-239.

« [l]a méthode est souveraine » : elle n'est précédée ni par un sujet ni par un objet, mais est plutôt ce qui pose *à la fois* un objet *et* un sujet pour lequel il est objet. C'est en la reconduction à la conscience ainsi comprise que consiste la réminiscence, qui perd dès lors toute connotation psychologique ou métaphysique. C'est pourquoi elle peut finalement quitter le devant de la scène, et ce dès la *République*, où Platon rend compte de la formation de l'intellect comme développement à partir de la source de la conscience de soi en se contentant de déclarer que la faculté, « l'organe » est déjà là et demande seulement à être « éveillé » en étant orienté vers la lumière de la vérité[45].

D'aucuns auront tôt fait de dénoncer cette interprétation grandiose comme anachronique – et de fait, on ne s'en est pas privé et on s'est souvent réfugié derrière ce reproche pour se dispenser de la prendre en considération. Elle repose pourtant sur une lecture scrupuleuse des textes et présente l'avantage d'attribuer à Platon une position philosophiquement pertinente, ce qui n'est pas toujours le cas des interprétations qui se veulent strictement fidèles d'un point de vue philologique ou historique. Je crois toutefois qu'elle s'écarte de la pensée de Platon sur un point central, qui engage toute l'interprétation de la philosophie platonicienne par Natorp. Afin de mettre celui-ci au jour, tournons-nous plus en détail vers les textes platoniciens, en commençant par marquer les points que l'on peut concéder à Natorp.

Tout d'abord, Natorp a entièrement raison d'insister sur le fait que la réminiscence s'ancre toujours dans la sensation. Socrate l'affirme on ne peut plus explicitement dans le *Phédon*, comme je l'ai rappelé plus haut ; et la brève mention de la réminiscence dans le *Phèdre* est tout aussi claire, puisqu'elle définit celle-ci comme le passage par un raisonnement d'une multiplicité de sensations à une unité qui les rassemble (ἐκ πολλῶν ἰὸν αἰσθήσεων εἰς ἓν λογισμῷ ξυναιρούμενον, 249b-c). Cela peut sembler moins évident dans le *Ménon*, où ce sont plutôt les interrogations de Socrate qui réveillent le savoir du jeune esclave (*cf.* 84a-d, 85c-d). Cependant, ces interrogations s'appuient sur des figures dessinées, qui permettent de manifester l'ignorance de l'interlocuteur et que le lecteur qui veut comprendre ce qui se passe trace au moins en imagination. Ce que le *Ménon* nous révèle, c'est que la sensation ne suscite la réminiscence que lorsqu'elle nous présente un *problème*, une *question*, qui peut avoir besoin d'être explicitée par l'interrogation d'un Socrate ; et c'est exactement ce que dit Natorp.

Il en va d'ailleurs de même dans le *Phédon*. Socrate y déclare qu'il y a réminiscence « toutes les fois que voyant une chose ou l'entendant, ou la saisissant par une sensation quelconque, non seulement on connaît cette chose, mais on conçoit en plus une autre chose, qui est objet non pas du même, mais d'un autre savoir »[46]. Cela ne revient pas du tout à dire que la réminiscence se produit dans chaque cas de perception sensible, comme le voudrait l'interprétation K de Scott (qu'il faudrait renoncer à dire « kantienne ») : pour qu'il y ait réminiscence, il faut encore que la sensation suscite la « conception »

45. P. Natorp, *Platos Ideenlehre, op. cit.*, p. 201-202.
46. ἐάν τίς τι ἕτερον ἢ ἰδὼν ἢ ἀκούσας ἤ τινα ἄλλην αἴσθησιν λαβὼν μὴ μόνον ἐκεῖνο γνῷ, ἀλλὰ καὶ ἕτερον ἐννοήσῃ οὗ μὴ ἡ αὐτὴ ἐπιστήμη ἀλλ' ἄλλη, 73c, trad. fr. M. Dixsaut légèrement modifiée, *Phédon, op. cit.*, p. 229.

ou la « pensée » *d'autre chose* que ce qui est senti. Socrate distingue ensuite deux cas : cette autre chose peut être soit semblable soit dissemblable à celle dont la sensation a suscité sa conception (73 e-74a). Contrairement à ce que l'on pourrait croire, le cas le plus difficile est le premier : car pour qu'il y ait réminiscence, il faut qu'il y ait *conscience de la différence* entre ce que l'on sent et ce que l'on conçoit ; or dans le cas où il y a ressemblance entre eux, cette conscience ne peut apparaître que si l'on *réfléchit* et *se demande* s'il n'y a pas quelque chose qui manque à ce que l'on sent relativement à ce dont on se ressouvient (ἐννοεῖν εἴτε τι ἐλλείπει τοῦτο κατὰ τὴν ὁμοιότητα εἴτε μὴ ἐκείνου οὗ ἀνεμνήσθη, 74a). En d'autres termes, il n'y a réminiscence que s'il y a prise de conscience de la *déficience* de ce qui est senti relativement à ce dont on se ressouvient, ce qui suppose réflexion et interrogation – qui peuvent certes avoir lieu en silence dans l'âme elle-même.

On remarquera ici que la dissemblance est d'emblée interprétée comme un manque. Cela s'explique très bien si l'on se réfère aux exemples que Socrate a invoqués jusqu'à présent : la perception d'un instrument ou d'un vêtement qui évoque l'idée de son possesseur dans la pensée de l'amant, ou encore d'un portrait qui nous rappelle l'ami qui en fut le modèle. Dans tous ces cas, ce qui est remémoré est l'objet d'un *désir*, face auquel ce qui l'a suscité ne peut faire que pâle figure. Tel est bien le cas également lorsque Socrate applique ce processus psychologique banal à la différence entre le sensible et l'intelligible en prenant l'exemple de l'égal : à partir de la sensation de bouts de bois apparemment égaux, il n'y a réminiscence que s'il y a conscience de la *différence* entre ceux-ci et l'égal en soi, différence conçue comme une *déficience* : il y a réminiscence « toutes les fois que, voyant une chose, on se fait cette réflexion : "ce qu'elle souhaite (βούλεται), cette chose que moi je vois maintenant, c'est être semblable à un autre être, mais elle reste en défaut (ἐνδεῖ) et elle est impuissante (οὐ δύναται) à être égale de la même façon que l'autre, en vérité elle est plus imparfaite" »[47]. Bien entendu, celui qui fait cette réflexion transpose sur l'objet de sa sensation un désir qui lui appartient en propre : le désir de l'intelligible, et donc du savoir, qui n'est autre que la philosophie.

Le rôle du désir dans la réminiscence est rarement pris en compte par les commentateurs[48]. Il est pourtant crucial, et loin d'être propre au *Phédon*. Dans le *Ménon*, Socrate dit clairement que la première étape de la réminiscence est la prise de conscience de son ignorance qui rend possible le désir de savoir (84c) ; dans le *Phèdre*, la réminiscence intervient dans le cadre d'un exposé sur la nature d'*erôs*, et justifie l'affirmation selon laquelle « seule la pensée du philosophe est ailée » (249d). Dans aucun de ces textes, il ne s'agit de réduire la réminiscence au processus banal par lequel nous appliquons des concepts à des sensations. Il n'y a pas réminiscence lorsque, voyant deux bouts de bois apparemment égaux, nous leur attribuons le prédicat « égal » ; il y a réminiscence lorsque, voyant deux bouts de bois apparemment égaux, nous commençons par reconnaître qu'ils ne le sont

---

47. 74d-e, trad. fr. M. Dixsaut légèrement modifiée, *Phédon, op. cit.*, p. 232 ; voir aussi 75b1 : ὀρέγεται.

48. À l'exception notable de M. Dixsaut, dans Platon, *Phédon, op. cit.*, p. 97-105.

précisément qu'apparemment, et ce parce que nous les comparons à l'Idée de l'égal à laquelle nous aspirons et par rapport à laquelle ils sont déficients. Or *qui* se fait ce genre de réflexions ? Certainement pas n'importe quel promeneur, mais seulement le philosophe, celui qui désire savoir.

Kant et Natorp (ainsi que Scott lui-même) ont raison contre les tenants de l'interprétation K : la réminiscence est *par excellence* l'affaire du philosophe ; et d'une certaine manière, elle *s'identifie* à la philosophie elle-même.

Car quel est le savoir qui est « réveillé » par la réminiscence ? C'est un savoir qui ne porte « pas plus sur l'égal que sur le beau en soi, le bon en soi, ou le juste, ou le pieux – en un mot, sur tout ce à quoi nous imprimons la marque "ce que c'est", aussi bien dans nos questions quand nous questionnons que dans nos réponses quand nous répondons (περὶ ἁπάντων οἷς ἐπισφραγιζόμεθα τὸ "αὐτὸ ὃ ἔστι" καὶ ἐν ταῖς ἐρωτήσεσιν ἐρωτῶντες καὶ ἐν ταῖς ἀποκρίσεσιν ἀποκρινόμενοι) »[49]. Bref, il s'agit du savoir des Idées en tant qu'objets de la dialectique et du désir du philosophe. Cependant, le savoir que nous en possédons « dès avant notre naissance » *n'est pas* la dialectique elle-même, qui consiste à « donner le *logos* » de ces Idées ; car d'une telle activité, seul, sans doute, Socrate est effectivement capable (76b-c). La dialectique est ce savoir en tant qu'il est « réveillé », la réminiscence « en acte ». Mais alors, quel est le savoir qui est en nous *avant* la pratique de la dialectique elle-même ? Tout simplement la possibilité de la pratiquer, c'est-à-dire la connaissance en tant que *faculté*. Sur ce point encore, Natorp me semble avoir entièrement raison de rapprocher la réminiscence de ce qui est dit dans la *République* (V, 477b-e) sur la connaissance (γνῶσις, ἐπιστήμη) comme faculté (δύναμις) : c'est la connaissance ainsi conçue qui est présente depuis toujours dans notre âme, et que l'éducation doit réveiller et orienter :

> – (…) l'éducation (τὴν παιδείαν) n'est pas précisément ce que certains, pour en faire la réclame, affirment qu'elle est. Ils affirment, n'est-ce pas, que le savoir (ἐπιστήμης) n'est pas dans l'âme (οὐκ ἐνούσης ἐν τῇ ψυχῇ), et qu'eux l'y font entrer, comme s'ils faisaient entrer la vue[50] dans des yeux aveugles. (…) Or le présent argument (…) signifie que cette faculté (ταύτην τήν… δύναμιν) est présente dans l'âme de chacun (ἐνοῦσαν ἑκάστου… ἐν τῇ ψυχῇ), avec aussi l'organe grâce auquel chacun peut apprendre (τὸ ὄργανον ᾧ καταμανθάνει ἕκαστος) : comme si on avait affaire à un œil qui ne serait pas capable de se détourner de l'obscur pour aller vers ce qui est lumineux autrement qu'avec l'ensemble du corps, ainsi c'est avec l'ensemble de l'âme qu'il faut retourner cet organe pour l'écarter de ce qui est soumis au devenir, jusqu'à ce qu'elle devienne capable de soutenir la contemplation de ce qui est, et de la région la plus lumineuse de ce qui est[51].

On n'a pas suffisamment remarqué que ce texte célèbre n'était qu'une reformulation « démythifiée » de la réminiscence, qui s'appuie sur la conception

---

■ 49. 75c-d, trad. fr. M. Dixsaut, *Phédon*, *op. cit.*, p. 234.

■ 50. Ὄψις désigne bien ici la vue et non la vision : *cf.* V, 477c3, où elle est citée avec l'ouïe (ἀκοή) comme exemple de faculté (δύναμις).

■ 51. Platon, *République*, VII, 518b-d, trad. fr. P. Pachet légèrement modifiée, Paris, Folio-Gallimard, 1993, p. 363-364.

explicite de la connaissance comme faculté développée au livre V[52]. Le parallèle est d'ailleurs renforcé par la suite, où Socrate montre que la sensation peut jouer un rôle dans le « réveil » de la connaissance ainsi conçue pour autant qu'elle nous mette en présence de contradictions, qui vont nous contraindre à activer notre intelligence pour les résoudre (VII, 523a-524d) : la fonction de la sensation, c'est de révéler son *insuffisance*, afin de réveiller cette faculté qu'est la connaissance enfouie dans notre âme. Mais là encore, il faut insister sur le fait que c'est seulement lorsque cette insuffisance suscite le désir de la dépasser que ce réveil a lieu, ce qui est loin de se produire chez tout le monde dans n'importe quelle situation quotidienne.

Ce qui est « inné », c'est donc tout simplement la connaissance comme *faculté* ; quant à la connaissance *explicite* des Idées, c'est-à-dire à l'*activation* de cette faculté par la dialectique, Socrate déclare expressément dans le *Phédon* qu'elle est acquise (*cf.* εἴληφας, 74c9). Bien sûr, une telle acquisition n'est pas dérivée de l'expérience (*cf.* 74b-c) ; en langage kantien, il s'agit d'une acquisition « originaire », à laquelle notre pouvoir de connaissance parvient de lui-même *a priori* – mais seulement *à l'occasion* de l'expérience.

Car il ne me paraît pas exagéré d'utiliser ce vocabulaire. Certes, Socrate déclare pour sa part que la connaissance est présente dans l'âme « avant notre naissance ». Mais qu'est-ce que cela signifie ? Dans le contexte du *Phédon*, à ce stade du dialogue, la mort a été définie comme n'étant rien d'autre que la séparation de l'âme et du corps (64c), de sorte que la vie, en tant qu'elle en est le contraire (71d), ne peut être que l'union de l'âme et du corps. Or Socrate a également montré que la connaissance des Idées n'était possible que lorsque l'âme se séparait du corps, leur union étant bien plutôt le moment de la sensation, qui ne fait que la perturber dans sa recherche de la vérité (65a-66a)[53]. Dans ces conditions, dire que l'âme possède la connaissance « avant notre naissance » signifie simplement qu'elle la possède avant toute sensation, et donc *en elle-même, indépendamment du corps*. Le pouvoir de connaître ne dérive pas de l'expérience, il est *a priori* ; et pour l'activer, il faut certes partir de l'expérience, mais afin de mieux s'en éloigner en séparant le plus possible son âme de son corps, raison pour laquelle les philosophes ne s'occupent de rien d'autre que « de mourir et d'être morts » (ἀποθνήσκειν τε καὶ τεθνάναι, 64a6).

Mais, et c'est sur ce point que je m'éloignerai de Natorp, si la connaissance ainsi conçue est bien *a priori*, elle n'est pas pour autant transcendantale, si l'on entend par là, avec Kant, non pas « quelque chose qui s'élève au-dessus de toute expérience, mais ce qui certes la précède (*a priori*) sans être destiné cependant à autre chose qu'à rendre possible uniquement une connaissance empirique »[54]. Le texte central pour expliquer cette différence est *Théétète* 184-187.

■ 52. Voir pourtant déjà J. Adam, *The Republic of Plato*, vol. 2, Cambridge, Cambridge University Press, 1902, p. 98 *ad loc.*

■ 53. Sur la sensation comme moment de l'union de l'âme et du corps, comparer *Philèbe*, 33d-34a.

■ 54. Kant, *Prolégomènes à toute métaphysique future qui pourra se présenter comme science*, AK. IV, 373, note ; trad. fr. J. Rivelaygue dans Kant, *Œuvres philosophiques*, t. 2, *op. cit.*, p. 161.

Je partage les grandes lignes de l'interprétation de Natorp de ce texte central : le rôle de la sensation y est réduit à fournir une « matière à déterminer », tandis que toutes les déterminations sont le fait de la pensée. À première vue, il pourrait sembler que le texte soit moins radical : ce dont il attribue la saisie à l'âme elle-même, sans la médiation du corps et de ses organes, ce sont seulement les « déterminations communes » (τὰ κοινά) comme l'être et le non-être, la ressemblance et la dissemblance, l'identité et la différence, l'unité et le nombre, « et toutes les autres qui s'ensuivent » (185c-d), en ce compris « le pair et l'impair » et « le beau, le laid, le bien et le mal » (186a), tandis que « la dureté du dur » et « la mollesse du mou » sont senties par le tact (186b), et les autres « sensibles propres », pour parler comme Aristote, par les autres sensations, et donc par la médiation des organes corporels. En langage kantien, ne trouvons-nous pas ici une distinction entre concepts « purs » et concepts « empiriques » ? Et dans ce cas, ne semble-t-il pas que seuls les premiers soient attribués à l'âme elle-même, tandis que les seconds seraient directement issus de la sensation ? Je ne pense pas qu'il en aille ainsi. Lorsque Socrate parle de la dureté du dur, il ne désigne pas le *concept* du dur, mais seulement les données brutes de la sensation, qui doivent encore être *interprétées* par le concept correspondant pour être reconnues comme dur. Le concept du dur, Socrate le désigne bien plutôt comme *l'être* du dur dans son opposition à *l'être* du mou (186b). Or de tels concepts, loin d'être donnés par la sensation, sont progressivement formés par l'âme qui confronte les différentes impressions des sens en mobilisant pour ce faire des concepts « purs » comme l'être et la différence (186b-c). Ainsi, c'est l'ensemble des concepts, « empiriques » aussi bien que « purs », qui sont le fait de l'âme seule, même si les premiers supposent l'application des seconds aux données brutes de la sensation.

Dans ce processus, l'être (οὐσία) joue un rôle central, puisqu'il représente en définitive le concept en tant que tel. Contrairement à ce que l'on a parfois soutenu, l'être ne désigne évidemment pas ici l'existence, ce qui ôterait toute portée à la réfutation de Protagoras censée être contenue dans ce passage ; il désigne bien plutôt, comme c'est d'ailleurs toujours le cas chez Platon, le « ce que c'est » en tant qu'il peut être exprimé par une définition [55]. C'est cela qui, à la différence de la pure faculté de sentir, n'est pas « inné », mais « acquis » « par l'effort, avec le temps, au prix d'un multiple labeur et d'une longue éducation » [56] – acquisition qui, pour reprendre la distinction de Kant, peut être « originaire » (dans le cas des concepts « purs ») ou « dérivée » (dans le cas des concepts « empiriques »).

Si l'on veut comprendre la manière dont Platon rend compte de la genèse des concepts empiriques, c'est dans ce passage, et non dans ceux relatifs à la réminiscence, qu'il faut chercher ; et l'on constate que loin des aberrations qui lui sont prêtées par la mal nommée interprétation « kantienne » de Scott,

---

■ 55. Sur la signification de l'être dans ce passage, je me permets de renvoyer à mon étude « *Théétète* », dans A. Motte et P. Somville (éd.), « *Ousia* » dans la philosophie grecque, des origines à Aristote, Louvain-la-Neuve, Peeters, 2008, p. 131-142.

■ 56. « μόγις καὶ ἐν χρόνῳ διὰ πολλῶν πραγμάτων καὶ παιδείας », 186c, trad. fr. A. Diès légèrement modifiée, « Collection des Universités de France », Paris, Les Belles Lettres, 1926, p. 223.

Platon est sur ce point aussi empiriste que n'importe quel être sensé (et que Kant lui-même). Ces concepts sont *acquis* – et acquis par l'éducation. Mais de quelle éducation s'agit-il[57] ? Dans la plupart des cas, il est clair que c'est l'éducation traditionnelle, passant par l'apprentissage du langage et la transmission des concepts de la tradition, souvent erronés et insuffisamment examinés. Mais les formulations utilisées par Platon, qui identifient cet examen (ἐπισκέψασθαι, 185b5 ; ἐπισκοπεῖν, e2, 7 ; σκοπεῖσθαι, 186a11) des déterminations communes par l'âme elle-même qui s'efforce de les atteindre (ἐπορέγεται, 186a4-5) à la pensée (διάνοια, *cf.* 185a9, b7) et au raisonnement (ἀναλογίσματα, 186c3 ; συλλογισμῷ, d3), semblent clairement destinées à ouvrir la possibilité que l'éducation qui conduit à l'acquisition des concepts, qu'ils soient purs ou empiriques, soit l'éducation réformée dont il dresse le plan dans la *République*, qui culmine dans la dialectique. Or, et là est le point capital, c'est bien dans cette activité de l'âme qui examine les déterminations communes que Socrate suggère de situer la science (ἐπιστήμη) (186d).

Pourtant, on le sait, Théétète, approuvé par Socrate, nomme cet acte δοξάζειν, « juger » (187a). C'est la raison pour laquelle Natorp voit dans ce passage une réévaluation radicale de la *doxa*, qui, dorénavant conçue comme jugement, serait promue au rang de la connaissance[58]. En conséquence, il est obligé de considérer que si l'identification entre la connaissance et l'opinion vraie est rejetée dans la suite du dialogue, c'est parce que cette nouvelle conception de la *doxa* y est immédiatement oubliée et remplacée par l'ancienne conception, « dogmatique » plutôt que « critique », qui traite la *doxa* comme la liaison entre des représentations qui seraient *données* par la sensation, plutôt que déterminées par elle[59]. La suite du *Théétète* serait dès lors une réfutation, finalement assez vaine, de cette conception dogmatique de la connaissance que Platon vient de dépasser.

C'est sur ce point que je ne peux le suivre. La distinction entre la connaissance et l'opinion vraie, cette différence dont Socrate affirme dans le *Ménon* (98b) qu'elle est l'une des très rares choses, voire la seule, qu'il affirmerait savoir, me paraît au contraire entièrement maintenue dans le *Théétète*, ainsi d'ailleurs que dans les dialogues plus tardifs. Le passage central est ici *Théétète*, 189 e-190a, où Socrate définit la pensée (διανοεῖσθαι) comme « un discours que l'âme se tient tout au long à elle-même sur les objets qu'elle examine » (λόγον ὃν αὐτὴ πρὸς αὑτὴν ἡ ψυχὴ διεξέρχεται περὶ ὧν ἂν σκοπῇ), à savoir le fait de « dialoguer, s'adresser à elle-même les questions et les réponses, passant de l'affirmation à la négation » (διαλέγεσθαι, αὐτὴ ἑαυτὴν ἐρωτῶσα καὶ ἀποκρινομένη, καὶ φάσκουσα καὶ οὐ φάσκουσα), tandis que l'opinion (δόξα, δοξάζειν) est dite se produire lorsque ce dialogue intérieur

■ 57. J'ai étudié cette question en détail dans « Quel rôle joue l'éducation dans la perception ? », dans D. El Murr (éd.), *La Mesure du savoir. Études sur le* Théétète *de Platon*, Paris, Vrin, 2013, p. 75-94.

■ 58. P. Natorp, *Platos Ideenlehre, op. cit.*, p. 113 ; voir également *Über Platos Ideenlehre, op. cit.*, p. 15-16 ; trad. fr. « Sur la théorie platonicienne des Idées », dans B. Bauch, H. Cohen, R. Hönigswald, E. Lask, R. H. Lotze, P. Natorp, W. Windelband, *Sur la théorie platonicienne des Idées, op. cit.*, p. 171-172.

■ 59. *Ibid.*, p. 115-116. Notons que Natorp est revenu sur cette interprétation dans la deuxième édition de son ouvrage (1921) : voir l'« Appendice métacritique », p. 479-484, et la note de la p. 530.

s'arrête et se fixe sur une position déterminée[60]. Bien entendu, Natorp est loin d'ignorer ce passage capital, qui selon lui explicite la conception *critique* de la *doxa* comme jugement[61] – ce qui n'est d'ailleurs pas sans faire difficulté pour son interprétation d'ensemble du dialogue, puisque ce texte intervient dans la partie où Socrate est censé faire mine d'oublier cette conception nouvelle –; mais il comprend que cet «arrêt» du dialogue est le résultat *positif* du processus, le *telos* qu'il vise et auquel il est en définitive subordonné. Certes, il ne faut pas caricaturer Natorp, dont la conception de la science est profondément dynamique et puise précisément son inspiration dans l'identification platonicienne de la science suprême à la dialectique, c'est-à-dire à une *méthode*, qu'il est l'un des rares interprètes à prendre à la lettre[62]. Pour lui, tout arrêt est provisoire et doit ultérieurement être remis en mouvement par une recherche plus approfondie. Mais c'est bien dans le jugement qu'il voit l'accomplissement de la détermination, et donc de la science, de sorte que la *doxa* ainsi réinterprétée se voit finalement intégrée au processus scientifique lui-même[63]. Tel n'est pas le cas à mes yeux : pour Platon, la science reste exclusivement située au niveau de *l'activité* de la pensée elle-même dans son mouvement incessant, et jamais au niveau de la réponse, quelle qu'elle soit. Tout arrêt de ce mouvement est sortie de la science et retombée dans la *doxa* qui, loin d'être le *telos* de ce mouvement, demeure son autre le plus radical.

C'est précisément cela que Théétète ne voit pas lorsqu'il identifie précipitamment le «raisonnement sur les impressions» dans lequel Socrate suggère de faire consister la science (186d) à la *doxa*, ouvrant ainsi la porte aux apories de la suite du dialogue, qui résultent non pas d'une conception erronée de la *doxa*, mais bien plutôt d'une conception erronée de la *science* qui l'identifie à l'opinion vraie. Mais si tel est le cas, pourquoi Socrate approuve-t-il cette identification? Sans doute parce qu'il n'en reste pas moins que cet examen des communs *peut* se fixer sur des déterminations, et donc sur des *doxai*, qui vont alors pouvoir déterminer le sensible. Ce processus s'éclaire si l'on rapproche tout ceci du *Sophiste*, qui définit l'apparence (φαντασία, φαίνεται, φαινόμενον) comme «un mélange de sensation et de *doxa*» (σύμμειξις αἰσθήσεως καὶ δόξης) (264b). Pour Natorp, on a ici une

---

60. Sur ce texte capital, voir M. Dixsaut, «Qu'appelle-t-on penser? Du dialogue intérieur de l'âme selon Platon» [1996], repris dans *Platon et la question de la pensée*, Paris, Vrin, 2000, p. 47-70.

61. Cf. P. Natorp, *Platos Ideenlehre, op. cit.*, p. 113.

62. Voir par exemple *Die logischen Grundlagen der exakten Wissenschaften*, Leipzig, Teubner, 1910, p. 14 : «De sorte qu'il ne peut plus être question d'un "fait" au sens d'un savoir achevé; bien plutôt, chaque connaissance, qui comble une lacune d'un savoir antérieur, amène de nouveaux et de plus grands problèmes [...] Dès lors, "comprendre" ne signifie pas : arriver au repos par la pensée, mais au contraire : remettre (*aufheben*) tout repos apparent à nouveau en mouvement. [...] Le processus (*Fortgang*), la *méthode* est tout; en latin : le *procès* (*Prozeß*). Dès lors, le *factum* de la science peut seulement être compris comme *fieri*. Il y va de ce qui se fait et non de ce qui est fait (*was getan wird, nicht was getan ist*). Seul le *fieri* est le fait : tout être que la science cherche à "établir" doit se résoudre à nouveau dans le flux du devenir» (nous traduisons). Dans la suite de ce § 4 (p. 14-16), Natorp met explicitement cette conception en rapport avec la dialectique platonicienne, elle-même interprétée comme un approfondissement de l'entretien socratique dont les questions ne s'achèvent pas dans des réponses définitives, mais reconduisent sans cesse à des questions plus radicales.

63. Voir par exemple P. Natorp, *Platos Ideenlehre, op. cit.*, p. 42, où Natorp caractérise la *doxa* du *Théétète* et du *Sophiste* comme «la conclusion du processus de pensée, la décision du jugement, en tant que résultat mûr du procédé dialectique lui-même».

définition du phénomène au sens kantien, et donc de l'objet de la science[64]. Au contraire, je pense que cette conception de l'apparence la situe au niveau infra-scientifique de l'opinion, qui reste distinguée de la science par le fait qu'elle est susceptible d'être vraie *ou* fausse. En d'autres termes, je ne nie pas l'analyse proposée par Natorp de la structure des apparences (ou des phénomènes) et du rôle respectif qu'y jouent la sensation et la *doxa* ; je nie simplement que pour Platon, *cela* constitue l'objet propre de la science, réduisant ainsi les Idées à des « lois pour l'interprétation des phénomènes ». Certes, les Idées sont *aussi* cela, en ce sens qu'elles peuvent servir à structurer et à organiser le sensible – aussi bien d'un point de vue cosmologique que d'un point de vue éthique et politique –, mais elles ne donnent alors jamais lieu qu'à des opinions vraies ; elles ne sont pleinement des objets de science qu'en tant qu'elles sont étudiées *pour et en elles-mêmes*, au cours de cet examen que Platon appelle la dialectique.

Sur ce point, je rejoins donc l'interprétation traditionnelle. Mais celle-ci ne revient-elle pas à faire de Platon un philosophe dogmatique au sens kantien ? Du point de vue de Kant, certainement. Mais il n'est pas sûr qu'une telle caractérisation ait beaucoup de sens du point de vue de Platon lui-même, tant celui-ci envisage les rapports entre la connaissance et la pensée d'une manière différente de Kant. Montrer cela de manière satisfaisante exigerait toutefois de longs développements, qu'il me faut réserver à une autre occasion[65].

Sylvain Delcomminette
Université libre de Bruxelles

■ 64. P. Natorp, *Platos Ideenlehre, op. cit.*, p. 311-312.

■ 65. Une première version de ce texte a été présentée à l'Université de Paris 1 dans le cadre du séminaire « Prolepsis » organisé par Stéphane Marchand. Je remercie ce dernier pour son invitation et ses remarques, ainsi que l'ensemble des participants, en particulier Elena Partene qui a joué le rôle de répondante à cette occasion et m'a incité à davantage de prudence sur certains points.

LES INTROUVABLES
DES CAHIERS

PEIRCE ET PHILODÈME SOUS LE VOCLAN
Introduction à l'article d'Allan Marquand sur la logique des Épicuriens

Le nom d'Allan Marquand (1853-1924) est surtout connu des historiens d'art. Il est l'auteur de plusieurs manuels de référence, parmi lesquels *The History of Sculpture* (1896) ou *Greek Architecture* (1909). On le commémore à Princeton comme fondateur et premier directeur du département d'art et d'archéologie, directeur du musée d'art et fondateur de la bibliothèque qui porte aujourd'hui son nom. C'est pourtant dans une autre direction que Marquand s'orienta lorsqu'il était étudiant. Ses intérêts le portaient vers la philosophie, et plus spécifiquement vers la logique. Après avoir étudié la philosophie à Princeton, ainsi qu'à Berlin[1], il fut l'élève de Peirce à l'université Johns Hopkins de Baltimore dans les classes de logique (cours général), logique médiévale et logique avancée[2], et l'un des piliers du groupe de recherche que Peirce y avait fondé. Le « Second Metaphysical Club »[3] tint ses réunions autour de Peirce entre le 28 octobre 1879 et le 3 mars 1885, dans la période où celui-ci enseigna la logique à Johns Hopkins tout en continuant à assurer en parallèle des fonctions à l'Institut géodésique. L'association s'était donné pour objet « la préparation et la discussion de papiers ayant trait à la logique, la psychologie, l'éthique et les premiers principes des choses »[4].

Ce n'est qu'au cours de la quatrième réunion du Metaphysical Club en janvier 1880 que Marquand présenta, au titre de la conférence principale, la « Traduction de Philodème sur les inférences inductives ». Un commentaire sur la séance nous apprend que « M. C. S. Peirce insista sur la valeur de ce

---

1. Il étudia à Princeton avec James McCosh (l'auteur de *An Examination of Mr J. S. Mill's Philosophy*), à Berlin avec Friedrich Harms, Friedrich Paulsen, Otto Pfleiderer et Eduard Zeller, et à Johns Hopkins avec George Sylvester Morris. Voir M. Fisch, « Peirce's Arisbe : The Greek Influence in His Later Philosophy », *Transactions of the Charles S. Peirce Society*, vol. 7, n° 4, 1971, p. 190-191.

2. Ses notes de cours sont précieuses pour reconstituer l'enseignement de Peirce. Voir « Logic Notes 1878-1879 », Marquand Papers, Princeton University Library.

3. Le « premier » Metaphysical Club désigne le cercle réuni autour de Peirce, William James et Oliver Wendell Holmes en 1872 à Cambridge (Massachusetts), qui avait posé les bases théoriques du pragmatisme.

4. Sauf mention contraire, toutes les citations et informations de cette partie proviennent dorénavant de A.-V. Pietarinen et J.-M. Chevalier, « The Johns Hopkins Metaphysical Club and Its Impact on the Development of the Philosophy and Methodology of Sciences in the Late 19th-Century United States », *Helsinki Peirce Research Centre*, University of Helsinki, Memorandum, 19 April 2014 – updated, with Appendices, April 2015.

traité pour l'histoire de la logique inductive et la philosophie épicurienne ». La pensée de Peirce fut en effet fortement influencée par la découverte de Philodème. C'est probablement lui, au moment où il dispensait son cours « destiné à montrer l'esprit et les doctrines principales de la logique du Moyen Âge », qui attira l'attention de son étudiant sur ce sujet – même si, dès son premier cycle universitaire à Princeton, Marquand avait manifesté son intérêt en rédigeant une étude sur l'éthique des épicuriens qui comportait une notice finale sur les prolepses dont les enjeux sont épistémologiques[5]. Sa traduction en langue anglaise du traité de Philodème lui servit, accompagnée d'un commentaire, de mémoire pour la thèse qu'il soutint en 1880 sous la direction de Peirce. Cette traduction n'a jamais été publiée ; un brouillon, conservé sous le titre « Philodemus on Inductive Signs and Inferences » se trouve aux archives de Princeton dans le fonds des Allan Marquand Papers, qui détient aussi son étude sur l'éthique des épicuriens. Le commentaire qui accompagne la traduction servit probablement de base – voire, s'identifie – au texte de la conférence principale présentée en mai, « La logique des épicuriens », publié en 1883 dans le volume des *Studies in Logic* édité par Peirce, qui rassemble principalement des essais de ses étudiants[6], et dont nous donnons ici la traduction.

L'article « The logic of the Epicureans » expose l'épistémologie et la logique épicuriennes principalement à partir des apports du traité traditionnellement désigné comme le *De Signis* de l'épicurien Philodème de Gadara, traité consigné sur un papyrus (le PHerc. 1065) découvert au XVIIIe siècle dans la villa des Papyrus à Herculanum et édité par Theodor Gomperz en 1865[7]. Cet article intègre les principaux acquis du traité de Philodème au sein de l'épistémologie épicurienne. La *Lettre à Hérodote* ainsi que Sextus Empiricus donnaient déjà de précieuses indications sur le raisonnement empirique, l'*epilogismos*, à la source de toute l'épistémologie épicurienne, et notamment sur les deux principales procédures permettant de fonder le raisonnement empirique portant sur les objets dont on ne peut avoir une expérience directe : la « confirmation » (*epimarturèsis*) et la « non-infirmation » (*ouk antimarturèsis*)[8]. L'élève de Peirce montre comment cette méthode minimale n'est pas un refus de la logique mais bien plutôt la compréhension de ce que doit être la logique. Si les épicuriens n'ont pas écrit de logique, c'est pour la raison que ce qu'ils appellent la « canonique » suffit pour garantir la validité de nos raisonnements[9]. Il n'y a de vérité – hormis pour les évidences

■ 5. A. Marquand, « A Sketch of the Ethics of the Epicureans », décembre 1875. Les notes sur les prolepses (« Epicurean view of the πρόληψις, in opposition to Dr McCosh ») occupent les p. 25-34. Nous remercions les archives de Princeton de nous avoir communiqué les photos de ce document.

■ 6. C. S. Peirce, *Studies in Logic. By Members of the Johns Hopkins University*, Boston, Little, Brown, and Company, 1883.

■ 7. Th. Gomperz, *Herkulanische Studien. 1, Philodem über Induktionsschlüsse : nach der oxforder und neapolitaner Abschrift*, Th. Gomperz (hrsg.), Leipzig, Teubner, 1865.

■ 8. *Lettre à Hérodote* 38, 50-51, *Maximes capitales* 24 ; Sextus Empiricus, *Contre les logiciens* (désormais *AM*) VII, 211-216.

■ 9. Rappelons qu'Épicure a écrit un *Canon* cité par Diogène Laërce en DL X 31-32. Le terme *kanôn* désigne la règle, l'instrument de mesure qui sert de critère pour juger de la droiture ou de la longueur d'une chose. Voir G. Striker, *Kritêrion tês alêtheias*, Göttingen, Vandenhoeck & Ruprecht, 1974.

directement issues de la sensation – que des inférences strictement réglées sur et par notre expérience.

Cette méthode est seulement évoquée dans les *Lettres*, parce qu'elles sont occupées à produire – en raccourci – le système de la nature et qu'il n'est nul besoin de démontrer la vérité d'outils qui proviennent de l'expérience ; il suffit de les évoquer comme Épicure le fait dans l'introduction de la *Lettre à Hérodote* (§ 36-37). Ce n'est que dans un contexte dialectique qu'il est nécessaire de prouver la vérité de ces outils contre l'ensemble des positions qui ont remis en cause la possibilité de la connaissance, ce que semble avoir fait Épicure dans des ouvrages plus techniques, le livre XXXV du *Peri Phuseôs* notamment et le *Canon* malheureusement perdu. Il y a une évidence de l'expérience, de même qu'il y a une évidence de la vérité de nos concepts fondamentaux (les prolepses ou prénotions) qui sont critères de vérité ; cette expérience rend inutile l'écriture d'une logique. Le *De Signis* témoigne d'une discussion de cette méthode empirique, de ses fondements et de ses éventuelles limites au sein de la communauté épicurienne, et plus largement des écoles hellénistiques de philosophie.

Le *De Signis*, ou selon son titre grec le plus probable *Sur les phénomènes et les inférences par signes* (*Peri phainomenôn kai sèmèiôseôn*)[10], est un traité de l'épicurien Philodème de Gadara (approximativement -110/-40 av. J.C.)[11]. D'origine syrienne, Philodème a d'abord été formé au Jardin à Athènes par Zénon de Sidon (app. -150/-75) qui dirigeait alors l'école épicurienne, puis est parti vivre à Rome et probablement aussi donc à Herculanum, en emportant avec lui un grand nombre des livres que l'on a retrouvés ensuite dans la villa des Papyrus[12]. De ce traité ne restent que les 38 colonnes de la fin de l'ouvrage[13]. De fait, ce n'est pas vraiment un traité de Philodème ; pour ce que nous en voyons, l'ouvrage est constitué d'objections stoïciennes contre l'inférence empirique épicurienne et surtout des réponses produites par trois épicuriens tardifs : Zénon de Sidon, Bromios et Démétrios Lacon.

---

10. Le titre qui apparaît dans la souscription est fortement endommagé et ne laisse clairement lisible que « De Philodème. Sur … les inférences par signes (*sèmeiôseôn*) ». La reconstitution du titre fait débat. Gomperz se fonde sur la correction du titre par Salvatore Cirillo dans le vol. VI des *Herculanensium Voluminum quae supersunt. Collectio altera*, (voir R. Wittwer, « Noch einmal zur subscriptio von Philodems sogenanntem *De signis* : P. Herc. 1065 », dans B. Palme, *Akten des 23. Internationalen Papyrologenkongresses*, Vienne, Verlag der Österreichischen Akademie der Wissenschaften, 2007, vol. 1, p. 744) pour éditer le titre *Peri sèmeiôn kai sèmeiôseôn* (*Des signes et des inférences par signes*) tout en précisant « mais je me réserve le droit d'approfondir la question, qui n'est d'ailleurs pas très importante ; le titre le plus approprié serait *peri tès kata to homoion metabaseôs*, sur l'analogie et l'induction » (Th. Gomperz, *Herkulanische Studien. 1, Philodem über Induktionsschlüsse, op. cit.*, p. XVIII). D. Delattre propose de revenir à la restitution du mot *phainomenôn*, ce qui donnerait *Sur les phénomènes et les inférences par signes* ; la lecture *phainomenôn* est en outre confirmée par la présence du terme dans des fragments d'un autre livre de cet ouvrage (M. Catapasso, « PHerc 671 : un altro libro de signis ? », *Cronache Ercolanesi* 10, 1980, p. 125-128).

11. L'édition la plus récente du texte grec a été faite par P. De Lacy et E. De Lacy, *Philodemus : on Methods of Inference*, Napoli, Bibliopolis, 1978 ; on trouve une traduction française du traité dans le volume de la Pléiade dirigé par D. Delattre et J. Pigeaud (éd.), *Les Épicuriens*, Paris, Gallimard, 2010, p. 535-562.

12. Sur les circonstances troubles du départ de Philodème pour Rome, voir T. Dorandi, « Lucrèce et les Épicuriens de Campanie », *in* K. Algra, *Lucretius and his intellectual background*, Amsterdam-Oxford, North Holland Publisher, 1997, p. 40-41.

13. Ce sont les colonnes finales du troisième et dernier livre de l'ouvrage (voir D. Delattre et J. Delattre, « Le recours aux *mirabilia* dans les polémiques logiques du Portique et du Jardin (Philodème, *De signis*, col. 1.-2) », dans O. Bianchi, O. Thévenaz et P. Mudry, *Mirabilia. Conceptions et représentations de l'extraordinaire dans le monde antique*, Bern-Berlin-Bruxelles, Peter Lang, 2004, p. 222).

Philodème semble ici avoir rédigé un document de travail pour garder mémoire d'arguments épicuriens [14].

Allan Marquand extrait de ce texte une véritable théorie de l'induction qu'il rapproche de celle de John Stuart Mill. Cette discussion prend place autour de la notion cardinale de signe (*sèmeion*) qui constitue le socle de l'épistémologie tant de la philosophie épicurienne que de la philosophie stoïcienne pour laquelle connaître, c'est connaître par signe [15]. Or les stoïciens considéraient que l'induction ne permet en aucun cas de fonder la relation de signification entre un signe et l'objet qu'il signifie. En effet, pour les stoïciens, le signe est « une proposition antécédente qui décèle le conséquent dans un énoncé connectif valide », ce qu'ils formulent à partir d'une proposition de type hypothétique « si p, alors q » [16]. Cette définition est liée au fait que, pour les stoïciens, la connexion nécessaire entre les énoncés correspond à la liaison métaphysique qu'ils postulent entre les choses et que toute connaissance cherche à saisir [17]. Il faut donc que la relation de signification exprime une relation de nécessité : le signe (la proposition antécédente) doit contenir logiquement et analytiquement ce qu'il exprime (la proposition conséquente) comme le veut l'exemple consacré : « si c'est le jour, il y a de la lumière ; or c'est le jour ; donc il y a de la lumière » [18]. Cette relation fonde « la méthode d'inférence par élimination » (*ho kat' anaskeuèn tropos tès sèmeiôseôs*) qui consiste à utiliser la contraposition. Pour attester d'une relation de signification fondée, il faut que la négation de la proposition conséquente implique nécessairement la négation de la proposition antécédente : seule la validité de la proposition contraposée « s'il n'y a pas de lumière, alors il ne fait pas jour » permet de s'assurer de la validité de l'inférence « si c'est le jour, il y a de la lumière » [19]. Toute relation de signification qui ne réussit pas ce test de la contraposition se trouve invalidée [20].

La méthode par élimination invalide la totalité de la logique épicurienne qui repose sur l'induction. Aucun cas particulier ni aucune généralisation à partir de l'expérience ne saurait parvenir à la nécessité visée par la méthode d'élimination. Les arguments des épicuriens consignés dans le *De signis* constituent un ensemble de réponses à cette position critique qui ouvre

---

14. Voir D. Delattre et J. Delattre, « Le recours aux *mirabilia*... », art. cit., p. 223. Dans leur édition du traité les époux de Lacy parlent d'un « source book » (*Philodemus, op. cit.*, p. 156). J. Barnes a montré que le traité consigne probablement plusieurs positions épicuriennes qui diffèrent notamment sur la question de savoir combien le mode par élimination peut être accepté et dépend du mode de la similarité, J. Barnes, « Epicurean signs », *Oxford Studies in Ancient Philosophy*, volume supplémentaire, 1988, p. 102 sq.

15. Voir J. V. Allen, *Inference from Signs : Ancient Debates About the Nature of Evidence*, New York-Oxford, Clarendon Press-Oxford University Press, 2001.

16. Sextus Empiricus, *Esquisses pyrrhoniennes* (désormais *PH*) II, 104.

17. Voir P. De Lacy et E. De Lacy, *Philodemus, op. cit.*, p. 108. La relation d'implication stoïcienne (*sunartèsis*) a donné lieu à un débat important au tournant des XIXᵉ et XXᵉ siècles entre V. Brochard et O. Hamelin, réédité par les *Cahiers philosophiques* en 2017, voir l'introduction à ce débat par T. Bénatouïl, « Faits ou essences ? Un débat sur la proposition conditionnelle stoïcienne, entre logique et physique », *Cahiers philosophiques* 151, 2017/4, p. 105-109.

18. *PH* II, 109.

19. Il y a des exemples plus clairs d'inférence vers l'invisible : l'inférence qui permet d'aller de la transpiration à l'existence de pores invisibles sur la peau ou des mouvements du corps à l'existence de l'âme. Voir P. De Lacy et E. De Lacy, *Philodemus, op. cit.*, p. 211-213 qui citent Sextus, *PH*, II, 140 et 101.

20. Voir *Les Phénomènes et les inférences* 17 (col. XI-XII ; D. Delattre et J. Pigeaud (dir.), *Les Épicuriens, op. cit.*, p. 543).

la voie à la logique inductive. Ce sont ces réponses qu'Allan Marquand se propose d'organiser de manière plus systématique qu'elles n'apparaissent dans le traité lui-même. Son analyse – suivant en cela Philodème – se concentre sur le point crucial de l'épistémologie épicurienne : l'analogie à l'œuvre dans les inférences qui permettent d'aller du visible à l'invisible, de la sensation à ce qui est établi par le raisonnement empirique, ce que Philodème appelle « l'inférence selon la similitude » (*hè kath' homoiothèta sèmeiôsis*)[21]. Marquand insiste particulièrement sur les règles de cette inférence parce qu'en elle réside le nœud d'un empirisme qui ne renonce pas à constituer une théorie de la science, et plus précisément une théorie atomistique de la science. Marquand synthétise avec élégance cette logique inductive en formulant ce qu'il appelle le « canon de Zénon » résumé en deux règles : une règle de communauté qui fait que l'on peut inférer, du constat de caractères communs au sein d'une même classe de phénomènes visibles, l'existence de ces mêmes caractères au niveau des instances des mêmes phénomènes que l'on n'a pas eu l'occasion d'observer ; une règle de variation qui permet d'inférer, de la présence de variation de caractères au niveau du visible, la même variation à un niveau invisible. Comme le montre Marquand, ces deux règles résistent aux objections produites à partir de l'existence de phénomènes uniques, ou d'irrégularités de la nature produites à partir de phénomènes monstrueux ou exceptionnels (les *mirabilia*) que les stoïciens devaient utiliser comme autant de falsificateurs, de « *falsemakers* » : le fameux « nain d'Alexandrie à tête d'enclume », l'hermaphrodite d'Épidaure, le géant de Crète, les pygmées d'Achoris, la pierre de Magnésie[22]... Chacun de ces exemples constitue en réalité de nouvelles classes de phénomènes et non pas une exception au sein d'une même classe.

En introduisant à cette logique inductive des épicuriens, l'élève de Peirce met le doigt sur deux questions toujours discutées. Dans quelle mesure la logique décrite par Philodème est-elle réellement inductive ? Et cette logique doit-elle être attribuée à des épicuriens tardifs ou peut-elle remonter à Épicure lui-même ?

La première question a été posée par Jonathan Barnes qui, dans un article provocateur, remet en cause le consensus établi depuis Gomperz sur la nature inductive de la logique décrite dans le traité et qui constitue le

---

21. Voir *Les Phénomènes et les inférences* fr. 2 (*ibid.*, p. 535) : « [Nous, les épicuriens, affirmons que] ce n'est pas à partir d'[autres] indices, mais de ceux-là (*sc.* des signes) qu'on induit au sujet du non-manifeste, et qu'on ne se défie pas de tout ce que ces indices, conformément à la similitude, font voir en parallèle mais qu'on y accorde la même confiance qu'aux [réalités] justement d'où, [pour notre part], nous partons. ».

22. Ces exemples sont mentionnés par Philodème au § 4 (col. II ; Pléiade p. 537) qui parle d'un « homme d'une demi-coudée natif d'Alexandrie et pourvu d'une tête de colosse que les embaumeurs heurtaient avec un marteau », lequel désigne probablement le corps momifié d'un nain (enfant ou fœtus) dont la tête devait être disproportionnée et sur laquelle on tapait avec un marteau, dans un geste probablement rituel (J. Carruesco, « Le nain d'Alexandrie (Philodème, *De signis*, col. II, 4ss.) », *in* D. Delattre, *Miscellanea Papyrologica Herculanensia*, Pisa-Roma, Editorial Fabrizio Serra, 2010, p. 133-136) ; de « l'homme d'Épidaure, qui s'était marié sous les traits d'une vierge et devint un homme par la suite » qui désigne un cas – par ailleurs plusieurs fois répertorié – de jeune mariée dont les caractéristiques sexuelles apparaissent après le mariage ; de « l'homme de Crète qui mesurait quarante-huit coudées, de l'avis de ceux qui infèrent [cette taille] à partir des os qu'on en a retrouvés » qui est un cas lui aussi répertorié ; enfin des « pygmées qu'on montre à Acôris, et qui sont sans aucun doute comparables aux [nains] qu'Antoine [en vérité] a récemment ramenés d'Hyria ». Voir D. Delattre et J. Delattre, « Le recours aux *mirabilia* ... », art. cit.

cœur de l'article d'Allan Marquand[23]. En effet, selon J. Barnes les inférences par similitude décrites par Philodème ne sont jamais particulières mais de forme universelle (dans des raisonnements de type « tous les hommes que j'ai observés sont mortels, donc les hommes que je n'ai pas observés sont mortels »), et le lien logique décrit dans ces inférences n'est pas contingent mais nécessaire. Il s'agirait donc d'un traité de logique déductive[24] ! Anthony Long a cependant relevé l'ambiguïté du terme « nécessaire » utilisé par Philodème. Il est probable que les épicuriens dont parle Philodème aient conçu la nécessité de l'inférence par signe non pas comme l'entendaient les stoïciens, c'est-à-dire comme une implication logique, mais plutôt comme une inférence convaincante, voire contraignante, c'est-à-dire une inférence que nous sommes contraints d'accepter et dont nous trouvons la négation inconcevable, mais pas une inférence à proprement parler nécessaire. Pour cette raison Philodème parle d'inférence « plus ou moins nécessaire »[25]. En outre, en ce qui concerne l'usage épicurien de propositions universelles pour désigner un ensemble de cas particuliers (de type « tous les hommes que j'ai pu rencontrer »), on peut se demander dans quelle mesure cette formule ne rentre pas dans le cadre d'une logique inductive, puisque la précision « que j'ai pu rencontrer » introduit précisément une limite empirique à la forme universelle utilisée, limite empirique qui exprime le caractère particulier – pour ainsi dire – de cet universel. Il s'agit bien de présenter l'inférence par signe comme une inférence construite sur un signe particulier, issue d'une expérience particulière dont les épicuriens peuvent rendre compte comme telle (fondée sur une expérience personnelle, ou sur un ensemble d'informations empiriquement recueillies).

Venons-en à la seconde question, celle de l'existence et de l'indépendance d'un groupe de logiciens épicuriens produisant une logique non prévue par Épicure. Marquand attribue à Zénon de Sidon et ceux qu'on appelle maintenant les « médio-épicuriens » la paternité de cette logique inductive, en séparant la démarche d'Épicure qui s'attacherait seulement à la connaissance du particulier, et les innovations de Zénon qui réfléchirait sur la possibilité de produire des énoncés généraux sur un sol empirique. Une telle distinction doit être précisée. Certes, le but d'Épicure est bien de produire les connaissances nécessaires à la suppression de nos peurs et uniquement celle-là, comme le rappelle la *Maxime capitale* XI, et dans cette mesure la connaissance est toujours entée sur des fins éthiques particulières. C'est probablement pour cette raison qu'Allan Marquand considère qu'il y a un apport nouveau de Zénon de Sidon qui développe une logique, c'est-à-dire une théorie du raisonnement valide, comme un objet de connaissance digne d'intérêt pour un épicurien. À

23. Voir le titre donné par Th. Gomperz *Über der Induktionsschlüsse* qui parle de « la première esquisse d'une logique inductive élaborée à partir d'une vision du monde strictement et exclusivement empirique qui porte la marque de l'esprit le plus authentiquement baconien ». Th. Gomperz, *Herkulanische Studien, 1. Philodem über Induktionsschlüsse, op. cit.*, p. XI. Voir l'analyse de D. Sedley, « On Signs », *in* J. Barnes (éd.), *Science and Speculation : Studies in Hellenistic Theory and Practice*, Paris, Éditions de la Maison des Sciences de l'homme, 1982, p. 239-272.

24. J. Barnes, « Epicurean Signs », art. cit., p. 111.

25. Voir A. A. Long, « Reply to Jonathan Barnes, "Epicurean Signs" », *Oxford Studies in Ancient Philosophy*, 1988, p. 139 ; la note 5 mentionne la reconstitution d'un possible usage comparatif du terme « nécessaire ».

ce titre, gageons que si Marquand avait eu accès ou étudié les fragments du *Peri Phuseôs* d'Épicure dont on a maintenant une bien meilleure connaissance – fragments qui témoignent de discussions et de réponses à des objections beaucoup plus théoriques que les lettres – il aurait peut-être minimisé cet apport du médio-épicurisme. Mais la nouveauté – s'il y en a une – ne peut pas résider dans l'invention d'une logique *inductive*, puisqu'Épicure produit dans les *Lettres* une véritable philosophie de la connaissance qui fonde sa *phusiologia*. Elle est dotée d'une théorie du concept, à travers notamment la théorie de la *prolèpsis*, comme en témoigne le résumé de Diogène Laërce qui affirme que « la prolepse est une notion ou une pensée générale gardée en réserve »[26]. Or cette théorie implique la possibilité d'une généralisation mentale d'expériences particulières, généralisation qui est à l'œuvre pour les prolepses, c'est-à-dire les prénotions ou les préconceptions nécessaires à la constitution de la connaissance. La différence avec l'inférence par signes décrite par Philodème réside dans le fait que la prolepse ne provient pas d'un raisonnement empirique mais est naturellement constituée en nous par l'expérience. Elle témoigne bien cependant de la validité du processus inductif, ou tout du moins de la validité d'un processus de généralisation empirique produit par la mémoire susceptible de produire en nous des prénotions qui sont des schèmes toujours vrais parce que produits dans et par l'expérience.

La présence dans l'esprit de telles prénotions explique – bien mieux qu'une théorie de la définition – que nous puissions reconnaître dans l'expérience des instances de ces prénotions, et surtout que nous ayons quelques idées générales provenant d'une sédimentation de notre expérience commune. La prolepse est donc une notion qui n'est pas innée – une thèse qui est d'ailleurs au centre de la notice de Marquand sur l'éthique épicurienne de 1875 contre l'interprétation de McCosh[27] – mais qui n'en est pas moins générale et commune. Générale, parce qu'elle est un schème issu d'un ensemble d'expériences dont elle garde les traits communs et distinctifs malgré les variations particulières ; commune, parce qu'elle est partagée par tous les êtres dans des conditions d'expérience équivalente. Pour cette raison, selon Épicure, nous avons des prolepses de la justice, de l'homme, mais aussi des dieux[28]. Il est probable que la prolepse ait joué chez Épicure un rôle fondamental dans la théorie du raisonnement empirique, comme les quelques fragments du livre XXVIII du *Peri Phuseôs* le laissent penser, et ainsi que le passage de la *Lettre à Hérodote* 37-38 le confirme. Les prolepses sont critères de vérité, elles permettent de couper court aux discussions sur le sens des mots et les définitions, en garantissant la présence en nous de concepts qui sont directement et indubitablement garantis par l'expérience des objets extérieurs qui les produisent. Il y a donc

26. DL X, 33, trad. fr. P.-M. Morel, Paris, GF-Flammarion, 2011, p. 57 ; sur la prolepse, voir notamment V. Tsouna, « Epicurean Preconceptions », *Phronesis*, vol. 61, n°2, 2016, p. 160-221.

27. James McCosh (1811-1894) était non seulement l'un des professeurs mais le président de Princeton. C'est pour proposer une interprétation rivale de la sienne que Marquand écrivit son essai sur la prolepse épicurienne. Héritier de l'école du sens commun écossais, McCosh tenta une réconciliation de Reid et de Kant qui n'est pas sans rappeler le Sens Commun Critique de Peirce.

28. Ce que souligne du reste la conclusion de l'article de Marquand sur l'éthique épicurienne : « ils (sc. les épicuriens) entendaient par *prolèpsis* une notion générale ou typique, d'origine empirique, utilisée en pratique dans des enquêtes particulières ».

pour Épicure des concepts empiriques nécessairement vrais qui reposent sur une opération de schématisation empirique qui est de nature inductive ; la différence réside cependant dans le fait que cette opération de schématisation est inconsciente, elle est l'œuvre de notre esprit et de la mémoire, à la différence de l'inférence par signes qui relève d'un raisonnement empirique pour ainsi dire explicite. S'il y a une différence entre la position d'Épicure – telle que nous pouvons actuellement la reconstituer – et la logique inductive telle qu'elle est décrite par Philodème et Marquand, cette différence ne réside précisément pas dans la reconnaissance de la possibilité logique de l'induction, donc dans la possibilité de manipuler des catégories générales produites à partir de l'expérience particulière mais bien plutôt dans la formalisation de ce type de raisonnement – comme le mentionne Marquand avec ce qu'il appelle le « canon de Zénon » – laquelle apparaît vraisemblablement au contact des objections stoïciennes sur la valeur de l'induction. Enfin, et plus généralement, on voit mal comment Épicure aurait pu produire une théorie du raisonnement empirique sans considérer que des énoncés généraux pouvaient être inférés de l'expérience sensible. Si Épicure ne développe pas une telle théorie, s'il ne répond pas avec la même subtilité et application aux objections, il est possible de considérer cependant qu'une telle logique inductive est impliquée par sa propre gnoséologie. L'étude systématique des écrits d'Épicure qui s'est considérablement développée depuis le début du XXᵉ siècle avec les progrès de la science papyrologique laisse penser que la logique des épicuriens pouvait tout aussi bien être la logique d'Épicure, ce qui n'enlève rien à l'intérêt du traité de Philodème, bien au contraire.

Si les notes de Marquand attestent que la traduction et le commentaire de Philodème sont incontestablement son œuvre, Peirce n'était pas de ces directeurs de thèse qui se désintéressent du travail de leurs étudiants. Il s'est personnellement plongé dans l'édition des papyrus par Gomperz, et a absorbé toute une littérature grecque qu'il ne connaissait alors que superficiellement[29] :

> J'ai consacré des mois à l'étude du petit traité de Philodème περὶ σημείων καὶ σημειώσεων. J'ai probablement passé près d'un an à lire Sextus *ad. Math*, qui contient beaucoup d'informations sur les épicuriens. [...] J'ai consacré beaucoup de temps à d'autres papyrus d'Herculanum au contenu épicurien (en plus du σημεία καὶ σημειώσεια [*sic*])[30].

De manière générale, le médiéviste érudit que fut Peirce dès sa jeunesse a connu une « évolution naturelle vers les Grecs », selon l'expression de C. Tiercelin[31]. Cette remontée aux origines a eu pour effet de révéler des précurseurs toujours plus anciens du pragmatisme, non plus seulement chez Reid ou Kant, puis Ockham et Duns Scot, mais déjà chez Platon, Aristote, et donc, l'épicurisme, dont Peirce déclara : « Cette philosophie est mon chouchou

---

29. À cette époque Peirce relit en particulier Platon et Aristote, confessant qu'il n'appréciait alors guère le premier et n'avait lu du second que les écrits sur la logique et la métaphysique.
30. MS 1604 p. 7, 1894. « MS » renvoie aux manuscrits de Peirce microfilmés, archivés à la Houghton Library de Harvard University. Leur numérotation correspond au catalogue établi par R. S. Robin, *Annotated Catalogue of the Papers of Charles S. Peirce*, Amherst (Mass.), University of Massachusetts Press, 1967.
31. C. Tiercelin, « Peirce lecteur d'Aristote », dans D. Thouard, *Aristote au XIXᵉ siècle*, Lille, Presses universitaires du Septentrion, 2005, p. 357.

(*my particular pet*) ou l'un de mes chouchous »[32]. Fuyant une originalité toujours suspecte, Peirce cherche au contraire à se trouver des prédécesseurs, qu'il découvre à cette époque dans la philosophie ancienne : « Je dis que tout concept est un signe mental. Il n'y a là aucune nouveauté. Les Grecs semblent avoir été incapables de penser à un concept autrement »[33]. La fréquentation des philosophies de l'Antiquité et l'étude de Philodème furent pour lui une révélation, comme l'ont souligné M. Fisch et C. Tiercelin à sa suite :

> Tout ceci conduit Peirce à avoir un regard neuf sur le traitement par les Anciens, de l'inférence, des signes, de l'induction et de la probabilité. Jusque-là, il avait plutôt considéré que les Grecs n'en avaient aucune théorie et qu'il s'agissait là d'inventions modernes. Mais puisque Prantl et d'autres historiens de la logique et de la philosophie avaient pu se tromper à ce point (comme Peirce en avait déjà fait l'expérience en se penchant sur la logique médiévale), sans doute valait-il mieux être son propre philologue et historien de la philosophie grecque. C'est à cette nouvelle tâche qu'il va se consacrer (lui qui avait eu d'excellents professeurs de grec et de latin : Evangelinos Apostolides Sophocles, Felton, Goodwin, Chase ou Lane)[34].

Le développement de la théorie peircienne de l'induction et corrélativement des signes a été profondément infléchi par l'étude du traité de Philodème. Peirce leur adjoint souvent une conception du hasard fortement influencée par le *clinamen*, qu'il goûtait beaucoup, expliquant par exemple : « Si je fais dévier les atomes – et je le fais –, je ne leur impose qu'une toute petite déviation, parce que je les conçois comme n'étant pas absolument morts »[35]. Logique inductive, sémiotique et cosmologie tychiste : trois piliers de la pensée de Peirce, durablement influencés par l'épicurisme.

On a vu comment J. Barnes a soutenu la thèse polémique selon laquelle « l'ouvrage de Philodème n'est pas un essai de logique inductive »[36]. Pour Peirce comme pour Marquand en revanche, il ne fait aucun doute que le *De Signis* renferme une théorie de l'induction en bonne et due forme. Trois décennies après le travail de Marquand, Peirce ne manquera pas de rendre hommage à Philodème et au travail de son ancien étudiant, lequel a montré dans son résumé que « si la logique est la théorie de l'accès à la vérité, le mouvement de pensée auquel elle [la logique des épicuriens] se rapporte était plus prometteur que tout l'Organon d'Aristote »[37]. Quand on sait que Peirce jugeait par ailleurs le Stagirite comme « de loin le plus grand intellect que l'histoire humaine puisse présenter »[38], le compliment n'est pas mince.

---

32. MS 1604.
33. MS 321, p. 14, 1907.
34. M. Fisch, « Peirce's Arisbe », art. cit., p. 191 ; C. Tiercelin, « Peirce lecteur d'Aristote », art. cit., p. 357 pour la version française.
35. *The Collected Papers of Charles S. Peirce*, ed. C. Hartshorne et P. Weiss, Cambridge (Mass.), Harvard University Press, 1935, vol. 6, § 201. Voir notamment P. T. Turley, « Peirce on Chance », *Transactions of the Charles S. Peirce Society*, vol. 5, n°4, 1969, p. 243-254.
36. J. Barnes, « Epicurean Signs », art. cit., p. 111.
37. « Definition », MS 648, p. 49-50, 1910.
38. *The Collected Papers of Charles S. Peirce*, vol. 6, *op. cit.*, § 96.

PEIRCE ET PHILODÈME SOUS LE VOCLAN

■

127

« Philodème, le Mill de son époque » [39], aurait jeté les bases d'un inductivisme tout à fait comparable à celui du *System of logic*, inductivisme que les scientifiques mirent deux millénaires à redécouvrir. Le rapprochement de l'épicurisme et de l'utilitarisme, ces deux hédonismes individualistes, n'est certes pas pour surprendre [40]. On peut toutefois soupçonner cette lecture d'être assujettie à l'édition du texte par Gomperz, lequel s'avérait par ailleurs être le traducteur allemand du *Système de logique* de Mill et directeur de la traduction de ses œuvres complètes en douze volumes. Grand ami d'un Mill qu'il vénérait [41], Gomperz a injecté beaucoup des théories de son mentor dans la présentation du texte de Philodème, et il est plus que probable que la lecture de celui-ci par Marquand et Peirce soit très redevable de ce biais millien. En outre, Gomperz ne manqua pas de communiquer à Mill toutes ses découvertes sur Philodème [42], de sorte qu'on peut même imaginer une influence réciproque entre l'induction épicurienne et la logique inductive de Mill au fil des rééditions du *Système de logique* après 1865.

Les écrits de Mill furent toutefois étudiés de première main par Peirce comme par Marquand, qui enseignait au printemps 1880 un cours avancé sur son *Système de logique*, ce qui lui offrit l'occasion de comparer lui-même Mill et Philodème. Mais quand bien même ce dernier aurait anticipé la logique du XIXᵉ siècle, il n'aurait jamais été *que* le Mill de son temps. Or la théorie de l'induction proposée par John Stuart Mill, si elle constitue une avancée majeure par rapport à l'approche étroitement déductive de la logique, laisse à désirer sur bien des aspects, selon un Peirce qui n'a cessé de batailler contre ses erreurs et approximations [43]. Le problème de la justification de l'induction impose en premier lieu d'identifier clairement de quel type de raisonnement il s'agit. En première approche, l'induction est « une inférence depuis la possession d'un caractère par chaque individu ou par certains des individus d'une classe vers sa possession par tous les individus de cette classe » [44]. Ayant observé que les individus connus d'une espèce partagent une propriété, on l'attribue à la classe entière. Plus exactement, il s'agit d'évaluer d'une part l'extension de la propriété dans la classe, d'autre part la probabilité qu'une telle extension soit correcte. Autrement dit, la tâche revient à « juger de la fréquence relative d'un caractère parmi tous les individus d'une classe d'après

39. MS 905, c. 1907.

40. Un lieu classique de ce rapprochement est l'ouvrage de Jean-Marie Guyau, *La Morale d'Épicure et ses rapports avec les doctrines contemporaines* (Paris, Baillière, 1878), qui entend montrer dans la morale épicurienne « un rigoureux enchaînement d'idées et un véritable système scientifique, offrant déjà les caractères de l'utilitarisme moderne. » Victor Brochard fait partie de ceux qui ont nuancé cette comparaison : « On a commis une grave erreur lorsqu'on a rapproché la doctrine d'Épicure de l'utilitarisme anglais qui assigne pour but suprême à l'activité humaine la plus grande somme de plaisirs. Sur quelques points de détail, il peut y avoir des coïncidences entre l'Épicurisme et le Benthamisme ; sur la question essentielle, la définition du plaisir, il y a une opposition radicale » (V. Brochard, *Études de philosophie ancienne et de philosophie moderne*, Paris, F. Alcan, 1912, p. 273-274). Son argument est que la conception qualitative du plaisir par Épicure s'oppose de manière frontale à la quantification utilitariste.

41. Gomperz vécut dans une admiration passionnée pour Mill, dont il publia une biographie quinze ans après sa mort. Mill lui refusa cependant la main de sa belle-fille Helen Taylor. Voir A. Weinberg, « Theodor Gomperz and John Stuart Mill », *Cahiers Vilfredo Pareto*, t. 1, n° 2, 1963, p. 145-197.

42. M. Filipiuk, Introduction à *The Collected Works of John Stuart Mill, Volume XXXII – Additional Letters of John Stuart Mill*, éd. M. Filipiuk, M. Laine et J. M. Robson, Toronto-London, University of Toronto Press-Routledge and Kegan Paul, 1991.

43. Voir J.-M. Chevalier, « Induction et uniformité : la critique peircienne de Mill », *Cahiers philosophiques* 148, 2017, p. 70-89.

44. W. D. Whitney (éd.), *The Century Dictionary*, « Generalisations », New York, The Century Company, 1889.

la fréquence relative de ce caractère parmi les individus d'un échantillon de cette classe pris au hasard »[45].

Par quoi une telle entreprise est-elle justifiée ? Mill et Philodème se rejoignent d'une part en mettant l'uniformité au fondement de l'induction, d'autre part en définissant l'uniformité à partir de la ressemblance[46]. Pour Philodème, si les individus d'une classe présentent une ressemblance particulière eu égard à un certain caractère, on peut conclure d'un individu à l'ensemble des autres à partir de peu d'instances. Ainsi,

> nous savons en général que différents échantillons de la même constitution chimique ont des propriétés presque identiques sauf dans les plus rares des cas, tandis qu'on sait que des espèces différentes de la même famille d'oiseaux exhibent une variété infinie. Et c'est, de fait, le type d'uniformité sur laquelle Philodème insiste[47].

Philodème a spécifiquement « mis l'accent sur la forte ressemblance en ce qui concerne certains ordres de caractères dans certaines classes »[48]. Par exemple, dans la classe des oiseaux, la couleur est sujette à grande variété, mais pas le nombre d'ailes. Pour Mill, l'un des problèmes fondamentaux consiste justement à expliquer cette différence entre l'inférence que tous les corbeaux sont noirs et l'inférence que tous les échantillons d'une substance possèdent une même propriété : la première conclusion peut être défaite par un seul contre-exemple ; la seconde est « une proposition universelle tirée d'une proposition singulière », puisqu'une seule expérience chimique sur un seul échantillon de matière suffit à généraliser à tous les autres échantillons composés de la même matière. Mill définit ainsi plutôt l'uniformité comme « la tendance de certains caractères à s'étendre à l'ensemble de n'importe quelle grande classe dans laquelle ils apparaissent »[49], de sorte qu'un caractère générique affecte toutes les espèces quand il affecte certaines d'entre elles. De la sorte, tandis que l'induction de Philodème s'attache davantage à la ressemblance des objets en fonction de certains traits, celle de Mill insiste sur l'amplitude variable de certains traits en fonction de classes.

Dans l'analyse de Peirce, Mill et Philodème considèrent tous deux, malgré les nuances qui distinguent leurs approches, que le principe directeur garantissant la validité de l'induction est la ressemblance. Or c'est une variante du recours au principe d'uniformité du cours de la nature, lequel résulte à son tour d'une induction, de sorte que tout l'argument reposerait sur un cercle vicieux[50]. Peirce propose donc une réélaboration de ce raisonnement sans recourir à l'uniformité, notamment au moyen de catégories sémiotiques : l'échantillon

---

■ 45. *The Collected Papers of Charles S. Peirce*, vol. 6, *op. cit.*, § 100 (1900).
■ 46. MS 842, p. 71-73, 1908. C'est ce que Manetti souligne en remarquant que le concept de similarité est double, puisqu'il désigne à la fois la ressemblance des objets observés entre eux, et la ressemblance entre objets observés et objets non observés. Philodème présuppose le premier sens afin de garantir que, par le deuxième, nous puissions attribuer à ce qui n'a pas été observé des caractères de ce qui a été observé. Voir G. Manetti, « Philodemus *De signis* : An important ancient semiotic debate », *Semiotica* 138, 2002, p. 279-297.
■ 47. C. Eisele (éd.), *The New Elements of Mathematics* (1909), Berlin-New York, De Gruyter, 1976, vol. 3, p. 234.
■ 48. « Grand Logic », MS 590-591, p. 10, 1892.
■ 49. C. Eisele (éd.), *The New Elements of Mathematics*, vol. 3, *op. cit.*, p. 234-5.
■ 50. On pourrait rétorquer que Philodème ne fait pas tant reposer l'induction sur un principe général d'uniformité que sur l'expérience et l'évidence de la sensation. Selon lui, ce sont en revanche les stoïciens qui seraient coupables de circularité, dans la mesure où leur argumentation contre la similitude présuppose elle-même la similitude.

est un *indice* de la classe complète. Il engage aussi à penser la réalité des propriétés : à s'en tenir à la ressemblance, on refuse délibérément de chercher la cause réelle de l'apparence similaire. C'est, en d'autres termes, s'en tenir à une approche trop particulariste qui revient à une forme de nominalisme, laquelle bloque la route à la compréhension du réel. Et si « Ne barrez pas le chemin de l'enquête »[51] est la maxime qui mérite d'être inscrite sur tous les murs de la cité de la philosophie, comme l'écrit Peirce en 1899, c'est à une métaphysique réaliste des propriétés qu'il faut laisser le soin de justifier l'induction. S'étant lui-même heurté au principe d'uniformité, Peirce oppose à la formulation nominaliste selon laquelle la nature est uniforme un « axiome fondamental de la logique » prenant au sérieux la métaphysique des espèces, qui s'énonce simplement comme le fait « que *les choses réelles existent* »[52]. L'assertion du principe d'uniformité suppose d'emblée un engagement en faveur du réalisme scolastique, en ce qu'il voit dans la réalité du général un « trait vital de l'univers »[53]. Malgré la critique peircienne, ce réalisme entre fortement en résonance avec l'épicurisme, pour lequel « il n'y a pas de différence entre dire de quelque chose que c'est "vrai" ou dire que c'est "réel" » selon un témoignage de Sextus Empiricus dont on sait que Peirce avant connaissance et qu'il ne pouvait pas ne pas avoir remarqué[54].

La réponse de Peirce sur le fondement de l'induction ne manque pas de subtilité, et a mûri avec sa réflexion[55]. Certaines de ses étapes sont présentes dans « A theory of probable inference », l'article publié dans le volume de 1883 aux côtés de ceux de ses élèves.

> Dans le premier, le Dr Marquand explique les conceptions profondément intéressantes des épicuriens, que nous connaissons principalement par l'ouvrage de Philodème, περὶ σημείων καὶ σημειώσεων, qui existe à l'état fragmentaire dans un papyrus d'Herculanum. L'autre est un article qu'à la demande de mes étudiants j'ai écrit pour le volume. Il contient l'énoncé de ce qui me paraît être la vraie théorie du processus inductif et les maximes correctes pour le mettre en œuvre[56].

Sans entrer dans le détail de la théorie peircienne de l'induction et de ses évolutions, remarquons qu'elle ne saurait s'exprimer, en particulier sous l'effet de la lecture des épicuriens, que sous forme sémiotique. Le signe a acquis un sens particulier avec les épicuriens :

> J'utilise le terme « signe » au sens le plus large de la définition. C'est un cas merveilleux d'utilisation presque populaire d'un mot très large dans le sens presque exact de la définition scientifique. Il était utilisé de la sorte même dans le latin classique, à la suite, il me semble, des recherches logiques des épicuriens[57].

■ 51. *Writings of Charles S. Peirce*, Bloomington-Indianapolis, Indiana University Press, 1984, vol. 2, p. 48.
■ 52. *Writings of Charles S. Peirce*, Bloomington-Indianapolis, Indiana University Press, 1989, vol. 4, p. 545-546.
■ 53. *The Collected Papers of Charles S. Peirce, op. cit.*, vol. 6, § 100. Voir J.-M. Chevalier, *L'Empreinte du monde*, Montreuil, Ithaque, 2013, p. 166.
■ 54. Sextus Empiricus, *AM* VIII, 8. Voir MS 1604 p. 7, 1894 cité *supra*, p. 127.
■ 55. Voir M. L. Bacha, « The evolution of Peirce's concept of induction », *The Commens Encyclopedia : The Digital Encyclopedia of Peirce Studies*, 2004.
■ 56. C. S. Peirce, Préface aux *Studies in Logic, op. cit.*, p. VI.
■ 57. *Semiotics and Significs*, p. 193, 1905, projet de lettre à Lady Welby.

Ce sens à la fois technique et courant est celui qui fait de la relation de signe une inférence. Marquand définit le *sèmeion* comme « signe prémisse vers une conclusion »[58], et choisit de traduire le mot *sèmeiôsis* par « *sign-inferences* ». Peirce approuve évidemment cette traduction, comme il le soulignera dix ans plus tard dans une recension de la *Geschichte der Philosophie* de Windelband, laquelle histoire mentionne en passant « *Philodemos über Zeichen und Bezeichnungen* ». Le lecteur

> ...découvre avec stupéfaction que le titre ne peut pas, conformément au contenu, être compris comme « Sur les signes (c'est-à-dire les mots et autres) et les désignations », mais doit au contraire être rendu par « Sur les signes (c'est-à-dire les faits symptomatiques d'autres faits) et leur signification (c'est-à-dire leur valeur inférentielle) » ; et en outre que la substance du traité n'a pas la moindre affinité avec la « supposition » des noms, mais consiste en une discussion sur la philosophie et la valeur du raisonnement inductif ! En bref, il découvre que le très érudit Windelband a certainement pu ne jamais ouvrir le volume dont il parle avec tant de désinvolture[59].

Contrairement à ce que semble croire Windelband, le traité ne porte en aucun cas sur les signes linguistiques, pas plus que sur le problème de leur « désignation » ou « *suppositio* », qui renvoie à la manière dont ils dénotent en contexte. Si le traité porte sur l'induction, c'est parce qu'il étudie les conditions de validité autorisant à passer d'un signe prémisse à la conclusion dont il est le signe, et qui en constitue lui aussi, selon Peirce, un nouveau signe. On a vu comment les épicuriens, contrairement à leurs opposants qui fondent l'inférence sur la méthode d'élimination, voient dans l'induction le prototype de l'inférence par signes, un processus fondé sur la méthode de similarité. Cette inférence, Peirce la nommera, dans un quasi-hapax calquant le grec, la sémiose[60]. La sémiotique est « la théorie de la nature essentielle et des variétés fondamentales de la sémiose »[61]. Quant à ce dernier terme, Peirce explique que « Σημείωσις dans le grec de l'époque romaine, dès l'époque de Cicéron, si je me souviens bien, signifiait l'action de presque n'importe quel type de signe »[62].

La sémiose devient dans la théorie de Peirce cette célèbre action supposant la coopération d'un signe, d'un objet et d'un interprétant. Peirce fait plus qu'emprunter le nom de ce processus à Philodème : comme y a insisté Gérard Deledalle, c'est toute la conception de la science des signes dont il lui est redevable :

> La théorie des signes est liée chez Peirce, dès ses premiers écrits, à la logique formelle et à la phénoménologie et en suivit le développement en 1867 et 1885,

58. Allan Marquand Papers, Box 2, f. 9, 64, cité par F. Bellucci, « Inferences from signs », art. cit., p. 263.

59. *Contributions to the Nation*, 2, Lubbock, Texas Tech Press, 1975, p. 74.

60. Alors que le terme est très en vogue chez les commentateurs, il n'a presque jamais été employé par Peirce. La seule autre occurrence, relevée par Francesco Bellucci, apparaît dans le contexte de la discussion de l'algèbre du signe de conséquence : « la signification d'un signe consiste dans l'autre signe mental que nous devons utiliser à sa place. Si je demande quelle est la signification de σημείωσις, on comprendra que je demande quel est son équivalent en anglais. » (MS 411, p. 188, 1894) Le manuscrit s'intitule « Chapter VIII. The Algebra of the Copula », et appartient probablement au deuxième livre de *How to Reason*.

61. *The Collected Papers of Charles S. Peirce*, op. cit., vol. 5, § 488.

62. MS 318, 1907.

mais jamais Peirce ne tenta de la constituer en science séparée avant sa rencontre avec Philodème. La sémiotique est le produit de la conjonction de la *sémiôsis* de Philodème et de la logique triadique des relations[63].

On ne saurait donc trop insister sur l'importance de l'étude des manuscrits d'Herculanum et plus généralement de la théorie épicurienne pour l'élaboration de l'ensemble de la philosophie peircienne. On se contentera ici de pointer un dernier rapprochement fondamental, qui concerne la théorie du hasard. Celle-ci constitue une part importante de la grande synthèse cosmologique que Peirce a opérée à partir du milieu des années 1880. Il y défend un déterminisme faible, une forme de nécessitarisme nomologique édulcoré par l'action d'une loi d'évolution des lois de la nature. Le seul moyen d'expliquer les lois de la nature et l'uniformité en général est « de supposer qu'elles résultent de l'évolution, partant, de supposer qu'elles ne sont pas absolues. Voilà qui constitue un élément d'indétermination, de spontanéité ou de hasard absolu dans la nature »[64]. En effet, pour expliquer les caractéristiques réelles des lois de la nature, Peirce propose l'hypothèse d'un échelonnement de lois de plus en plus déterminées : les lois actuelles sont le résultat d'un processus d'engendrement sur fond de lois plus souples, elles-mêmes issues de lois encore moins rigides, et ce jusqu'à une base ultimement aléatoire. Et ainsi, c'est par le hasard qu'advient la nécessité. Ce hasard – *tyché* en grec – qui donne son nom à la vision peircienne du tychisme, résultant d'une légère déviation dans la nécessité des lois de la nature, n'est-il pas l'analogue du *clinamen* épicurien dont fait mention Lucrèce ? C'est au moins probable, comme le soulignent les éditeurs des *Writings* :

> L'étude de l'épicurisme par Peirce lui-même, lorsqu'il dirigeait Marquand, peut avoir planté la graine qui, alimentée par le développement de son évolutionnisme, donna quelques années plus tard naissance à son article « Design and Chance », la graine étant constituée par la théorie épicurienne du hasard absolu, selon laquelle la déviation non causée des atomes ouvre une place pour la liberté[65].

De nombreuses déclarations vont dans ce sens, notamment dans le cadre de la thermodynamique de l'époque. « Les molécules sont tellement inconcevablement nombreuses, leurs chocs si inconcevablement fréquents, qu'avec elles le hasard est tout puissant »[66]. La référence à l'épicurisme a certes été variable, comme le résume l'article de M. Fisch traduit par C. Tiercelin :

> l'hypothèse de la déclinaison des atomes lui semble d'abord un bon moyen de battre en brèche le nécessitarisme, l'ennemi à abattre dès 1887 (*cf.* 6.35-65)

■ 63. G. Deledalle, *Charles S. Peirce, phénoménologue et sémioticien, op. cit.*, p. 72-73. Voir aussi p. 55 : « À Philodème, Peirce empruntera son idée d'une science des signes, la sémiotique et le nom de l'inference par signes : la sémiose (*semiosis*) ».

■ 64. *The Collected Papers of Charles S. Peirce, op. cit.*, vol. 6, § 13.

■ 65. *Writings of Charles S. Peirce*, vol. 4, *op. cit.*, p. XLVI. Une tentative plus précise pour déterminer l'influence de la philosophie épicurienne sur la cosmologie peircienne tychiste et synéchiste – mettant en œuvre une ontologie du continu – est faite par M. Fisch, « Peirce's Arisbe », art. cit., notamment p. 195-198. Max Fisch montre que Peirce assimilait volontiers Épicure et Aristote sur la question du hasard, et aussi qu'il lisait souvent Épicure à travers le prisme de Gassendi.

■ 66. *Writings of Charles S. Peirce, op. cit.*, vol. 4, p. 551.

et de faire dériver le cosmos du hasard. La déclinaison deviendra d'ailleurs l'un des paradigmes peirciens de la catégorie de Priméité (6.201 ; 6.33-36 ; 1.362). Pourtant ni Épicure ni les cosmologistes pré-socratiques ne seront finalement jugés aussi « évolutionnistes » qu'Aristote[67].

Du moins la raison pour laquelle l'uniformité du cours de la nature ne pouvait fournir de fondement à l'induction apparaît-elle plus clairement : c'est un principe abstrait, qui ne correspond pas à la façon réelle dont les lois se déploient dans la nature. De manière plus exhaustive, les vrais moteurs du réel sont « la diversité, l'uniformité, et le passage de la diversité à l'uniformité[68] », c'est-à-dire le fait que la variété des phénomènes a malgré tout une tendance à former des habitudes.

Jean-Marie Chevalier
Stéphane Marchand

---

67. C. Tiercelin, « Peirce lecteur d'Aristote », art. cit., p. 373.
68. *The Collected Papers of Charles S. Peirce, op. cit.*, vol. 6, § 97.

LA LOGIQUE DES ÉPICURIENS

Allan Marquand *

Lorsque nous pensons aux épicuriens, nous imaginons une communauté d'amis dans un jardin, qui apaisent leurs peurs respectives et cherchent à vivre sans trouble dans la paix et le bonheur. Il était facile, et pour leurs adversaires c'était même devenu naturel, de supposer que les épicuriens ne s'occupaient pas de logique. De fait, nous chercherions en vain dans leurs écrits une logique formelle richement développée comme celle des stoïciens. Pourtant, à l'examen des lettres d'Épicure, du poème de Lucrèce et du traité de Philodème [1], en vue de découvrir le mode de pensée des épicuriens, nous découvrons une logique qui surpasse en valeur celle de leurs rivaux stoïciens. Cette logique nous intéresse, non seulement parce qu'elle est la clé de cette école de philosophie grecque qui a survécu à toutes les autres, mais aussi parce qu'une logique similaire régit une puissante école de pensée anglaise.

La logique d'Épicure, comme celle de J. S. Mill, par opposition au conceptualisme, tente de faire reposer la philosophie sur une base empirique. Les mots, chez Épicure, sont les signes des choses, et non, comme chez les stoïciens, de nos idées des [2] choses [2]. Il y a donc deux méthodes d'enquête : l'une cherche le sens des mots ; l'autre, la connaissance des choses. La première est considérée comme un processus préliminaire ; la seconde, comme la seule manière véritable et nécessaire d'atteindre une philosophie de l'univers.

Toutes nos connaissances doivent être mises à l'épreuve de la sensation, de la pré-notion et de l'affection [3]. Celles-ci ne doivent pas être comprises comme les trois sources ultimes de la connaissance. Démocrite [4] ne tenait qu'à une seule source, l'affection ; et Épicure, qui a hérité de son système, fait implicitement la même chose. Mais chacun de ces modes d'affection a sa caractéristique distinctive, et peut être utilisé pour tester la validité de nos connaissances. La particularité de la sensation est de nous révéler le monde extérieur. La sensation [5] ne raisonne pas, elle ne se souvient pas, elle n'ajoute rien, elle ne soustrait rien. Elle rend compte de manière simple, évidente et vraie du monde extérieur. Son témoignage est au-delà de toute critique. L'erreur n'apparaît qu'après que les données de la sensation ont été liées aux opérations de l'intellect. Si nous devions rapprocher ce premier test de vérité des « impressions » de Hume, le second test, celui de la pré-notion,

■ * Traduction de l'article de d'A. Marquand, « The Logic of the Epicureans », dans C. S. Peirce, *Studies in Logic. By Members of the Johns Hopkins University*, Boston, Little, Brown, and Company, 1883, p. 1-11. Les chiffres entre crochets droits renvoient à la pagination de l'article original.

■ 1. Th. Gomperz, *Herkulanische Studien* I, Leipzig, Drug und Verlag von B. G. Teubner, 1865. F. Bahnsch, *Des Epicureers Philodemus* Περὶ σημείων καὶ σημειώσεων. *Eine Darlegung ihres Gedankengehalts*, Lyck, Verlag von E. Wiebe, 1879.

■ 2. L'hypothèse des *lekta*, ou des notions immatérielles, était une incohérence conceptualiste de la part des stoïciens. Les épicuriens et les empiristes les plus cohérents parmi les stoïciens les rejetaient. Sextus Empiricus, *Ad. Math.* VIII, 258.

■ 3. Diogène Laërce, *Vie et doctrine des philosophes illustres*, X, 31. [N.D.T. : « affection » traduit ici « feeling ». On référera désormais à l'ouvrage de Diogène Laërce sous la forme DL].

■ 4. Sextus Empiricus, *Ad. Math.* VII, 140.

■ 5. DL X, 31.

CAHIERS PHILOSOPHIQUES ▸ n° 173 / 2ᵉ trimestre 2023

■
134

correspondrait aux « idées » de Hume. Les pré-notions[6] sont des copies des sensations sous une forme généralisée ou typique, provenant d'une répétition de sensations similaires. Ainsi la croyance dans les dieux[7] était ramenée aux pré-notions claires de ces derniers. Une seule émanation d'être si subtils pourrait n'avoir aucun effet sur les sens, mais des émanations répétées provenant de divinités suffisamment semblables produisent dans notre esprit la notion générale d'un dieu[8]. De la même [3] manière, mais par l'intermédiaire des sens cette fois, l'observation continue de chevaux ou de bœufs produit en nous des notions générales, auxquelles nous pouvons nous référer en cas de doute sur la nature de l'animal qui se déplace devant nous.

Le troisième critère, l'affection (au sens restreint du terme), constituait le meilleur test pour les maximes éthiques. Les formes élémentaires en sont les affects de plaisir et de douleur. Un quatrième critère a été ajouté, les représentations imaginatives de l'intellect, mais son utilisation est loin d'être claire.

Tels sont les fondements de la structure de la logique épicurienne. Lorsque nous quittons l'évidence claire de la sensation, nous nous éloignons de la forteresse de la vérité pour passer dans la région de l'opinion où l'erreur tente en permanence de s'emparer de nos esprits. Une opinion vraie est caractérisée comme une opinion telle qu'il y a soit des preuves empiriques [*evidence*] en sa faveur, soit aucune preuve contre elle ; une opinion fausse étant caractérisée soit comme une opinion pour laquelle il n'y a aucune preuve en sa faveur soit des preuves contre elle[9]. Il y a quatre processus par lesquels nous passons aux formes plus générales et complexes de la connaissance : l'observation, l'analogie, la ressemblance, la synthèse[10]. Par l'observation, nous entrons en contact avec les données des sens ; par l'analogie, nous pouvons non seulement agrandir et diminuer nos perceptions, comme nous le faisons en concevant un cyclope ou un pygmée, mais aussi étendre les attributs de nos perceptions à ce qui demeure inaperçu, comme nous le faisons en attribuant des propriétés aux atomes, à l'âme et aux dieux ; par la ressemblance, nous connaissons l'apparence de Socrate pour avoir vu sa statue ; par la synthèse, nous combinons les sensations, comme lorsque nous concevons un centaure.

6. DL X, 33.

7. DL X, 123-124.

8. Cicéron, *De Nat. Deor.*, I, 49; *DL* X, 139. [N.D.T. : Tout ce passage sur la pré-notion et les dieux reprend les conclusions posées par Marquand à la fin de son article de 1875 sur l'éthique des épicuriens (sur ce premier travail de Marquand, voir notre introduction p. 120 et 125) : « leur théorie des simulacres [*eidola*] ainsi que leur insistance sur la véracité des sens les ont amenés à la connaissance des objets extérieurs. Même les dieux sont connus par ces émanations (Cic. *De Nat. Deor.* I, 48, 49; Lucrèce VI, 76). Si leur notion des dieux avait dépendu d'une prénotion innée, un épicurien aurait pu croire à l'existence d'un dieu unique. Mais selon leur doctrine des émanations, ils ne le pouvaient pas. Leurs dieux sont d'une essence si fine que l'émanation d'un seul dieu n'aurait pas même pu être un objet de perception (Cic. *De Nat. Deor.* I, 49). Par conséquent, ils ont été obligés de poser l'existence d'un nombre infini de dieux, dont certains sont si similaires que leurs émanations combinées suffisent pour produire un effet équivalent à celui produit par l'émanation d'un corps solide. Ainsi, c'est précisément le fait qu'ils ont cru dans un nombre infini de dieux qui tend à montrer qu'ils ont atteint une connaissance des dieux non grâce à une prénotion innée, mais par les sens ». A. Marquand, « A Sketch of the Ethics of the Epicureans », décembre 1875, boîte 3, dossier 5, feuillet 31].

9. DL X, 34, 51. Sextus Empiricus, *Ad. Math*, VII, 211.

10. DL X, 32. Les stoïciens défendaient une conception similaire, voir DL VII, 52.

En réalité, Épicure ne considère que deux processus : l'observation et l'analogie. Notre connaissance [4] se divise donc en deux parties[11] : (1) ce qui relève de l'observé, les phénomènes clairs et distincts pour la conscience ; et (2) ce qui relève de l'inobservé, constitué de phénomènes qui restent encore à observer, ou de causes cachées qui demeureront toujours au-delà de notre observation[12]. La fonction de la logique consiste à inférer ce qui n'est pas observé à partir de ce qui est observé[13], ce qu'on appelait une inférence par signe. Selon Épicure, il existe deux méthodes pour produire une telle inférence ; l'une aboutit à une seule explication, l'autre à de multiples explications[14]. La première peut être illustrée par l'argument « Le mouvement est le signe du vide ». Ici, le vide est considéré comme la seule explication que l'on puisse donner au mouvement. Dans d'autres cas, de nombreuses explications se trouvent être également cohérentes avec notre expérience. Tous les phénomènes célestes appartiennent à cette dernière classe. L'unique explication qui présenterait la véritable cause d'un tel phénomène étant inconnue, nous devons nous contenter d'admettre plusieurs explications comme également probables. Ainsi, on explique le tonnerre en supposant soit que les vents tourbillonnent dans les cavités des nuages, soit qu'un grand feu crépite en étant attisé par les vents, soit que les nuages se déchirent ou se frottent les uns contre les autres en se cristallisant[15]. En reliant ainsi les phénomènes célestes et terrestres, Épicure ne visait qu'à exclure les explications surnaturelles. Cela lui suffisait pour être satisfait.

C'est dans le Jardin, à Athènes, que cette logique a pris racine et s'est développée, et lorsque Cicéron a visité la Grèce et s'est assis aux pieds de Zénon[16], il a pu entendre ce grand représentant [5] de l'école épicurienne discuter de questions telles que[17] : comment pouvons-nous passer du connu à l'inconnu ? Doit-on examiner chaque cas avant de faire une induction ? Le phénomène pris comme signe doit-il être identique à la chose signifiée ? Ou, si l'on admet des différences entre eux, sur quelles bases peut-on faire une inférence inductive ? Et, ne risquons-nous pas toujours d'être contrariés par l'existence de cas exceptionnels ?

De telles questions, cependant, n'avaient aucun intérêt pour Cicéron. Il était trop orateur et rhétoricien pour reconnaître la force de l'opposition épicurienne à la dialectique. Pour lui, la logique épicurienne est stérile et vide[18]. Elle fait peu de cas de la définition ; elle ne dit rien de la division ; elle n'établit pas de forme syllogistique ; elle ne nous indique pas comment

---

▨ 11. Philodemus, *Rhet.*, lib. IV., i. col. XIX.

▨ 12. C'est-à-dire τὸ προσμένον καὶ τὸ ἄδηλον, DL X, 38.

▨ 13. DL X, 32 : ὅθεν καὶ περὶ τῶν ἀδήλων ἀπὸ τῶν φαινομένων χρὴ σημειοῦσθαι.

▨ 14. DL X, 86, 87.

▨ 15. DL X, 100. *Cf.* Lucrèce, *De natura rerum*, VI, 95-158.

▨ 16. *Cf.* E. Zeller, *Stoics, Epicureans, and Sceptics*, London, Longmans, Green, and Company, 1880, p. 412, n. 3. [N.D.T. : Il s'agit de Zénon de Sidon, scholarque du Jardin approximativement de -110 à -75, dont Philodème et Cicéron ont suivi l'enseignement à Athènes].

▨ 17. Philodème, περὶ σημειῶν, col. XIX-XX. [N.D.T. : Il s'agit du traité connu aussi sous le titre *De Signis* et traduit dans l'édition des Épicuriens de la Pléiade, sous le titre *Les Phénomènes et les inférences* ; en plus des références aux colonnes du papyrus données par Marquand, nous renvoyons systématiquement aux pages de la Pléiade, trad. fr. D. Delattre et J. Pigeaud (dir.), *Les Épicuriens*, Paris, Gallimard, 2010, ici p. 544].

▨ 18. Cicéron, *De Fin.*, I, 7, 22.

résoudre les sophismes et détecter les ambiguïtés. Et combien d'historiens de la philosophie n'ont ainsi consacré à la logique épicurienne qu'une page presque blanche !

Avec une confiance totale dans la vérité de la sensation et la validité de l'induction, les épicuriens étaient en conflit avec les autres écoles de la philosophie grecque. Les stoïciens, traitant toute affirmation du point de vue de la proposition hypothétique, ne reconnaissaient la validité des inductions que si elles pouvaient être soumises au *modus tollens*. Les sceptiques niaient complètement la validité de l'induction. L'induction était traitée comme une inférence par signe, et une controverse semble s'être élevée sur la nature des signes, ainsi que sur le mode et la validité de l'inférence. Les stoïciens divisaient les signes en *commémoratifs*[19] et *indicatifs*[20]. Au moyen d'un signe commémoratif, nous rappelons un fait précédemment associé – comme de la fumée nous inférons le feu. Par des signes indicatifs nous inférons quelque chose que nous ne connaissons par ailleurs pas du tout : ainsi les mouvements du [6] corps sont-ils des signes de l'âme. Objectivement, un signe était considéré comme l'antécédent d'une proposition conditionnelle valide, impliquant un conséquent. Subjectivement, c'était une pensée, médiatrice en quelque sorte entre les choses d'une part, et les noms et propositions d'autre part. Les épicuriens considéraient le signe comme un phénomène dont les caractères nous permettent d'inférer les caractères d'autres phénomènes se trouvant dans des conditions d'existence suffisamment similaires. Le signe était pour eux un objet des sens. Prenant en compte la variété des signes, les épicuriens semblent en avoir admis trois sortes, dont seulement deux sont définis dans le traité de Philodème[21]. Un signe général est décrit comme un phénomène qui peut exister que la chose signifiée existe ou non, ou qu'elle ait un caractère particulier ou non. Un signe particulier est un phénomène qui ne peut exister qu'à la condition que la chose signifiée existe réellement. La relation entre le signe et la chose signifiée dans le premier cas est la ressemblance ; dans le second, c'est l'enchaînement invariable ou la causalité. Les stoïciens, en développant l'inférence par signe, se demandaient : « Comment pouvons-nous passer de l'antécédent au conséquent d'une proposition conditionnelle ? ». Ils répondirent : « Un vrai signe n'existe que lorsque l'antécédent et le conséquent sont tous deux vrais »[22]. Comme test, nous devrions pouvoir contraposer la proposition, et voir que de la négation du conséquent, la négation de l'antécédent s'ensuit. Seules les propositions qui admettaient la contraposition pouvaient être traitées comme des hypothétiques[23].

Sur ce terrain propositionnel l'épicurien, donc, doit affronter son adversaire. Il le fait en observant que les propositions générales ne s'obtiennent ni par contraposition, ni par syllogisme, ni d'aucune autre manière que [7] par

▨ 19. [N.D.T. : Marquand traduit ce qu'il est d'usage d'appeler le « signe commémoratif » (σημεῖον ὑπομνηστικόν) par « suggestive sign », gommant ainsi l'"importance de la mémoire dans le processus pour insister sur la suggestion, qui est une manière générale de désigner l'association psychologique].
▨ 20. *Cf.* C. Prantl, *Geschichte der Logik im Abendlande* I, Leipzig, Hirzel, 1855, p. 458.
▨ 21. Philodème, *De signis, op. cit.*, col. XIV [trad. fr. *Les Épicuriens, op. cit.*, p. 544].
▨ 22. Sextus Empiricus, *Math*, VIII, 256.
▨ 23. Cicéron, *De Fato*, 6,12 ; 8, 15.

induction[24]. Les formes contraposées, puisqu'elles sont des propositions générales, reposent aussi sur l'induction. Par conséquent, si le mode de raisonnement inductif est incertain, le même degré d'incertitude affecte les propositions sous forme contraposée[25]. On a donc accusé les stoïciens d'abandonner, en négligeant l'induction, les seules justifications qui permettaient de fonder leurs généralisations[26]. De même, on les a accusés de généraliser hâtivement, de raisonner de façon inexacte, d'adopter des mythes, de faire de la rhétorique plutôt que de mener des recherches sur la Nature. Nous n'avons pas besoin d'enquêter sur la véracité de ces accusations. Il suffit qu'elles aient ouvert aux épicuriens la voie à l'élaboration d'une théorie de l'induction.

La première question que Zénon cherchait à résoudre était la suivante : « Est-il nécessaire d'examiner chaque cas d'un phénomène, ou seulement un certain nombre de cas ? »[27]. Les stoïciens et les sceptiques répondaient : « La première branche de l'alternative est impossible, et la seconde laisse l'induction incertaine ». Mais Zénon réplique : « Il n'est pas nécessaire de prendre en considération tous les phénomènes de notre expérience, ni quelques cas au hasard ; mais si l'on prend des phénomènes *nombreux* et *différents* appartenant à la *même classe générale*, et que l'on recueille sur la base de notre observation et de celle des autres des propriétés communes à tous les individus, alors à partir de ces cas nous pouvons passer aux autres »[28]. Des instances prises dans une classe et présentant certaines propriétés invariables servent de base à l'inférence inductive. Un certain degré de variation dans les propriétés n'est pas exclu. Ainsi, du fait que les hommes de notre région ne vivent pas longtemps, nous ne pouvons pas en déduire que c'est également le cas des habitants du Mont Athos ; car « l'expérience nous montre que les hommes varient considérablement en ce qui concerne la longueur ou la brièveté de la vie »[29]. [8] Dans certaines limites, nous pouvons donc admettre des variations du fait de l'influence du climat, de la nourriture et d'autres conditions physiques, mais notre inférence ne doit pas dépasser les limites de notre expérience outre mesure. Cependant, en dépit des variations, il existe des propriétés qui, dans notre expérience, sont universelles. On constate que les hommes sont sujets à la maladie, à la vieillesse et à la mort ; ils meurent lorsqu'on leur coupe la tête ou qu'on leur extrait le cœur ; ils ne peuvent pas traverser les corps solides. Par induction, nous déduisons que ces caractéristiques appartiennent aux hommes où qu'ils se trouvent, et il est absurde de parler d'hommes dans des conditions similaires comme

■ 24. Philodème, *De signis*, op. cit., col. XVII [trad. fr. *Les Épicuriens*, op. cit., p. 546].
■ 25. *Ibid.*, col. IX [trad. fr. *ibid.*, p. 541].
■ 26. *Ibid.*, col. XXIX [trad. fr. *ibid.*, p. 555-556].
■ 27. *Ibid.*, col. XIX, 13-15 [trad. fr. *ibid.*, op. cit., p. 548].
■ 28. *Ibid.*, col. XX, 30-col. XXI, 3 [trad. fr. *ibid.*, p. 549].
■ 29. *Ibid.*, col. XVII, 18-22. [NdT : La traduction de la Pléiade, p. 546 introduit cependant, sur la base d'un nouvel examen du papyrus, une négation : « dans notre expérience les hommes [ne] diffèrent [pas] beaucoup par la durée de leur vie, longue ou brève » (voir la liste des variantes : https://cnrs.hal.science/hal-04032148). Cette nouvelle lecture implique de comprendre l'argument tout autrement que Marquand. Ce dernier, ainsi que l'édition De Lacy, comprend ce passage comme justifiant la possibilité de variation dans les propriétés déduites de l'expérience, tandis que la lecture de La Pléiade introduit cet argument comme une règle de mesure dans la variation : même si nous constatons des variations dans la longévité des hommes, cette variation reste limitée et invalide l'hypothèse d'hommes à la vie démesurément longue.]

n'étant pas susceptibles de maladie ou de mort, ou comme ayant la capacité de traverser le fer comme nous traversons l'air[30].

L'épicurien regarde la Nature comme déjà divisée et subdivisée en classes, chaque classe étant étroitement reliée aux autres classes. L'inférence inductive procède de classe en classe, non pas à l'aveuglette, mais d'une classe à celle qui lui ressemble le plus[31]. Dans le cas où les classes sont identiques, il n'y a pas de distinction du connu et de l'inconnu, et donc, à proprement parler, pas d'inférence inductive[32]. Dans le cas où les classes sont très différentes, l'inférence est incertaine. Mais dans une certaine gamme de ressemblance, nous pouvons compter avec autant de confiance sur une inférence inductive que sur l'évidence des sens[33].

En parlant des caractères communs ou essentiels, base de l'induction, il était habituel de les relier au sujet du discours par les mots ἥ, καθό ou παρό[34]. Ces mots peuvent être pris dans quatre sens[35] : (1) Les propriétés peuvent être considérées comme des conséquences nécessaires ; ainsi nous pouvons dire d'un homme qu'il est nécessairement corporel et sujet à la maladie et à la mort. (2) Ou comme essentielles à la conception ou à la définition du sujet. C'est ce qui est [9] véhiculé dans l'expression : « Le corps *en tant que* corps a un poids et une résistance ; l'homme *en tant qu*'homme est un animal rationnel ». (3) Que certaines propriétés sont toujours concomitantes. (4) Le quatrième sens, perdu dans les lacunes, semble, d'après les exemples suivants, impliquer le degré ou la proportion : « L'épée coupe *pour autant qu*'elle a été aiguisée ; les atomes sont impérissables dans la mesure où ils sont parfaits ; les corps gravitent en proportion de leur poids. ».

La théorie de l'induction de Zénon peut être formulée dans les Canons suivants :

Canon I. – Si nous examinons des instances nombreuses et différentes d'un phénomène, que nous trouvons un caractère commun à tous, et qu'il ne paraît aucun cas contraire, ce caractère peut être transféré à d'autres individus non examinés de la même classe, et même à d'autres classes étroitement reliées.

Canon II. – Si, dans notre expérience, on constate qu'un caractère donné varie, on peut en inférer qu'une quantité correspondante de variation existe au-delà de notre expérience.

L'objection la plus importante faite à cette théorie est qu'il existe dans notre expérience des phénomènes présentant des caractères particuliers et exceptionnels, et que d'autres exceptions pourraient exister au-delà de notre expérience pour venir vicier toute induction que nous pourrions faire. En s'appuyant sur des exemples[36] : La pierre de Magnésie a la propriété particulière d'attirer le fer ; l'ambre, d'attirer les fétus de paille ; le carré de côté 4 d'avoir son périmètre égal à son aire. On trouve des caractères exceptionnels chez le nain d'Alexandrie à tête d'enclume, l'hermaphrodite

---

30. *Ibid.*, col. XXI [trad. fr. *Les Épicuriens, op. cit.*, p. 549].
31. *Ibid.*, col. XVIII, 20 ; col. XXVIII, 25-29 trad. fr. *ibid.*, p. 547 ; p. 555].
32. *Ibid.*, col. VI, 8-10 [trad. fr. *ibid.*, p. 539].
33. *Ibid.*, frag. 2, 5-6 [trad. fr. *ibid.*, , p. 535].
34. [NdT : ἥ signifie « en tant que », καθό « dans la mesure où » et παρό « en raison du fait que »].
35. *Ibid.*, col. XXXIII, 33-col. XXXIV, 34 [trad. fr. *ibid.*, p. 558-559].
36. *Ibid.*, col. I, II [trad. fr. *ibid.*, p. 536-537].

d'Épidaure, le géant de Crète, les pygmées d'Achoris. Le soleil et la lune sont également uniques ; de même que le temps et l'âme. Admettant de tels phénomènes exceptionnels, l'épicurien répond que la croyance qu'un état de choses similaire existe au-delà de notre expérience ne peut [10] être justifiée que de manière inductive[37]. Et les phénomènes exceptionnels doivent être considérés non pas comme ressemblant étroitement aux autres phénomènes, mais comme leur étant très différents. Les inductions concernant les pierres de Magnésie doivent être limitées aux pierres de Magnésie, et non étendues à d'autres types de pierres. Chaque classe de phénomènes exceptionnels offre un nouveau champ pour l'induction, et on peut donc dire qu'elle renforce et non qu'elle affaiblit l'argument inductif[38].

La justesse de toutes les inductions pourrait être testée par la règle d'Épicure sur la vérité de l'opinion en général. Une induction est vraie, lorsque toutes les instances connues sont en sa faveur, ou qu'aucune n'est contraire ; elle est fausse, lorsqu'aucune instance n'est en sa faveur, ou que certaines sont contraires. Lorsque les instances vont en partie dans un sens et en partie dans un autre, nous ne pouvons pas parvenir à des conclusions universelles, mais seulement à des conclusions probables[39].

Cette théorie de l'induction a été complétée par un traitement des sophismes, résumé dans un ouvrage appelé *Démétriaque*[40]. Ces derniers consistaient à :

1. Ne pas voir dans quels cas la contraposition est applicable.

2. Ne pas voir que nous devons faire des inductions non pas à l'aveuglette, mais à partir de propriétés qui se ressemblent beaucoup.

3. Ne pas voir que les phénomènes exceptionnels ne sont en aucun cas en contradiction avec l'inférence inductive, mais au contraire ajoutent à sa force.

4. Ne pas observer que nous inférons l'inconnu à partir du connu uniquement lorsque toutes les preuves sont favorables et qu'il n'y a pas l'ombre d'une preuve contraire.

5. Ne pas s'apercevoir que les propositions générales sont dérivées non pas par contraposition, mais par induction.

Lorsque nous comparons l'œuvre de Zénon à celle d'[11] Épicure, une importante différence de logique apparaît. Tous deux s'occupent de l'inférence par signe, et considèrent l'inférence comme procédant du connu vers l'inconnu. Épicure, cependant, ne cherchait qu'au moyen d'hypothèses à expliquer des phénomènes particuliers de la Nature. Zénon étudiait les généralisations à partir de l'expérience, dans le but de découvrir la *validité* de leur extension au-delà de notre expérience. Il en résulta une théorie de l'induction, ce que, pour autant que nous le sachions, Épicure ne possédait pas. Dans le système d'Aristote, l'induction était considérée à travers les formes du syllogisme, et son fondement empirique n'était pas pris en compte. Les épicuriens, par conséquent, s'opposaient à l'induction aristotélicienne autant qu'ils

---

37. *Ibid.*, col. XXV [trad. fr. *Les Épicuriens, op. cit.*, p. 552].
38. *Ibid.*, col. XXIV, 10-col. XXV, 2 [trad. fr. *ibid.*, p. 552].
39. *Ibid.*, col. XXV, 31-34 [NdT : trad. fr. *ibid.*, p. 552 ; le texte de Philodème ne parle pas réellement de « probabilité » mais de « ce qui arrive la plupart du temps (ὡ[ς] ἐπὶ τὸ πολύ) »].
40. *Ibid.*, col. XXVIII, 13-col. XXIX, 24 [NdT : trad. fr. *ibid.*, p. 554 ; peut-être n'est-ce pas un titre mais un terme signifiant « un ouvrage de Démétrios Lacon »].

s'opposaient au syllogisme aristotélicien. C'est Zénon l'épicurien qui a fait la première tentative pour justifier la validité de l'induction. Le témoignage sur cette tentative confère au traité de Philodème une valeur incontestable dans l'histoire de la logique inductive.

Il est réconfortant de voir se dissiper l'atmosphère formaliste et rhétorique dans laquelle la logique a baigné, et de constater qu'une tentative honnête est faite pour justifier les prémisses du syllogisme. Jusqu'à présent, les modes des philosophes en avaient été incapables.

Il est également intéressant de trouver dans le monde antique une théorie de l'induction qui repose sur l'observation, propose une méthode d'expérimentation, présuppose l'uniformité de la Nature, et prend en compte la variation des caractères.

Traduit par Jean-Marie Chevalier et Stéphane Marchand

LES INTROUVABLES
DES CAHIERS

INTRODUCTION À L'ARTICLE DE B. BESNIER, « ÉPICURE ET LA DÉFINITION »

Bernard Besnier (1943-2015) enseigna la philosophie à l'École Normale supérieure de Saint-Cloud (l'actuelle ENS de Lyon) de 1967 à 2008. Savant polymorphe, spécialiste tout autant de philosophie antique que de théorie et d'histoire économiques ou de phénoménologie, Bernard Besnier était une figure à la fois centrale et originale de la vie académique, notamment dans le domaine de la philosophie ancienne qui constituait le cœur de son enseignement et de son activité de recherche. Le fonds « Bernard Besnier », constitué par le don qu'il fit de ses livres à la Bibliothèque Diderot de Lyon, témoigne de l'étendue de sa curiosité, de la variété de ses objets d'étude tout comme de l'exhaustivité quasiment obsessionnelle de ses lectures[1].

S'il a incontestablement marqué ses collègues et ses étudiants par son enseignement[2], Bernard Besnier est cependant un auteur rare. Il n'a écrit aucun livre à proprement parler, mais un certain nombre de ses articles sont devenus incontournables, notamment sur Aristote[3] et dans le champ de la philosophie hellénistique[4].

L'article « Épicure et la définition »[5] que nous rééditons est le seul qu'il ait consacré à l'épicurisme en tant que tel. En partant de la critique épicurienne de

---

1. Le fonds est constitué de plus de 12000 livres, voir https://www.bibliotheque-diderot.fr/patrimoine/les-fonds/fonds-ens-de-lyon.

2. Voir J. Montenot, « Bernard Besnier – Notice nécrologique », *Revue philosophique de la France et de l'étranger*, vol. 140, n°4, 2015, p. 595-596.

3. Voir la bibliographie de ses productions aristotéliciennes dans P.-F. Moreau et D. Wittmann, « In Memoriam Bernard Besnier (1943-2015) », *Revue de Synthèse*, vol. 136, n°1, 2015.

4. « La Nouvelle Académie, selon le point de vue de Philon de Larisse », dans B. Besnier (dir.), *Scepticisme et Exégèse. Hommage à Camille Pernot*, Cahiers de Fontenay, Fontenay-aux-Roses, Publications de l'ENS Fontenay-Saint Cloud, 1993, p. 85-163 ; « Préface », dans Cicéron, *La République – Le Destin*, Paris, Gallimard, 1994, p. I-LXX ; « La nature dans le livre II du *De natura deorum* de Cicéron », dans C. Lévy (dir.), *Le concept de nature à Rome. La physique*, Paris, Éditions Rue d'Ulm, 1996, p. 127-175 ; « La conception stoïcienne de la nature », dans C. Cusset (dir.), *La nature et ses représentations dans l'Antiquité*, Paris, CNDP, 1999, p. 119-131 ; « Migration et *telos* d'après le *De migratione Abrahami* », *Studia Philonica Annual XI*, 1999, p. 74-103 ; « La propri<unk>oception de l'animal dans le stoïcisme », *Anthropozoologica* 33-34, 2001, p. 113-129 ; « La conception stoïcienne de la matière », *Revue de Métaphysique et de Morale* 37, 2003, p. 51-64 ; « La représentation du sauvage dans la philosophie hellénistique », *Collection de l'Institut des Sciences et Techniques de l'Antiquité*, vol. 925, n° 1, 2004, p. 155-164.

5. Initialement paru dans le collectif paru en l'honneur de Jean-Paul Dumont, dirigé par L. Jerphagnon, J. Lagrée et D. Delattre, *Ainsi parlaient les Anciens*, Lille, Presses Universitaires du Septentrion, 1994.

la définition et plus largement de la critique de la dialectique[6], l'article passe en revue une grande partie de la théorie épicurienne de la connaissance. Le soi-disant désintérêt des épicuriens pour la logique est tout relatif et ne signifie pas l'abandon de toute réflexion sur les procédures adéquates pour parvenir à la vérité. Cependant, celles-ci étant fondées tout entières sur l'expérience n'ont plus à s'embarrasser d'une logique formelle, ou d'un *organon*. La canonique, qui assure la vérité de la sensation, des prolepses et des affects, accompagnée d'une méthode de raisonnement empirique, suffit à assurer la vérité du discours sur les choses invisibles qui font l'objet, notamment, de la *Lettre à Hérodote*. Aussi les épicuriens n'avaient-ils nul besoin de la définition ; et c'est par ce biais que Bernard Besnier choisit d'entrer au cœur de l'épistémologie épicurienne. Il propose une lecture qui revisite les principaux passages consacrés à la question, notamment le résumé de Diogène Laërce (X, 31 sq.), le livre I du *De finibus* de Cicéron (§ 63-64), le *Commentaire anonyme du* Théétète et surtout le début de la *Lettre à Hérodote* § 37-38 dont il donne une interprétation originale. Dans ces paragraphes, Épicure expose un ensemble de remarques pour fonder la vérité de sa méthode en assurant d'une part de la vérité des prolepses, d'autre part de la validité du raisonnement empirique. C'est dans ce cadre qu'il faut inscrire le refus épicurien de la définition : Épicure invite à revenir à « ce qui est posé sous les expressions verbales » (expression qui désigne vraisemblablement la prolepse) pour pouvoir « juger de ce qui est objet d'opinion, de recherche et d'embarras » sans avoir à tout définir à l'infini. Les prolepses permettent de se débarrasser des recherches stériles sur les mots et de se concentrer sur ce qui importe vraiment : les recherches sur les choses (DL X, 34). La lecture de Bernard Besnier invite à interpréter les trois opérations (juger de ce qui est objet d'opinion, de recherche et d'embarras) comme renvoyant à ce qu'il présente comme les « trois buts de l'entretien dialectique » : juger d'une opinion, se prononcer sur un problème ouvert, se prononcer sur un problème fermé. Bien que cette interprétation ne soit pas la seule façon d'interpréter ces termes[7], cette suggestion probablement élaborée en référence aux *Topiques* d'Aristote (I, 11 104b *sq.*), permet de comprendre mieux le lien entre la théorie des prolepses et l'abandon de la dialectique qui se voit ici reconduite à son origine : définir les méthodes formelles qui conditionnent un entretien rationnel. Or, les épicuriens tournent résolument le dos à la tradition platonico-aristotélicienne de la dialectique qui lie la définition avec la division : il n'y a pas à diviser le réel pour le saisir, bien au contraire la méthode de division éloigne du réel et nous le fait perdre irrémédiablement. Elle rend tout incompréhensible, y compris ce que l'on comprenait fort bien, y compris les notions simples fondées sur nos expériences.

L'article sur la définition donne à voir la méthode philosophique si particulière de Bernard Besnier, une méthode qu'on a pu qualifier, non sans

---

6. Sur cette question voir maintenant J. Giovacchini, « Le refus épicurien de la définition », *Cahiers Philosophiques de Strasbourg* 15, Université de Strasbourg, 2003, p. 71-90; D. Sedley, « Epicurus on Dialectic », *in* K. Ierodiakonou et T. Bénatouïl (eds.), *Dialectic after Plato and Aristotle*, Cambridge, Cambridge University Press, 2018, p. 82-113.

7. Voir *e.g.* C. Bailey (éd.), *Epicurus : the Extant Remains*, Oxford, Clarendon Press, 1926, p. 176.

malice, d'« analytique »[8] tout en étant pourtant diamétralement opposée à la pratique d'histoire de la philosophie de tradition analytique. Car la lecture de Bernard Besnier ne discute jamais des arguments ou des thèses indépendamment des textes qui les expriment ; bien au contraire, il s'installe dans un texte particulier et cherche à rendre raison de toutes ses inflexions, ses sous-entendus et ses stratégies latentes. En l'occurrence, l'article sur la définition épicurienne se présente comme une analyse d'un passage des *Esquisses pyrrhoniennes* de Sextus Empiricus (*PH* II, 211-212) où ce dernier donne plusieurs arguments sur l'inutilité de la définition en utilisant une anecdote dont Bernard Besnier montre l'origine épicurienne. Les définitions obscurcissent même les choses évidentes, comme le prouve le fait que si nous remplacions les mots « homme » ou « chien » par « animal rationnel » ou « animal aboyant » nous serions ridicules et ne nous comprendrions plus vraiment, du moins plus aussi directement.

Tout en montrant l'assise épicurienne de cette anecdote, Bernard Besnier fait apparaître un certain nombre de confusions propres à l'analyse de Sextus. Ce qui est en question c'est de savoir dans quelle mesure les épicuriens ont pratiqué une forme plus faible de définition, conçue comme une description qui se limite à expliciter une notion commune, ou s'ils se sont débarrassés complètement de la définition. Si Sextus semble bien attribuer aux épicuriens une certaine pratique de la définition (*AM* VII, 266-267), Bernard Besnier insiste bien sur le fait que Cicéron dit qu'Épicure a supprimé complètement la définition, ce qui invite *in fine* à remettre en cause de ce point de vue le témoignage de Sextus.

Les pistes ouvertes par Bernard Besnier dans cet article – comme, du reste, dans la plupart de ses écrits – sont innombrables. Son écriture sinueuse, faite d'incises enchâssées, de parenthèses, de remarques en apparence incidentes, remet en cause un grand nombre de présupposés et ouvre sur des hypothèses nouvelles. Rééditer cet article permet ainsi de rappeler la mémoire d'un professeur qui a marqué ses étudiants et d'attirer l'attention sur ses analyses originales et sa méthode alors que l'épistémologie épicurienne attire de nouveau l'attention, mais aussi de montrer qu'il est possible de faire de la recherche et d'écrire autrement l'histoire de la philosophie[9].

---

8. P.-F. Moreau et D. Wittmann, « *In Memoriam* Bernard Besnier (1943-2015) », *op. cit.*, p. 136.

9. Nous remercions les Presses du Septentrion qui nous a donné l'autorisation de republier ce texte, ainsi que Mme Anita Zumpe.

ÉPICURE ET LA DÉFINITION

Bernard Besnier *

À la fin du chapitre où il établit que la définition ne saurait jouer aucun des deux rôles pour lesquels on prétend qu'elle est nécessaire – à savoir fournir à celui qui l'atteint la compréhension (*katalêpsis*) de la chose et la transmettre par enseignement –, et qu'on ne saurait pas même la donner à saisir sans un *regressus ad infinitum*, Sextus Empiricus (*Pyrr. Hyp.* II, xvi, § 211-212) illustre sa critique par un exemple assez caricatural, où l'on peut reconnaître un emprunt épicurien [1]. L'une des manières dont le sceptique pense pouvoir faire reconnaître au dogmatique le caractère illusoire de l'usage pour lequel il prétend que ses définitions sont indispensables, c'est de montrer que même lui, bien qu'il assure le contraire, considère le défini comme mieux connu que la définition qui est censée le faire connaître. Ainsi, lorsque le dogmatique s'estime en droit de rejeter une définition de l'homme comme « animal rationnel et immortel », parce qu'il ne se trouve pas d'homme qui soit immortel, ou celle qui le présenterait comme « animal rationnel grammairien », parce qu'il y a des hommes – que l'on sait bien reconnaître pour tels – qui ne sont pas grammairiens (ou qui ne savent pas lire), il admet par là même qu'il sait déjà ce qu'est un homme indépendamment de la définition qu'on lui en propose, ou de celle qu'il cherche. Sextus ajoute que l'emploi de la définition, loin de remplir le rôle qu'on lui demande – et dont il vient de montrer que le dogmatique n'était pas convaincu qu'elle le puisse faire – peut aller carrément à l'encontre de l'objectif poursuivi.

[118] Ainsi, lorsque voulant demander à un homme assis sur le bord du chemin s'il a vu passer un homme montant un cheval et traînant un chien, je m'adresse à lui en lui demandant : « Vivant mortel rationnel, capable d'intelligence et de science, as-tu rencontré un vivant capable de rire, pourvu de larges ongles, capable de science de la cité, posant ses fesses sur le siège d'un vivant mortel hennissant et tirant un vivant aboyant quadrupède ? », la substitution systématique du définissant au défini, loin d'aider à ce que mon interlocuteur ait une meilleure compréhension de ce que je lui veux faire connaître, n'aboutira qu'à lui rendre inintelligible ma question. L'interlocuteur qui, si on lui avait adressé la demande en employant des termes non définis, aurait sans doute été en mesure de me donner le renseignement souhaité, se trouvera réduit au silence, faute de m'entendre, même sur des choses qu'il connaît bien, et quand Sextus conclut que la définition est ἄχρηστος, il ne faut pas comprendre seulement qu'elle est inutile, mais bel et bien nuisible.

Au moment d'expédier ce sujet dont les dogmatiques font si grand cas, Sextus indique que ce qu'il vient d'établir vaut pour les deux manières d'envisager la définition : c'est en effet – et en ceci les écoles s'opposent encore

■ * Article initialement publié dans L. Jerphagnon, J. Lagrée et D. Delattre, *In honorem Jean-Paul Dumont. Ainsi parlaient les Anciens*, Lille, Presses Universitaires du Septentrion, 1994, vol. 75, p. 117-130. Les chiffres entre crochets indiquent la pagination originale.
■ 1. Je remercie Jacqueline Lagrée d'avoir bien voulu relire une première version de ce texte.

– ou bien la formule qui révèle la quiddité (ὁ λόγος ὁ τὸ τί ἦν εἶναι δηλῶν), ou bien « une formule qui par une brève évocation, nous conduit à la notion des choses qui sont sous-jacentes aux paroles » (διὰ βραχείας ὑπομνήσεως εἰς ἔννοιαν ἡμᾶς ἄγων τῶν ὑποτεταγμένων ταῖς φωναῖς πραγμάτων). La première définition est bien entendu aristotélicienne, mais il est possible que Sextus ne l'ait retenue qu'afin d'illustrer l'un des deux pôles – celui où l'ambition est la plus grande – entre lesquels se déployait le spectre des différentes façons d'envisager ce que devait être la définition pour pouvoir remplir l'une et/ou l'autre des deux fonctions – instruction et compréhension – qu'on lui supposait. La seconde notion, encore qu'elle ait certainement trouvé des défenseurs dans certaines écoles médicales, – et qu'on ne puisse pas exclure que ce soit ceux que Sextus ait principalement en vue – est, tout au moins dans la précision de son expression, d'origine épicurienne : elle est manifestement inspirée par le début de la *Lettre à Hérodote* § 37-38, qui, sans doute, ne se présente pas comme une définition de la définition, mais, pourrait-on dire, à la suite d'Elizabeth Asmis qui a bien mis en lumière la portée de la déclaration initiale[2], comme une règle concernant l'emploi des termes qui permet de se dispenser de procéder à chaque fois à de pénibles définitions, ou bien indique dans quelles limites on le peut faire.

Lorsqu'on est en recherche sur quelque chose, que l'on désigne une expression verbale, de même que lorsqu'on emploie de semblables [119] expressions au cours de la recherche (comme moyens de sa progression), il faut se rendre présente la première notion (τὸ πρῶτον ἐννόημα βλέπεσθαι) qui a été placée à la base des sons[3] ; par là, on évitera et de discuter sur des « mots vides »[4] et de se mettre dans le cas, illustré de façon plaisante dans le passage de Sextus, pour s'assurer que l'on comprend ce dont il est question, de recourir à des formulations qui bloquent la compréhension ou[5] qui la renvoient à un processus d'explicitation qui risque de ne pas connaître de terme. Il est frappant que la règle qui est censée suffire pour éviter le piège de l'obligation de tout définir à l'infini soit énoncée comme une ressource qui permet de se prononcer (ἐπικρίνειν) sur ce qui est objet d'opinion (τὰ δοξαζόμενα), de recherche (τὰ ζητούμενα) ou d'embarras (ἀπορούμενα) ; sans doute, comme le veulent les traducteurs (qui font de δοξαζόμενα l'objet général et de ζητούμενα et ἀπορούμενα des variantes ou subdivisions de

■ 2. E. Asmis, *Epicurus' Scientific Methodology*, Ithaca, Cornell University Press, 1984, chap. J.

■ 3. Épicure dit bien φθόγγος là où l'on attendrait plus volontiers φωνή comme le rétablit Sextus dans notre passage, mais il n'est pas nécessaire de considérer qu'il y a là une volonté de viser spécialement le « son inarticulé », sous prétexte que les deux termes sont ainsi opposés chez Aristote ; outre le fait que l'usage classique permet fort bien de prendre *phtongos* dans le sens de « parole », on peut également penser qu'Épicure a justement voulu viser de cette manière l'association du son à la notion par laquelle se constitue le mot dans une langue.

■ 4. *Kenoi phtongoi* : à parler juste, ce sont des paroles qui, parce qu'elles ne correspondent à aucun *ennoêma*, sont dépourvues de sens, au moins pour le locuteur considéré – il se peut qu'elles en aient un dans la langue, ayant été introduites par des gens qui l'associaient à une notion qu'ils avaient acquise par expérience, et qu'en ce sens ce soient des « mots » de la langue, mais que le locuteur considéré n'ait pas du tout cette expérience qui permettrait d'associer une notion au son et qu'en conséquence ce ne soit pour lui pas même un *mot*, mais seulement un son vide : simplement, comme il ne l'emploiera que pour l'avoir déjà entendu employer par d'autres qui parlent, du moins dans l'ensemble, la même langue que lui, il aura l'opinion que c'est « un mot ».

■ 5. C'est la situation qu'Épicure envisage sous l'expression μηθὲν ἀποδείξεως προσδεῖσθαι, où il ne faut pas prendre le terme *apodeixis* dans sens de « démonstration » – ce qui est, une spécialisation produite en milieu platonicien –, mais au sens d'« expliciter », c'est-à-dire s'expliquer sur ce que l'on veut dire.

celui-ci), faut-il voir qu'il s'agit toujours de se prononcer sur ce qui est objet d'opinion, autrement dit sur quelque chose que nous appréhendons de manière que notre jugement soit tout aussi capable d'être faux que d'être vrai (alors que ce qui est critère – et tout au moins la sensation – n'est pas quelque chose sur le contenu de quoi il y ait encore besoin de se prononcer), mais il me semble tout de même qu'on se trouve en présence d'une allusion aux trois buts de l'entretien dialectique : juger une opinion avancée par un interlocuteur, se prononcer sur un problème formulé de manière « ouverte » (comme lorsque l'interlocuteur demande si *x* est à classer parmi les *a* ou parmi les *b*), ou sur un problème fermé (l'aporie : lorsque l'interlocuteur refuse les deux branches d'une alternative qu'il présente comme le contenu de l'opinion qu'il nous attribue, ou qu'il pense que nous partageons parce qu'elle est courante). Bien entendu, la ressource qu'invoque Épicure n'est pas nécessairement envisagée pour l'interrogation [120] qui se déroule avec un interlocuteur qui nous suppose ou nous oppose une opinion ; elle vaut aussi bien pour l'interrogation que je puis poursuivre tout seul, y compris (selon l'exemple que donne Diogène Laërce) lorsque je m'interroge pour décider si ce que je perçois de loin est cheval ou bœuf ; mais justement, à ce qu'il me semble, cette interrogation, qui peut être solitaire, qui peut être muette, reste conçue comme se déroulant selon le modèle du dialogue intérieur, ou de l'entretien dialectique. De ce point de vue, on peut comprendre que la ressource invoquée, si elle est disponible, peut permettre de se dispenser de la « dialectique ».

Diogène Laërce (X, 31 *init.*)[6] et Cicéron (*De finibus* I, XIX, 63-64) indiquent qu'Épicure rejette « la dialectique », comme inutile, en donnant l'impression que son rôle est absorbé par la φυσιολογία : « il suffit aux physiciens de procéder selon les sons (φθόγγοι) des choses » (DL) ; et Cicéron : la physique est tout à fait capable (*scil.* sans qu'il soit besoin de recourir aux procédés de la "dialectique") de saisir le sens des mots (*vis verborum*) et la nature du discours (*natura orationis* : c'est peut-être les conditions pour former correctement des propositions), et le calcul, ou l'évaluation de ce qui est en cohérence ou en contradiction ». Autrement dit, on donne à la *phusiologia* le pouvoir de remplacer (pour ses propres besoins) la dialectique dans les fonctions qui sont indiquées comme lui étant propres (à l'époque hellénistique), c'est-à-dire la définition et l'examen de la conséquence et de l'inconséquence logiques (l'autre partie essentielle de la *logikè* dans les écoles hellénistiques, à savoir la théorie du critère, est celle que les épicuriens, bon gré mal gré, ont fini par autonomiser sous le nom de « canonique »). Le fait qu'Épicure ou tout au moins ses disciples immédiats aient admis la nécessité d'autonomiser, sous le titre de « canonique », un aspect de méthode qu'ils ont sans doute d'abord développé à l'intérieur de la physique, en le bornant à la théorie du critère, puis des règles de confirmation, infirmation et non-infirmation (pour

---

■ 6. Dans le résumé de la Canonique qu'il place au début de sa présentation, faute de pouvoir fournir sur cette branche de la philosophie un document de la main même d'Épicure, comme ce lui est possible pour la physique et pour l'éthique ; ce résumé est sans doute inspiré par un état de la canonique telle qu'elle a été adaptée pour répondre aux critiques stoïciennes et académiciennes jusqu'au premier siècle avant notre ère.

l'évaluation des opinions), et qu'ils se soient montrés réticents à donner un équivalent de ce qui, dans l'Académie et le Portique, a été développé sous le titre de « dialectique », explique peut-être l'existence d'une double tradition chez les doxographes concernant le fait que leur École représente un cas de développement « complet », c'est-à-dire tripartite, de l'enseignement philosophique, ou au contraire un exemple [121] d'enseignement qui s'est – et consciemment – borné à deux branches (physique et éthique)[7].

Ce que nous voulons examiner ici, c'est simplement la manière dont Épicure a pu espérer se dispenser des procédés « dialectiques » pour la définition. Il est manifeste qu'aux yeux des académiciens comme des stoïciens[8], le traitement qu'a réservé Épicure à ce qui, dans le stoïcisme, correspond à la partie logique de la philosophie revient à la mutiler par suppression des procédés de la définition et de la *diairesis*, par incapacité à formuler les règles concernant les formes valides de raisonnement, et à donner le moyen d'éliminer les raisonnements qui ne sont concluants qu'en apparence (Cicéron, *De fin.* I, VII, 22). En ce qui concerne l'élimination des procédés définitionnels, outre qu'elle est bien considérée comme délibérée (*tollit definitiones*), elle semble décidée au nom d'un souci de meilleure compréhension et de simplicité dans la discussion, dont les témoins qui le soulignent déplorent qu'il ait été fort mal satisfait par les procédés, ou les mesures d'attention recommandées en échange. Ainsi Cicéron (*De fin.* II, II, 6), lorsqu'il reproche à Épicure d'employer une notion du plaisir (comme absence de douleur) qui n'est pas du tout ce que l'on entend normalement par là, souligne ce qu'il y a de paradoxal dans cette attitude (et ce qu'il y a par conséquent de justifié dans sa critique, y compris comme critique interne), en disant que lui (Épicure) qui répète qu'il faut soigneusement reproduire[9] la nature qui est placée sous les mots (*quæ vis subjecta sit vocibus*), cependant il ne comprend pas (*non intelligere*) « ce que sonne » ce mot de plaisir (*quod sonet haec vox voluptatis*), c'est-à-dire quelle est la chose que l'on place sous ce mot (*id est quæ res huic voci subiciatur*). On doit au moins retenir qu'Épicure a cru nécessaire de rejeter un procédé définitionnel qui, à ses yeux, empêche de revenir à la prolepse par l'association à laquelle un son devient un mot de la langue, du moins en considérant celle-ci dans son institution initiale, ou dans le fonctionnement normal de ses enrichissements par les plus savants, et qui suppose qu'un mot n'est introduit que sous l'indication (ou même la pression) de l'expérience imposée par le milieu environnant (et le fait que l'on éprouve le besoin de chercher dans les ressources offertes par l'appareil phonatoire un moyen pour rendre communicable ce que [122] l'expérience impose, est une sorte de garantie que les mots qui ont une telle origine ne

---

■ 7. Exemple de juxtaposition de ces deux versions chez Sextus *M.* VII, § 22-23 (Épicure a fait de la « logique » la première partie de la philosophie, – ce qui présuppose en tout cas qu'il y ait une partie « logique » dans son enseignement) et § 15 (certains le classent avec Archélaos parmi ceux qui ont restreint la philosophie à deux parties ; mais Sextus est au courant que ce jugement a été contesté et qu'on a estimé que ce n'est pas la partie logique comme telle qu'Épicure a rejetée, mais seulement la façon que les stoïciens avaient de l'envisager ; comme on s'en pourra convaincre dans la suite, cela s'accorde fort bien avec l'idée que les épicuriens aient jusqu'au bout contesté l'utilité de la partie « dialectique » de la logique).

■ 8. Pour ces derniers, *cf.* Sénèque, *Ep. ad Luc.* LXXXIX, 11.

■ 9. Ou s'attacher à suivre : *exprimi*.

sont pas des « sons vides »), ou bien comme moyen de rendre plus rapide (en abrégeant, pour ainsi dire, l'énumération des éléments de la disjonction qui devrait faire le contenu d'une prolepse) la communication.

Ce procédé définitionnel, qui offusque la communication et risque de multiplier dans la recherche (même solitaire) les intrusions de « sons vides », est celui que Sextus donne comme animé par la prétention à atteindre l'essence de ce que l'on définit. Ainsi l'exemple amusant que Sextus forge d'une manière de s'adresser à quelqu'un qui, par l'application à employer le définissant à la place du définissable, risque fort de provoquer l'incompréhension, semble bien amplifier de manière caricaturale une remarque semblable qu'Épicure dirigeait contre la définition telle qu'elle était pratiquée en milieu académicien ou aristotélicien. Un passage du *Commentaire anonyme sur le* Théétète [10] prête à Épicure cette déclaration (avec laquelle le commentateur se dit en désaccord) que les noms (ou les mots : ὀνόματα) sont plus clairs que les définitions (ὁρῶν) et qu'il serait ridicule de s'adresser à quelqu'un en l'interpellant par « salut vivant rationnel mortel » plutôt que par « salut Socrate » ; – bien que « vivant rationnel mortel » soit une définition non spécialement pour « Socrate », mais pour « homme », il me paraît cavillatoire de signaler là, comme le font Dorandi et Sedley, l'indice d'une déformation éventuelle par le citateur de ce qu'avait précisément dit Épicure ; « vivant rationnel mortel » vaut comme définissant également pour Socrate, et Épicure a bien pu employer « Socrate » comme terme passe-partout, pour indiquer « qu'il s'agit d'un individu facilement reconnu comme humain ; du reste, qu'il s'agisse d'une citation très indirecte, c'est tout à fait clair. Le commentateur anonyme est un témoin intéressant du fait que le *Théétète* avait été utilisé (d'une manière qu'il désapprouve) par des auteurs de la Nouvelle Académie pour attribuer à Platon une attitude non dogmatique voisine de la leur, et Ænésidème a très souvent utilisé des thèmes que l'on trouve représentés dans le *Commentaire*, probablement comme déjà mis en valeur dans cette intention par la Nouvelle Académie. Ceci nous porterait donc à penser que c'est en milieu académicien que l'on a dû faire mention de cette déclaration d'Épicure qui illustre au moins l'un des démentis que l'on pouvait opposer à l'usage que les dogmatiques prétendaient faire de leurs définitions. Cependant il n'en résulte pas pour autant que les néo-académiciens [123] aient purement et simplement pris à leur compte les conclusions qu'en tirait Épicure. Apparemment le rejet des ὅροι – qui devait être radical, de sa part, pour autant du moins qu'il ait entendu ce terme au sens strict, c'est-à-dire celui qui, chez Sextus, correspond à la plus forte ambition de l'entreprise définitionnelle, atteindre l'essence – constituait l'un des motifs pour lesquels il rejetait aussi comme nuisible la « dialectique » ; et pour ses disciples, le rejet de la « dialectique » en tant que méthode définitionnelle ne s'appliquait pas seulement à la façon dont les

---

■ 10. *Pap. Berol.* 9782 (éd. Diels-Schubart, xxii, 39-47). Ce passage est reproduit (par les soins de T. Dorandi et D. Sedley) dans le *Corpus dei papiri filosofici greci e latini*, éd. Fr. Adorno, vol. I, 1**, L. Olschki, Florence, 1992. C'est le texte du chap. LI (Epicurus), 6T, p. 161-162. Le rapprochement avec les § 211-212 du livre II des *Pyrr. Hyp.* a été suggéré à David Glidden par Myles Burnyeat (*cf.* D. Glidden, « Epicurean *prolèpsis* », Oxford Studies in Ancient Philosophy, III, 1985, p. 178) et a été exploité par E. Asmis, *Epicurus' Scientific Methodology*, *op. cit.*, p. 39, n. 14.

stoïciens prétendaient la pratiquer, mais aussi à la façon dont les académiciens continuaient également à le faire[11].

Dans ces conditions, il n'est pas sûr que le commentateur, quand il déclare ne pas approuver les intentions dans lesquelles Épicure a pu fabriquer cet exemple parodique, se distancie *eo ipso* des néo-académiciens qui lui ont fourni (ainsi qu'à Sextus via Ænésidème) cette citation d'Épicure. C'est ici qu'il faut mettre l'accent sur un autre aspect amusant de l'utilisation que Sextus fait de cette citation épicurienne (qu'il se garde du reste bien de donner pour telle). Elle est censée conclure, un peu dans le registre du *climax*, un chapitre où Sextus prétend avoir montré l'inutilité – et même la contre-finalité – de la définition à la fois pour la compréhension (celle que poursuit celui qui est en recherche, pour lui-même) et pour l'enseignement; et, alors que ses exemples (dont le dernier, celui que nous avons mentionné, représente « le comble ») illustrent tous des cas de *horoi* qui prétendent mieux remplir les fonctions d'intelligence et d'instruction parce qu'elles atteignent l'essence, il déclare que ce qu'il vient de dire condamne également les prétentions de la définition envisagée comme communication du savoir de l'essence et de celle qui est envisagée comme bref rappel de la notion que nous sommes en mesure de retrouver sous l'emploi des mots. On a vu que cette dernière formulation s'inspirait d'un passage du début de la *Lettre à Hérodote*. On peut ajouter désormais qu'elle a continué de servir en milieu épicurien pour indiquer ce qui permet de se passer, sinon de définition, du moins de ces définitions dont l'établissement exige de longs détours, dont chaque étape, parce qu'elle est sujette à contestation, va à l'encontre du besoin de certitude sur les choses les plus essentielles au bonheur.

Ainsi dans le *De finibus* I, IX, 30, Torquatus dit-il qu'il y a des choses si immédiatement présentes à la sensation (en y incluant le *pathos* [124] élémentaire qui nous renseigne immédiatement sur ce que nous fuyons ou recherchons) qu'il n'y a pas besoin de raisonnement en forme pour déduire leurs propriétés, par exemple pour le feu, qu'il est chaud; et il en va de même du plaisir, du moins quand il s'agit simplement d'affirmer que c'est un bien. Or pour dire qu'il y a des choses que, dans la discussion, on n'a pas besoin d'établir par raisonnement, il ajoute qu'il suffit de les « rappeler » (*admonere*, attirer l'attention) et même d'un « bref rappel » (*mediocris animadversio atque admonitio*); ce sont les formules dont Sextus s'est servi pour caractériser la deuxième façon d'envisager le procédé de la définition, et dont il estime que la prétention (à la compréhension ou à l'instruction) est réfutée en même temps que celle de la définition qui procède par fixation de l'essence. Ou, pour mieux dire, Sextus, voulant donner une expression à cette deuxième façon d'envisager la définition, a combiné une formule que l'on trouve, ainsi qu'on vient de le voir, chez les épicuriens contemporains de

---

11. En *De fin.* I, XIX, 63, lorsqu'il désigne cette dialectique en laquelle Épicure a trouvé un obstacle plutôt qu'une aide dans la recherche, Torquatus dit *dialectica vestra*. Il n'y a pas de raison pour croire qu'il se trompe d'adresse en prenant Cicéron pour un stoïcien ou pour un disciple d'Antiochus (ce qu'il n'est officiellement plus); il s'adresse à lui comme à un néo-académicien (disciple de Philon) et il faut penser que, lorsqu'au début de l'entretien (I, VII, 22) Cicéron a présenté comme une déficience l'absence chez Épicure de tout ce qui dans le stoïcisme correspondait à la partie « dialectique » de la logique, il considérait cette partie pouvait à bon droit être encore cultivée par sa propre école.

ÉPICURE ET LA DÉFINITION

■
151

Cicéron et un passage du début de la *Lettre à Hérodote* : ce qui en fait une formule – artificielle ou attestée par une tradition, peu importe – qui, alors que probablement elle aurait pu exprimer l'attitude d'une école médicale à l'égard de ce que l'on peut prétendre connaître d'une maladie, prend ici un cachet nettement épicurien (car les médecins qui auraient volontiers parlé de la description comme d'une συντόμος διδασκαλία, n'auraient probablement pas tous précisé qu'elle agissait par rappel de la notion « sous-jacente aux sons »). Et cela donne une saveur particulière à la construction de la fin de ce chapitre que, pour inclure dans le rejet général des prétentions de la recherche définitionnelle aussi bien l'ὑπογραφή que le ὅρος proprement dit, Sextus en donne une formulation franchement épicurienne, puis l'englobe sous le ridicule d'un exemple dont l'inspiration (la boursouflure est bien à lui) remonte à Épicure. Situation qui, s'il a eu l'occasion de l'observer, comme il n'est pas douteux qu'il l'ait fait, aura rempli d'aise l'ami à la mémoire de qui ce volume est consacré.

Il est assez connu qu'à l'époque hellénistique (et sans doute assez tard) les écoles ont fait une différence entre la définition proprement dite (*horos*) et la description (*hupographè* ou *hupotupôsis*). Il y a différentes façons d'envisager cette distinction [12]. Lorsqu'Ammonius, sous l'influence de Porphyre, prétend que la plus exacte consiste à dire que l'une ne contient que les prédicats qui forment l'essence, tandis que l'autre serait une liste de prédicats accidentels, il est difficile de se défendre du sentiment que l'on se trouve en présence d'un effort pour récupérer en termes aristotéliciens une distinction qui s'est justement imposée en dehors de la doctrine du savoir des *Seconds Analytiques*. Mais on a suffisamment de renseignements (par Galien et Alexandre d'Aphrodise) sur la manière [125] dont les stoïciens faisaient cette différence (*SVF* II, n° 225-229). D'après ces indications, il apparaît que ce sont les stoïciens qui ont envisagé la définition comme « explication » ou développement d'une *ennoia*. La définition exprime (ἐκφέρειν) la notion κατ ἀναλυσιν (ce qu'Alexandre considère comme équivalent à une « explicitation » du défini (ἐξάπλωσις τοῦ ὁριστοῦ) et c'est une expression qui se fait « exactement » [13]; en revanche, l'*hupographê* a pour caractéristique d'être une esquisse qui conduit à la saisie de la chose en l'indiquant (δηλουμένην). L'un des points délicats est la façon dont il faut envisager le « caractère d'exactitude » (ἀπαρτιζόντως) de la définition. Il faut noter que les stoïciens ont en effet été amenés à l'appliquer à des notions d'objets singuliers (il faut alors que la définition donne juste l'ἰδίως ποῖον); en ce qui concerne les termes généraux, la définition est, semble-t-il, « exacte » lorsqu'elle contient tous les *Merkmale*, et seulement eux, qui délimitent le concept de façon que, pour un objet quelconque x, on puisse toujours trancher s'il tombe sous ce concept ou non. C'est ce que suggèrent les exemples que Sextus invoquait pour soutenir que le dogmatique devait déjà savoir ce qu'est l'objet pour pouvoir rejeter comme inexacte une définition de l'homme qui inclurait le prédicat « immortel » ou le prédicat

---

12. Pour l'essentiel bien indiquées par E. Asmis, *Epicurus' scientific methodology, op. cit.*, p. 43, n. 26.
13. Le terme, probablement technique, est ἀπαρτιζόντως : *en s'ajustant exactement à la chose*, en sorte qu'il n'y ait ni manque ni adjonction superflue.

« grammairien ». Ceci étant, la façon dont les stoïciens conçoivent la définition suppose assurément que les prédicats qu'elle contient soient « essentiels » à l'intelligence de l'objet, parce que sans cela on risque de manquer des membres de la classe, ou d'y introduire des intrus ; mais cela ne suppose pas qu'elle procède par genre et différence, ou, en général par la *diairesis*.

En ce qui concerne l'*hupographê*, son rôle se limite à expliciter le contenu d'une notion commune : mais cette façon d'en parler risque bien de ne représenter que la manière dont les stoïciens acceptaient de faire place à une sorte de succédané de la définition, dont l'origine leur aurait été étrangère. C'est ce qui a fait penser à E. Asmis que cette façon de concevoir la procédure définitionnelle était d'origine épicurienne (on la verrait apparaître justement dans le début de la *Lettre à Hérodote*), et que c'était la seule qui fût admise dans le Jardin, comme Cicéron semble le reprocher aux épicuriens dont Torquatus est l'illustration.

D'après Galien[14], il semblerait que ce soit l'école médicale empirique qui, pour mieux manifester son désaccord avec les dogmatiques, ait forgé des noms différents pour les procédés de l'enquête : là où les dogmatiques parlaient d'ἀναλογισμός ils ont préféré parler d'ἐπιλογισμός ; cet exemple montre que le désaccord n'est pas purement verbal, puisque les dogmatiques permettent à l'inférence inductive d'aller du manifeste à ce [126] qui ne l'est pas, tandis que les empiriques n'admettent de passage que de ce qui est perçu à ce qui peut l'être (et l'a été dans d'autres circonstances), comme de la fumée au feu. S'agissant de la définition, les empiriques auraient refusé d'employer le terme ὁρισμός, mais aussi, quoiqu'en dise Galien qui veut à toute force les taxer d'inconséquence, le procédé lui-même. Car si la définition, telle que l'emploient les dogmatiques, est l'énoncé propre (l'ἴδιος λόγος selon la rétroversion de Deichgräber) qui est formé des éléments qui appartiennent à la chose, y compris quand ils ne sont pas perceptibles (*non tamen ex his quæ evidenter apparent*) – ce qui est le cas des définitions qui emploient des termes abstraits et de celles qui introduisent des régularités causales –, les empiriques n'accepteraient d'énumérer comme éléments de l'objet que ceux qui sont « évidents » (ἐναργής) aux seuls sens. Il me semble que c'est dans la mesure où les empiriques ont de surcroît estimé qu'il n'était ni toujours possible, ni tellement nécessaire d'énumérer tous les éléments de la chose (il faut songer qu'ils ont souvent en vue l'énumération de quelques signes à la vue desquels une maladie est supposée suffisamment distincte d'une autre) qu'ils ont, en outre renoncé à l'exigence d'« exactitude » caractéristique du *horos* pour utiliser le plus souvent l'*hupographê*, laquelle serait selon eux « une brève instruction » (*compendisissima doctrina*, que Deichgräber a rétroverti en συντόμος διδασκαλία). Il est possible que l'instruction dont il s'agit ne soit pas à proprement parler un enseignement : Galien, en prenant l'« enseignement » dans le sens qui, depuis le *Ménon* et le *Gorgias*, sert de trait distinctif entre l'art et la « routine », juge qu'avec les limitations qu'ils imposent aux définitions et aux preuves, il ne devrait pas y avoir d'enseignement

14. Dans la *Subfiguratio empirica*, chap. VII, éd. K. Deichgräber, *Die griechische Empirikerschule*, Weidemann, Berlin, 1930, 1965², p. 62 et 63.

« empirique » ; et dans bien des circonstances, l'instruction que donnera l'*hupographê* ne consistera qu'à rappeler à la mémoire de celui auquel elle s'adresse un ensemble de traits perçus à propos de l'objet ou d'un objet semblable ; Galien souligne que, si la « description » n'est censée contenir que des éléments qui ont été perçus, elle est aussi censée ne pas devoir s'élargir par la médiation de la mémoire laquelle doit rester limitée à ce qui a été recueilli comme évident aux sens. On a bien le sentiment de retrouver la *mediocris admonitio* de Torquatus. – Une remarque du lexicographe Érotien [15] met sous forme d'argument l'idée que, si le rôle de la définition est d'expliciter (ἐξαπλοῦν) les expressions qui sont connues de tous, on n'en pourra venir à bout : si on les explique par des mots moins habituels, cela ne fera pas mieux comprendre ; si c'est par des expressions habituelles, elles auront le même degré de clarté que le mot désignatif et ne seront donc pas utiles. Il s'agit d'un argument communément utilisé par les sceptiques, mais généralement pour montrer que le signe ne réussira pas à remplir sa fonction qui est de [127] rendre accessible ce dont il est signe ; le lexicographe l'a détourné à son profit, évidemment pas pour refuser toute utilité aux définitions, mais pour justifier qu'il borne son travail à l'explication des termes du corpus hippocratique qui sont inhabituels (ἀσυνήθεις). Et c'est de cette manière qu'il rejoint, ou reprend à son compte, une remarque d'Épicure selon laquelle il est inutile de chercher à définir les mots courants et que ce sont eux, au contraire, sur lesquels doit s'appuyer l'effort pour « signifier » (δηλοῦμαι a ici le sens de faire connaître ce que l'on veut dire à quelqu'un d'autre). C'est sans doute à cette remarque qu'il faut borner ce que ce passage d'Érotien peut contenir de témoignage sur l'attitude d'Épicure concernant les définitions.

En somme, on serait tenté de conclure, comme l'a fait Elizabeth Asmis, qu'Épicure a inauguré le chemin ensuite emprunté par les médecins empiristes, en abandonnant les exigences de la définition *stricto sensu* et probablement en lui substituant des procédures relativement simples d'évocation des prolepses, originellement associées à l'intelligence que l'on a des mots, et dont la mise en forme à des fins de communication, et pour garder présentes à l'esprit des notions essentielles à la discussion, ou à la préservation contre les intrusions d'opinions vaines, pourrait ressembler à ce que les auteurs un peu plus tardifs ont désigné par le terme *hupographê*. Il est possible que cette limitation des exigences en matière de procédure définitionnelle se soit d'abord formulée en réaction contre la façon aristotélicienne aussi bien que platonicienne de concevoir la définition, réaction en accord avec le fait que, s'agissant tout au moins des corps composés, ce que nous donne leur perception, ce n'est pas exactement une essence, mais un ensemble de « propriétés » (συμβεβηκότα) que leur caractère régulièrement conjoint à l'expérience de la chose rend inséparable de sa compréhension ; et qu'ensuite, au terme des polémiques menées contre les stoïciens, elle ait pris l'aspect d'une restriction contre la prétention à l'« exactitude », prétention qui suppose surtout la capacité de replacer, par l'explicitation, chaque notion dans un savoir systématiquement organisé, où elle se définit à travers ses relations distinctives à toutes les autres.

15. Recueillie par Usener dans ses *Epicurea* sous le n°258.

Cependant, il est frappant que Cicéron accuse bel et bien Épicure d'avoir « supprimé » les définitions, et non pas d'avoir proposé une procédure moins ambitieuse, et que dans sa réponse, Torquatus ne présente pas la *mediocris admonitio* comme une procédure alternative à celle des académiciens, mais comme ce qui permet au « physicien » de s'en dispenser. On peut donc penser que les indications, d'origine incontestablement épicurienne, que comporte le chap. XVII du livre II des *Hypotyposes* de Sextus sont un assemblage artificiel qui permet d'englober sous la critique de la double vanité des prétentions à instruire [128] ou à atteindre la compréhension par la définition, des auteurs qu'on pourrait qualifier de partisans de l'*hupographê* (bien que Sextus ne prononce pas le mot ici) et qui seraient plutôt les médecins de l'école empirique — ses collègues et manifestement rivaux, puisqu'il a pris soin au livre précédent, chap. XXXV, § 236-237, de souligner que, parce qu'ils accordent une confiance univoque aux sens, ils ne participent pas de l'attitude sceptique.

Aux yeux de Sextus du reste, ce qu'il pourrait reconnaître chez Épicure comme procédé de définition paraît relever d'une attitude assez archaïque et qui n'incite pas à penser qu'il y ait vraiment eu souci de proposer en ce domaine une méthode alternative à celle des platoniciens ou des péripatéticiens. Au chapitre V du livre II des *Hypotyposes*, pour mettre en évidence le fait que les dogmatiques ne puissent pas employer une notion du critère qui soit concevable (ce qui devrait être rendu possible par la définition) ni compréhensible (ce qui suppose l'analyse de l'objet en ses composants essentiels), il montre que tel est d'abord le cas de l'homme qui devrait être le critère qui décide (le « critère agent »). Les deux premiers auteurs à avoir prétendu donner une notion de l'homme, et qui ont pensé s'acquitter de cette obligation à bon compte, sont Démocrite et Épicure (§ 23-25). On a inséré Démocrite dans la liste en lui attribuant comme une véritable formule de définition l'affirmation que « l'homme est ce que nous connaissons tous », formule fabriquée par une audacieuse mutilation de la « description » employée par l'abdéritain, de façon à mettre en évidence son insuffisance par rapport aux exigences de la définition « exacte » (puisqu'il y a autre chose que l'homme que nous connaissons également tous, par exemple le chien, ou qu'il n'y a aucun homme individuel à être connu de tous les autres, et encore – ceci dans le passage parallèle de M. VII, 266 – qu'une pareille formule présuppose le contraire de ce que l'inscription delphique voulait nous faire saisir, à savoir que c'est une tâche difficile que de savoir ce que nous sommes) ; cependant qu'Épicure est présenté comme suggérant bien une façon spéciale de faire connaître une notion (ceci dans la version ALVII, 267), à savoir par le moyen d'une désignation gestuelle commentée, mais qui aboutit à des difficultés tout aussi ridicules que celles que l'on a pu susciter à Démocrite : en désignant du doigt un individu, pour ajouter que l'homme est quelque chose qui a cette apparence et qui est doué de vie, je me condamne, si c'est une femme que j'ai désignée, à exclure les mâles de la classe des humains ; si c'est un vieillard, à en exclure les jeunes gens ; et, puisque, d'une fois à l'autre, des exclusions complémentaires se feront équilibre, à tomber dans l'indécision.

[129] Cherniss a attiré naguère l'attention sur ce que ce passage avait d'étonnant quant à la série de montages et de dissimulations qui s'y trouvent opérés. Le texte qui permet de s'en rendre compte est un passage du *De partibus animalium* I, 1, 640 b29-35, où Aristote reproche à Démocrite de n'avoir retenu, en fait de détermination par la forme, que celle qui correspond à la configuration extérieure, et non celle qui définit l'aptitude à l'exercice d'une fonction (en l'occurrence d'une fonction vitale). Il indiquait l'usage par Démocrite comme procédé sinon de définition, du moins de description, que Sextus attribue justement à Épicure, en disant que nous savons tous reconnaître ce qu'est un homme, par la configuration et une certaine coloration, que l'on peut illustrer par un exemple en montrant quelqu'un. Aristote observe alors que la même coloration et configuration peut aussi bien (au moins pendant quelque temps) être perçue sur un cadavre, ce qui devrait nous entraîner à le compter à tort parmi les hommes. Il est facile de voir que la citation d'Épicure que Sextus exploite pour en faire l'illustration de sa manière de définir, est une sorte de précision apportée en réponse à la critique d'Aristote : Épicure tient beaucoup – et sans doute davantage que Démocrite – à ce que la notion de l'homme soit d'abord évoquée comme celle d'une certaine configuration (c'est une propriété permanente que nous saisissons comme telle dans la perception et qui fait le fond de notre prolepse : d'où le fait qu'ensuite nous l'associions à l'idée d'animal intelligent et l'attribuions aux dieux), et c'est une configuration que l'on peut faire connaître en en indiquant un exemplaire (τὸ τοιουτονὶ μόρφωμα : le démonstratif indéfini permet, selon un procédé qui est celui de la reconnaissance prototypique, d'inclure des variantes parmi les membres qui appartiennent à la classe, selon des liens assez étroits de « ressemblance de famille » – chose dont la critique de Sextus ne tient pas compte). Et puisque l'objection pourrait surgir que cela nous entraîne à inclure jusques et y compris des cadavres, on ajoute la précision μετὰ ἐμψυχίας, qu'il ne faut surtout pas entendre [16] comme ajoutant l'indication (interne à l'exposé de la physique épicurienne) qu'il s'agit d'un être pourvu d'*animus*, puisque l'*animus* est une partie du vivant humain que nous ne voyons pas, alors qu'il s'agit de rester sur le plan de ce qui apparaît, mais simplement avec le sens de « avec des signes extérieurs de vie ». Il est possible que, tout en y corrigeant ce qui prêtait le flanc à l'objection aristotélicienne, Épicure ait voulu défendre l'attitude de Démocrite ; mais il est difficile de croire qu'il y ait vu à proprement parler une définition ; ce qu'il a plus simplement voulu illustrer c'est l'idée qu'il y a des choses pour lesquelles nous n'avons justement pas besoin de définition, du moins en ce qui [130] concerne la communication, et que les mots qui les désignent ont été introduits dans la langue de telle manière que l'expérience commune assure la communauté de nos prolepses [17].

---

16. Comme le fait M. Gigante, *Scetticismo e Epicureismo*, Napoli, Bibliopolis, 1981, p. 152.

17. À en juger par les discussions entre le Portique et le Jardin à la fin du IIe siècle avant notre ère dont Philodème fait état dans le *De signis*, il semblerait que les épicuriens aient été amenés à reconnaître qu'un prédicat comme « mortel » pouvait faire partie d'une définition de l'homme (et « immortel » de celle des dieux) ; or il ne fait pas exactement partie de ce contenu de la prolepse qui n'est qu'un bref rappel des expériences passées, mais il peut être tiré de celles-ci par une inférence (*Corpus dei papiri filosofici greci e latini, op. cit.*, chap. XXXI, 34, 38 et 43). Les objections que les stoïciens élèvent contre la généralisation

En reconstruisant comme une définition ce qui n'était chez Démocrite que l'introduction à l'indication prototypique, puis en faisant passer, chez Épicure, cette indication pour la méthode de la définition, Sextus a donné un exemple de plus de ces procédés qui font douter qu'il soit bien philosophique de douter suivant les moyens qu'il emploie.

Bernard BESNIER
ENS Fontenay-aux Roses

à l'homme du prédicat de « mortel », *pour autant qu'elle n'est atteinte que par induction* (alors que nous n'avons l'expérience que des hommes d'une certaine région de la terre, et pas du tout celle, envisageable, d'hommes de la terre d'un autre monde), laissent penser que les épicuriens de la génération de Zénon, d'une part, avaient admis la nécessité de fournir au moins des *hupographai* pour les besoins de la discussion, et qu'elles pouvaient inclure des éléments dont la généralisation n'était pas directement autorisée par la seule prolepse, et d'autre part, qu'ils essayaient tout au moins de maintenir le principe que toute adjonction de prédicat(s) à une notion devait se faire en vérifiant sa compatibilité avec une prolepse. C'est sur la possibilité de s'assurer de la solidité de ces méthodes de généralisation et d'enrichissement de l'*hupographê* sans devoir recourir à un noyau définitionnel faisant fonction d'*idios logos* (et dès lors d'absorber l'induction dans la déduction) que les épicuriens étaient mis en difficulté.

SITUATIONS

ENTRETIEN AVEC DANIEL DELATTRE, AUTOUR DE L'ÉDITION DES PAPYRUS D'HERCULANUM

Cahiers Philosophiques : Daniel Delattre, vous êtes directeur de recherche émérite à l'Institut de recherche et d'histoire des textes et spécialiste de papyrologie grecque. Vous avez co-édité avec J. Pigeaud le volume de la Pléiade sur Les Épicuriens, *un ouvrage auquel votre épouse Joëlle Delattre a aussi largement contribué ; vous avez aussi édité (en 2007 et 2022) deux livres de Philodème de Gadara aux Belles-Lettres en recourant aux nouvelles technologies de déchiffrage des papyrus carbonisés provenant de la bibliothèque de la Villa des Papyrus à Herculanum. Bien que ces recherches soient désormais amplement documentées dans les milieux savants, pourriez-vous rappeler ce que changent ces découvertes pour notre connaissance de l'épicurisme ?*

Daniel Delattre : S'il fallait exprimer en quelques phrases l'apport essentiel à notre connaissance de l'épicurisme des textes papyrologiques retrouvés à Herculanum, je dirais volontiers deux choses. D'abord, ils nous révèlent l'existence, dès la fin du -IIe siècle en Grèce, puis en Campanie au cours du -Ier siècle, d'une école que j'appellerai « médio-épicurienne », et l'intérêt porté spécialement à la critique, dans le cadre de la polémique philosophique, de théories esthétiques – dont Philodème est à ce jour l'unique citateur et témoin –, aux fins de les disqualifier au profit de la seule philosophie. Second point important : les textes retrouvés et édités à ce jour approfondissent la dimension fondamentalement éthique et psychologique de l'épicurisme qui caractérisait la doctrine dès la fondation même du Jardin.

CP : Pourriez-vous rappeler en quoi consiste la découverte de cette bibliothèque ?

DD : J'ai exposé en détail l'histoire de cette découverte dans mon introduction à l'édition du *De musica* de Philodème. La villa des Pisons, ou villa des Papyrus, a été découverte en 1750 à Herculanum. On y a trouvé un nombre exceptionnel de volumes (650 selon mes estimations) carbonisés du fait de l'éruption du Vésuve en 79 après J.C, et c'est cette découverte qui est pour ainsi dire l'acte de naissance de la papyrologie. Ces rouleaux, qui ont d'abord été pris pour des morceaux de bois carbonisés et laissés de côté par les premiers fouilleurs, sont extrêmement compliqués à manipuler et à déchiffrer. Après certains errements qui occasionnèrent la perte irréversible de textes, le père Antonio Piaggio inaugura les nombreux essais de déroulement mécanique des papyrus à partir de 1754 qui déboucha sur des transcriptions, des gravures et des dessins du fait de la nature destructive de la plupart des méthodes de déroulement, puis sur des éditions.

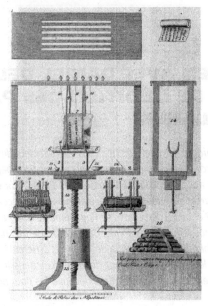

Éclaté de la machine du P. A. Piaggio pour dérouler les papyrus
(G. Castrucci, *Tesoro letterario di Ercolano, ossia, La reale officina dei papiri ercolanesi*, Napoli, Fibreno, 1858, p. 11)

On a d'abord trouvé des volumes un peu partout au cœur de la villa, puis on a découvert une bibliothèque (la salle V du plan de Weber), qui appartenait probablement à Philodème lui-même, dans laquelle se trouvait, outre un buste d'Épicure, des papyrus latins en nombre restreint, et un grand nombre de papyrus grecs. Parmi eux se trouvent des textes d'Épicure que nous ne connaîtrions pas autrement – notamment certains livres de son grand œuvre, le *Peri phuseôs, la Nature*, dont nous donnons la traduction dans l'édition de La Pléiade – mais aussi d'autres épicuriens comme Polystrate, Colotès, et Démétrios, et enfin de très nombreux livres de Philodème lui-même : on peut citer notamment une *Revue des Philosophes*, des œuvres morales, un traité sur le franc-parler ou *parrhesia* notamment, une somme intitulée *Les Vices et les vertus qui leur sont opposées*, un *Sur la colère* probablement tiré d'un vaste traité *Sur les passions*, le *De morte*, mais aussi un traité d'économie, un tryptique esthétique – Philodème était aussi poète – : le *Sur la Musique*, la *Rhétorique* et un *Sur les poèmes*, ou encore des œuvres théologiques (*Sur les dieux, Sur le genre de vie des dieux, Sur la piété*) et un traité d'épistémologie, *Les Phénomènes et les modes d'inférence* (en latin *De Signis*). La plupart de ces traités font l'objet d'éditions scientifiques modernes qui ressortissent à la science papyrologique.

CP : *La salle V de la Villa des Papyrus d'Herculanum était-elle la salle de travail de Philodème ?*

DD : C'est difficile à dire : elle conservait assurément ses propres livres et une bibliothèque d'école allant d'Épicure à Zénon de Sidon et Démétrios Lacon. Toutefois, il travaillait vraisemblablement ailleurs, car les archéologues datent désormais la construction de la Villa du troisième quart du -Ier siècle, et on considère généralement que Philodème meurt après -40, à peu près au même moment que son patron Calpurnius Pison Caesoninus qui s'était attaché Philodème comme philosophe attitré. Il est probable que, si l'ancien consul et sénateur était plus souvent à Rome qu'à Herculanum, il en était de même pour Philodème. Il est donc très douteux, pour toutes ces raisons, que ce dernier ait travaillé dans la salle V, la « bibliothèque » d'Herculanum !

CP : *Dans quel état ces textes ont-ils été conservés ?*

DD : Les rouleaux de papyrus carbonisés contenant ces textes ne sont pas encore tous déroulés ni ouverts, loin de là ! On constate que la plupart de ceux qui l'ont été ont perdu leur partie initiale – souvent plus de la moitié ou des deux tiers de leurs colonnes – du fait de la fusion entre elles des volutes extérieures des *volumina* due à la chaleur intense de l'éruption. En outre, leurs parties déroulées (ou décollées) comportent pas mal de zones problématiques de taille variable, dues à la finesse et à la fragilité du support. Il subsiste aussi sur la surface des parties déroulées de nombreux restes parasites de couches supérieures (*sovrapposti*) ou des lacunes ponctuelles laissant voir des lettres de strates inférieures (*sottoposti*) qui contrarient beaucoup la lecture : bref, le mélange récurrent de couches différentes est pour les éditeurs des textes d'Herculanum l'un des problèmes majeurs, que les nouvelles technologies tentent peu à peu de pallier.
Depuis le travail considérable de Marcello Gigante dans les années 1970-2000 et la création du Centro Internazionale per lo Studio dei Papiri Ercolanesi fondé à Naples en 1969, on s'aperçoit que les éditions de ces papyrus déroulés peu à peu à partir de 1754 – la première édition publiée remonte à 1793 – comportent beaucoup d'erreurs de lecture – dues pour une part aux *sovrapposti* et *sottoposti* – et de conjectures fautives ou aventurées, que les images multispectrales du tout début de notre siècle ont contribué, entre autres, à supprimer et rectifier. De nouvelles lectures apparaissent ainsi régulièrement, qui corrigent ces toutes premières éditions. Les textes nouvellement réédités permettent, en tout cas, de découvrir une variété de pratiques d'écritures et de méthodes que l'on ne connaissait pas lorsqu'on devait se contenter du corpus épicurien transmis par les *Vies* de Diogène Laërce – les trois *Lettres* d'Épicure, les *Maximes* et *Sentences vaticanes* – et par les doxographes anciens tels Cicéron, Sénèque, Plutarque, Galien ou Diogène Laërce. Il n'y a donc pas de textes qui nous soient parvenus dans leur intégralité, même si des reconstructions méritoires de quelques rouleaux entiers voient désormais le jour régulièrement – depuis celle des 152 colonnes du livre IV du *Sur la musique* de Philodème (paru dans la Collection des Universités de France en 2007). Je suis parvenu, à l'aide de maquettes papier successives, à « remonter » ce rouleau depuis son titre initial jusqu'au titre final ou *subscriptio*, en dépit de nombreuses lacunes

dans les 112 premières colonnes et grâce aux nombreux dessins de fragments carbonisés qui furent écaillés au fur et à mesure de l'ouverture des « écorces » les plus extérieures, afin de permettre le déchiffrement des couches inférieures. R. Janko a fait de même pour les quatre premiers livres des *Poèmes* du même Philodème (Oxford, Oxford University Press, 2000-2020), suivi par G. Leone pour le livre II de *La Nature* d'Épicure (Napoli, Bibliopolis, 2012) et F. Nicolardi pour *La Rhétorique I* de Philodème (Napoli, Bibliopolis, 2018).

Divers rouleaux carbonisés d'Herculanum non encore ouverts.
En haut, les PHerc. Paris. 5 et 3, deux rouleaux conservés dans la Bibliothèque de l'Institut de France, Paris ; en bas, quelques-uns des nombreux rouleaux non déroulés de l'*Officina dei papiri Marcello Gigante*, Biblioteca Nazionale di Napoli (clichés D. Delattre).

Ces reconstitutions de livres aussi complets que possible permettent de comprendre comment Philodème travaillait, entouré d'un lecteur et d'un scribe. Le lecteur lisait l'écrit d'un philosophe, Philodème l'arrêtait, puis lui demandait de relire lentement tel passage, dicté alors à un scribe. C'est de cette façon que s'explique la structure du *De musica*, ou encore du livre des *Vices et vertus opposées* consacré à *L'Économie* (domestique). Le début du rouleau était un résumé-montage de citations des *Économiques* de Xénophon et du *Sur l'économie* de Théophraste (attribué habituellement au Pseudo-Aristote). Le texte conservé commence avec la fin du condensé de Xénophon et se poursuit avec celui, bien plus court, des seuls éléments du livre de Théophraste nécessaires pour compléter le long exposé de Xénophon. Après cette première opération, le lecteur relisait uniquement les passages que le scribe avait copiés à la demande de Philodème, et le copiste prenait note au fur et à mesure des commentaires critiques qu'ils inspiraient au philosophe, avec reprise explicite des lemmes commentés. Le rouleau final n'était que le collage bout à bout, en un seul rouleau, des deux ensembles ainsi obtenus, et s'achevait par une brève conclusion du philosophe. De la sorte, nous récupérons la position épicurienne comme « en creux » dans la partie critique faisant suite à la partie initiale des rouleaux.

CP : De nouvelles découvertes sont-elles possibles ?

DD : Oui, cela ne fait pas de doute, ne serait-ce que par l'utilisation de technologies nouvelles. Par exemple, l'utilisation non invasive des puissantes ressources du synchrotron européen de Grenoble (ESRF) en 2014-2016 pour scanner des rouleaux carbonisés non encore ouverts, au cœur desquels sont apparus des alignements de lettres grecques encore floues, mais bien présentes, et, plus récemment, la mise en œuvre de l'intelligence artificielle pour apprendre à la machine à reconnaître les caractères grecs, même déformés, sur les images scannées. C'est ce à quoi s'applique depuis un moment l'équipe du Prof. B. Seales, de l'Université de Lexington (États-Unis).

De plus, seule une partie de la villa a été fouillée au moyen de puits de mines et de tunnels à l'époque des Bourbons, et le secteur partiellement excavé entre 1989 et 2009 reste limité à la zone bordant l'ancien rivage. Car une grande partie de la villa, ensevelie sous plus de 20 m de dépôts volcaniques du Vésuve, se trouve située sous des habitations modernes, ce qui rend impossible d'excaver davantage

État actuel (2022) des fouilles de la Villa des papyrus (au centre), montrant les immeubles modernes en surplomb (cliché D. Delattre)

sans courir le risque d'effondrements. Il est donc bien possible, sinon probable que des rouleaux subsistent dans la villa ailleurs que dans la « bibliothèque », dans des endroits auxquels les archéologues n'ont pas encore eu accès. Mais en réalité, tant que les fouilles arrêtées en 1997 resteront impossibles, les progrès attendus ne viendront pas de nouvelles excavations, mais bien plutôt des progrès de la science papyrologique et des nouvelles technologies de lecture des papyrus non encore déroulés ou identifiés.

De grands progrès ont aussi été réalisés en matière d'établissement des textes depuis les années 1970, et de nouveaux fragments sont (re)déchiffrés à l'aide des nouvelles technologies de lecture des papyrus. Je veux parler de la photographie multispectrale notamment, mais aussi de la technologie appelée Reflectance

Transformation Imaging (RTI), et mise en œuvre à l'Université de Cologne, qui consiste à prendre une série de photographies sous différents angles, qui permettent de faire apparaître, dans les plis et les bosses de la surface très accidentée du papyrus, des lettres demeurées jusqu'alors invisibles ou lues fautivement. R. Janko a pu y recourir pour son édition du livre II des *Poèmes* parue en 2020. À défaut de cette technologie, c'est la lecture attentive sur écran des images infrarouges, confrontées constamment à l'original, qui a été utilisée pour la nouvelle édition du livre II du *Peri phuseôs* d'Épicure procurée en 2012 par G. Leone (à partir des restes de trois copies différentes mutilées du même livre.) De son côté, Kilian Fleischer, de l'Université de Würzburg, pour son édition en cours du rouleau de la *Revue des philosophes* consacré par Philodème à l'Académie, a inauguré récemment la technologie hyperspectrale qui permet de lire au-delà de la couche visible du papyrus, pour accéder par exemple au verso du *PHerc.* 1021. Les dessinateurs s'étaient rendu compte, à l'époque du déroulement du *volumen*, qu'il y avait sur le verso du papyrus des compléments d'information destinés à être insérés dans la colonne correspondante du recto : ce rouleau contenait, en fait, un brouillon provisoire, une version de travail imparfaite. Mais le collage, opéré au XIXᵉ siècle, du papyrus sur du carton léger, que sa conservation rendait nécessaire, a fait disparaître les ajouts du verso. Ce nouvel outil de pointe a permis de lire l'écriture de la face cachée du papyrus dans les espaces vides entre les colonnes du recto. La comparaison de l'image inversée ainsi obtenue avec le dessin exécuté lors du déroulement a permis de constater que les dessinateurs avaient commis certaines confusions de lettres (ce sont toutes des capitales), et ainsi de rectifier la lecture des additions du verso.

Image infrarouge du PHerc. 1050
(*Sur la mort*), col. 116 Delattre = col. 37 Mekler
(© CPART Brigham Young University, Provo, et
Biblioteca Nazionale Vittorio Emanuele, Napoli)

Dessin de Naples de la même colonne
(© Biblioteca Nazionale Vittorio
Emanuele, Napoli)

Par ailleurs, à la suite des travaux mathématiques de H. Essler sur l'enroulement des *volumina*, F. Nicolardi, qui vient d'éditer le livre I de la *Rhétorique* de Philodème, et M. D'Angelo, éditrice elle aussi d'un papyrus d'auteur incertain qui traite des dieux, sont occupées à mettre au point un logiciel permettant de reconstituer automatiquement l'enroulement et le déroulement du rouleau en insérant l'image (ou le dessin) du texte à sa juste place dans une maquette d'ensemble automatisée.

Le gros problème pour les papyrologues d'Herculanum étant la présence de restes de couches supérieures ou de lacunes laissant voir la strate sous-jacente, ce logiciel, encore en rodage, va aider à repositionner les *sovrapposti* et les *sottoposti* à leur bonne place, permettant ainsi de compléter des colonnes partiellement lacunaires.

Sans doute le recours aux technologies de pointe devrait-il permettre de découvrir encore de nouveaux textes, car il subsiste à Naples pas mal de rouleaux carbonisés très déformés et pour cette raison non ouverts, dont on ignore l'auteur et le contenu.

CP : Quelles sont les nouvelles informations d'ordre philosophique qui ressortent de toutes ces études ?

DD : On voit notamment apparaître le souci pédagogique qui était au cœur de la doctrine, comme le montre indiscutablement *Le Franc-parler* de Philodème – transcription de leçons athéniennes de Zénon de Sidon –, dont L. M. White et moi-même avons proposé, chacun de notre côté (respectivement en 2009 et en 2010), une réorganisation (qui s'est révélée très voisine) des deux moitiés séparées du même rouleau (*PHerc.* 1471), éditées jusque-là comme se succédant, alors que ce sont les parties supérieure et inférieure d'un seul et même *volumen* (conservé aux trois-quarts, ce qui est rarissime) à repositionner l'une au-dessus de l'autre. De ce fait, on retrouve la cohérence de la pensée de Zénon, qui semblait jusque-là passablement diffuse. Une nouvelle édition fondée sur cette reconstruction du rouleau est ainsi devenue indispensable et reste encore à procurer.

Ajoutons à cela la découverte dans les papyrus, outre celle de titres finaux d'œuvres (très ruinées) de Colotès, connues par Plutarque : le *Contre l'*Euthydème *de Platon* et le *Contre le* Lysis *de Platon*, des restes de livres dus à des compagnons d'Épicure : Métrodore de Lampsaque, alter ego du Maître, dont un écrit *Sur la richesse*, ou quelques fragments de livres de Polyène, dont un papyrus sans titre (avec figures) sur la géométrie, ainsi que des bribes d'un ouvrage de Carnéiscos, précédemment inconnu tout comme Polystrate (-III e siècle), auteur d'un *Sur le mépris irraisonné des opinions populaires* et d'un *Sur la philosophie*, conservé en partie par le Vésuve. Enfin, en 2000, G. Del Mastro et K. Kleve ont déchiffré le titre final du *PHerc.*1533 : « De Zénon, *Contre (le livre) de Cratéros en réponse à (celui) [s.-e. de Zénon]* Sur les démonstrations géométriques », révélant pour la première fois les titres de deux œuvres du maître athénien de Philodème.

À propos des divers livres retrouvés de *La Nature* d'Épicure, il y a déjà beaucoup de nouveautés. Pour les quinze premiers livres (sur un total de 37), D. Sedley a proposé en 1998 d'en reconstituer le contenu à l'aide de ce qui subsiste des livres II, XI et XIV et à partir du poème de Lucrèce, qui se limiterait selon lui à ces quinze livres d'Épicure (voir le tableau récapitulatif de la p. 1102 des *Épicuriens* de la Pléiade). Rappelons que le livre II (sur les atomes et les simulacres) a enfin retrouvé une cohérence d'ensemble avec la remarquable édition de G. Leone déjà mentionnée.

Le livre XI, actuellement en cours de réédition par les soins de la même éditrice, traite de l'origine de notre monde et des corps célestes dont la grandeur et le mouvement sont analysés. Concernant le livre XXV (livre essentiel pour comprendre comment Épicure s'affranchissait du déterminisme démocritéen), un travail collectif de réédition est prévu pour la décennie à venir, lui aussi sous la direction de G. Leone. Le livre XXVIII du *Sur la nature* nous éclaire sur une possible évolution de la pensée d'Épicure concernant l'origine du langage et les rapports entre philosophie et langage commun. Quant à ce qui subsiste du livre XXXIV (qui porte sur les rêves comme signes des choses non évidentes), il pose encore beaucoup de problèmes aux chercheurs d'aujourd'hui...

CP : *Il est habituel de considérer, avec Numénius que la doctrine du Jardin est restée la même au fil des siècles. Est-ce bien toujours le cas ?*

DD : Oui et non. À travers la production propre de Philodème, on a pris depuis longtemps déjà conscience de l'ouverture (longtemps jugée étonnante) du Jardin – au tournant des -II e-I er siècles – à des thématiques nouvelles chez les Épicuriens, comme la rhétorique, la poésie et la musique, abordées dans des « sommes », en plusieurs livres chacune, représentant pas loin d'une vingtaine de rouleaux ! Les éditions les plus récentes de ces écrits confirment qu'une telle ouverture culturelle visait d'abord à attirer des publics nouveaux parmi les aristocrates romains philhellènes, et à faire pièce au stoïcisme, alors très en faveur à Rome. Toutefois ces arts y sont avant tout la cible de critiques sévères et présentés comme à éviter, sinon à fuir du fait que leur pratique, consommatrice d'un temps de vie précieux, interdit à l'homme en quête du bonheur de se consacrer à plein temps à la philosophie.
Le Gadaréen s'en prend aussi avec vigueur à certains Épicuriens contemporains, en particulier à des disciples des cercles de Rhodes et de Cos dans un des premiers livres de *La Rhétorique*. Plus nouveau, il en critique sévèrement d'autres (ou les mêmes ?) dans un rouleau cassé en deux moitiés, dont la partie supérieure (*PHerc.* 1005) a été intitulée par son éditrice, A. Angeli, *Agli [amici di scuola]*, traduit prudemment dans *Les Épicuriens* par *À l'adresse des ...* En 2017, G. Del Mastro a pu en restituer le titre final, incomplet dans ce papyrus (qui contient le quadruple remède), grâce à sa découverte de la partie inférieure du même rouleau dans le *PHerc.* 862 : *Contre les prétendus spécialistes des livres* (s.-e. du Jardin). Il va être possible dans les années à venir de compléter le texte édité en 1988 par le déchiffrement de la moitié inférieure et la confrontation de la fin ainsi reconstituée du *PHerc.* 1005/862 avec le *PHerc.* 1485, une seconde copie lacunaire du même livre qui présente çà et là des variantes, et que Del Mastro, à la suite de M. Capasso (1988), a pu en rapprocher. Le texte de cette fin de rouleau s'en trouvera de la sorte fort augmenté, et notre connaissance des polémiques internes au Jardin aux II e-I er siècle avant notre ère sensiblement enrichie.
Quant à Zénon de Sidon, dernier grand scholarque épicurien d'Athènes, il a joué un rôle décisif dans la reprise en main de l'école à une époque où les disciples avaient pris la fâcheuse habitude de se contenter des *Lettres* et autres abrégés doctrinaux, sans plus lire ni étudier par eux-mêmes les livres fondateurs d'Épicure et de Métrodore ou encore de Polyène, comme l'avait conseillé le Maître dans les trois *Lettres* qui nous sont parvenues. C'est dans le même esprit de rigueur que

Démétrios Lacon œuvrait en Ionie, à Milet, au tout début du -Iᵉʳ siècle. Dans le monde latin, enfin, on voit apparaître un cercle épicurien dirigé à Naples par Siron – que fréquentaient Philodème, au témoignage de Cicéron, et aussi le jeune Virgile, dédicataire (avec trois autres poètes) de *La Calomnie* (*PHerc. Paris. 2*) du Gadaréen. Cette réaction vigoureuse d'un retour sans concession à la doctrine originaire de l'école, couplée avec une ouverture nouvelle aux disciplines artistiques de la *paideia*, nous paraît caractériser un nouvel âge du Jardin, qu'on peut qualifier de médio-épicurisme. Avec mon épouse Joëlle, je propose de voir dans le changement de cap opéré par Zénon de Sidon, Démétrios Lacon et Philodème un retour volontariste à l'étude attentive des textes des fondateurs du Jardin, en réaction à un relâchement néfaste ou à des « déviances » doctrinales de certains disciples (tels que d'illustres inconnus comme Timasagoras ou Nicasicratès de Rhodes) au cours du -IIᵉ siècle, ce que révèlent le titre et surtout le contenu du *Contre les prétendus spécialistes des livres*. Cela se voit aussi dans les *Apories…*, où Démétrios fait vraiment œuvre de philologue pointilleux et imaginatif, expliquant par exemple l'interprétation erronée de tel ou tel passage d'Épicure ou d'autres auteurs par l'explication ingénieuse des fautes commises par des scribes dans certaines copies de leurs livres.

De plus, la *phusiologia* ou « étude de la nature » est tenue par les médio-épicuriens pour un préalable indispensable à l'éthique, sans être toutefois l'objet d'étude et de réflexion principal de la doctrine. Tel était déjà le point de vue d'Épicure très certainement, puisque le couronnement des trois *Lettres* est précisément la *Lettre à Ménécée* où est formulée l'éthique du Jardin. Dans le cadre des polémiques philosophiques du -Iᵉʳ siècle, il leur est apparu nécessaire de mettre au point une sorte de « boîte à outils » destinée à aider les disciples du Jardin à résister efficacement à leurs adversaires, en particulier sur le terrain logique. Cela ressort clairement de la fin de *La Colère* et, davantage encore, du *Sur les phénomènes et les modes d'inférence* de Philodème. Il y reproduit successivement, de façon sans doute fidèle, les réponses de Zénon, de Bromios et de Démétrios à diverses objections stoïciennes – de Denys de Cyrène en particulier – contre la *transposition selon la similitude*, raisonnement spécifique du Jardin, en montrant que le prétendu caractère contraignant du *mode de l'inférence par élimination* stoïcienne repose en fait sur une inférence par similitude préalable, dès lors qu'on prend en compte les phénomènes. Le *De signis* apparaît ainsi comme une mise à jour, au tournant des IIᵉ-Iᵉʳ siècle avant notre ère, de la canonique d'Épicure, rendue indispensable par l'évolution de la polémique entre les écoles.

En un mot, une telle adaptation de la doctrine du Jardin à l'actualité, loin de trahir l'enseignement d'Épicure, contribuait sans nul doute à le maintenir vivant.

Pour conclure notre entretien, force est de reconnaître que le matériel libraire retrouvé à Herculanum, et de plus en plus scientifiquement valorisé, ne cesse de changer en profondeur notre connaissance de l'épicurisme et de son histoire, et fait de cette philosophie un champ de recherche toujours nouveau.

**Entretien réalisé par Stéphane Marchand le 4 novembre 2022
avec la contribution de Joëlle Delattre-Biencourt**

Bibliographie complémentaire

DELATTRE D., « La papyrologie d'Herculanum révolutionnée par l'imagerie multispectrale : une technologie de pointe mise au service du déchiffrement des textes (à partir des *Commentaires sur la musique*, IV de Philodème) », *Aedilis* 12, 2007.

– « Le Franc-parler de Philodème (PHerc. 1471) : reconstruction d'ensemble du rouleau » dans A. Antoni, G. Arrighetti, M. Bertagna, D. Delattre (a cura di), *Miscellanea Papyrologica Herculanensia*, vol. I, p. 271-291, Pisa-Roma, F. Serra Editore, 2010.

– « Premières expérimentations au synchrotron européen de Grenoble (ESRF) sur les papyrus d'Herculanum de Paris », *Comptes rendus des séances de l'Académie des Inscriptions et Belles-Lettres*, vol. 159, n°1, 2015, p. 221-233.

— et J. Pigeaud (dir.), *Les Épicuriens*, Paris, Gallimard, 2010, 2022.

MOCELLA V., E. BRUN, C. FERRERO et D. DELATTRE, « Revealing letters in rolled Herculaneum papyri by X-ray phase-contrast imaging », *Nature Communications*, vol. 6, n° 1, 2015, p. 5895.

PHILODÈME, *Sur la musique. Livre IV*, éd. D. Delattre, Paris, Les Belles Lettres, 2007, 2 vol.

– *Sur la mort. Livre IV*, éd. D. Delattre, Paris, Les Belles Lettres, 2022.

PARUTIONS

NOTE DE LECTURE

Philodème de Gadara. *Sur la mort, Livre IV*
Texte établi, traduit et annoté par Daniel Delattre,
Paris, Les Belles Lettres, 2022

Si pour beaucoup la pensée épicurienne se résume aux ouvrages d'Épicure et de Lucrèce, ces dernières années ont montré que nombreux textes restaient à exploiter pour approfondir cette philosophie. La traduction et l'édition du *De Morte* de Philodème par Daniel Delattre, fruit d'une douzaine d'années de travail, invitent à élargir le corpus épicurien classique en rendant accessible un texte fondamental. Plus encore, cette nouvelle édition contribue à préciser les connaissances actuelles des thèses majeures de l'épicurisme tout en les abordant de façon innovante : le point de vue de Philodème sur la mort, enrichi par les notes et commentaires de Daniel Delattre, offre de nouvelles perspectives sur le traitement épicurien de ce problème éthique. C'est pourquoi afin de présenter cette nouvelle édition, nous proposons de montrer comment sa lecture peut approfondir et attester les thèses épicuriennes sur la mort tout en les complétant et les développant.

Avant de nous intéresser au texte de Philodème tel que nous le livre cette nouvelle édition, nous voudrions souligner les apports majeurs de l'introduction donnée par l'auteur au texte lui-même. Cette introduction, précise et développée, contribue pleinement à la richesse de l'édition de Daniel Delattre. Composée de deux parties essentielles, elle donne un aperçu complet du matériau, de son histoire et de son contenu. En effet, un premier moment propose d'inscrire le texte de Philodème dans l'histoire papyrologique : Daniel Delattre retrace les évolutions de lecture et de retranscription du Papyrus d'Herculanum 1050 sur lequel les fragments nous sont parvenus. Résumant les différentes étapes permises par l'évolution des techniques de lecture (notamment celle des images infra-rouge) ainsi que les diverses éditions, l'auteur rappelle que le travail d'édition et de traduction s'appuie sur une réalité matérielle première qu'est le support du texte. Au fil de l'introduction, le lecteur est amené à comprendre que, dans le cadre du texte du *De Morte*, l'état fragmentaire ainsi que les particularités typographiques et stylistiques du grec ont été autant de difficultés à résoudre, autant d'énigmes à interpréter. Dans ce chemin de déchiffrage et d'interprétation du texte, la connaissance particulière de Philodème par Daniel Delattre s'avère un précieux guide : soutenu par sa familiarité avec l'auteur du fait de ses travaux antérieurs [1], Daniel Delattre

---

1. D. Delattre et J. Pigeaud (dir.), *Les Épicuriens*, Paris, Gallimard, 2010 et Philodème De Gadara, *Sur la Musique. Tome I et II : Livre IV*, éd. D. Delattre, Paris, Les Belles Lettres, 2007.

explicite tout d'abord son parcours et ses choix d'éditeur-traducteur. Le deuxième moment de l'introduction poursuit cette présentation du texte en opérant un changement de perspective : celui-ci n'est plus étudié à partir de son matériau mais à l'aune de son contenu. Cette présentation philosophique de l'œuvre inscrit Philodème dans la continuité des thèses épicuriennes sur la mort : Daniel Delattre propose en effet une histoire rapide mais précise du traitement de ce thème fondamental chez les différents épicuriens qui ont précédé notre philosophe. Cette recension est essentielle pour saisir à la fois les enjeux du texte, le contexte d'écriture mais aussi ses apports et innovations. Philodème[2] apparaît comme un épicurien à part entière, mu par des problématiques d'école, mais aussi comme un philosophe investi dans les tensions et polémiques portées par son époque : philosophe grec du Ier siècle avant Jésus-Christ, installé en Italie, Philodème actualise les thèses épicuriennes à un contexte romain et philosophique différent des premiers temps du Jardin. Ses écrits nombreux[3] quoique pour nous très fragmentaires témoignent non seulement d'une préoccupation éthique majeure mais aussi d'une approche psychologique nouvelle. L'introduction s'achève par une mise en avant de l'originalité du texte et de son contenu, originalité que nous tenterons de mettre en avant dans la suite de ce compte rendu.

Tout d'abord, l'œuvre de Philodème, rendue accessible par cette nouvelle édition, défend les assertions essentielles de l'épicurisme sur la mort. Reprenant à la suite d'Épicure l'affirmation selon laquelle « la mort n'est rien pour nous »[4], Philodème va s'intéresser de façon précise au lien entre sensibilité et souffrance, puis à celui entre mort et insensibilité : « En outre, qu'un mal – [même] si c'est [quelque chose] de tout à fait déplaisant –, n'ait aucune importance pour nous en raison de l'absence de sensibilité [qui caractérise] l'état de mort, et que la privation des biens, si elle s'accompagne effectivement de l'insensibilité, ne soit ni cause de chagrin ni telle que nous [la recevons de notre vivant] »[5]. Ainsi, la mort est l'état opposé de la vie : cette opposition se caractérise par l'absence, dans la mort, de la propriété même de la vie, la sensibilité. Cependant, pour souffrir comme pour jouir, il faut exister, c'est-à-dire être avoir la vie dont la mort est par nature privée comme propriété. Nous retrouvons ici les affirmations épicuriennes sur la mort telles notamment que Lucrèce peut les présenter dans son ouvrage : « Qui n'existe plus ne peut être malheureux »[6]. Le malheur comme la jouissance appartiennent au domaine de la vie. Philodème, dans son texte, précise encore l'état de mort en montrant que si la mort nous laisse indifférents à la douleur comme au plaisir, elle ne limite pas pour autant le plaisir de notre

2. Pour une biographie plus détaillée, nous renvoyons à celle proposée par Daniel Delattre dans son édition du *De la Musique, op. cit.*

3. Pour plus de précision sur l'état de sa production, nous renvoyons le lecteur aux présentations détaillées suivantes : M. Gigante, *La bibliothèque de Philodème et l'épicurisme romain*, Paris, Les Belles Lettres, 1987 et T. Dorandi, « La Patria di Filodemo », *Philologus : Zeitschrift für Antike Literatur Und Ihre Rezeption* 131, 1987, p. 254-56.

4. Épicure. *Lettres, maximes et autres textes*, trad. fr. P-M. Morel, Paris, GF Flammarion, 2011, *Lettre à Ménécée* § 124.

5. Philodème de Gadara. *Sur la mort. Livre IV*, trad. fr. et éd. D. Delattre, Paris, Les Belles Lettres, 2022, IV, col 68.

6. Lucrèce, *De la nature (De rerum natura)*, trad. fr. J. Kany-Turpin, Paris, Flammarion, 1997, chant I, 867.

vie : « un espace de temps d'une durée donnée produit, de façon naturelle, un plaisir [égal] au temps illimité, lorsqu'on saisit bien les bornes <du plaisir> ; [car] le [corps] charnel, reçoit d'emblée la grandeur du plaisir [qu'aurait][7] précisément procurée le temps sans limite. »[8] Le philosophe dissocie plaisir illimité et temps illimité. La temporalité de la vie et sa finitude ne constituent en rien une limitation du plaisir. Cette affirmation se retrouve dans les textes épicuriens de façon constante : « Le temps infini contient un plaisir égal à celui que contient le temps limité, si l'on a mesuré les limites du plaisir par le raisonnement »[9]. Les deux textes sont très proches et, à cet égard, Philodème se place en fidèle disciple d'Épicure : pour celui qui comprend naturellement le plaisir, c'est-à-dire en allant au-delà des préjugés et des illusions grâce à l'usage de la raison, son intensité ne réside pas dans sa quantité, ni même dans sa durée, mais bien dans sa qualité. À qualité égale, intensité égale. Le temps est rejeté hors des paramètres de mesure du plaisir : c'est la nature même de la jouissance plus que sa répétition ou sa durée qui la détermine. Alors, si la durée n'est pas un critère d'évaluation du plaisir, tout homme est capable d'un plaisir égal à celui des dieux, c'est ce qu'affirme le philosophe à la colonne 78 dans une analyse qui semble très proche de celle de Lucrèce[10] : « … concerner aussi les dieux..[parce que] le corps, [qui est à même de retenir l'âme], est d'une taille égale… sans limite, et en fonction de la… dans un lieu limité… ; et le passé… et le [futur], ils [font un faux raisonnement] <en s'imaginant qu'> ils passeront leur vie »[11]. Si le corps des dieux est immortel, s'il maintient éternellement l'union de l'âme et du corps, parce que pour lui le futur, le présent et le passé ne sont que bonheur et plaisir (les dieux sont bienheureux) alors, pour lui, le plaisir est toujours égal et toujours identique. L'immortalité et l'éternité divines ne sont pas des critères d'augmentation du plaisir. Si donc rien ne peut augmenter le plaisir authentique, alors tout homme est capable d'un plaisir égal à celui des dieux, d'un plaisir parfait, et cela indépendamment de sa mortalité. Ce qui importe dès lors, ce n'est pas de fuir la mort, ni même de chercher comment amasser plus de plaisirs, mais c'est, au contraire, de choisir le genre de vie permettant l'accès au plaisir authentique : « Si, en effet, c'est dans le but d'assouvir ses désirs congénitaux et naturels et d'en retirer pleinement le mode de vie le plus approprié possible qu'on aspire à vivre un certain laps de temps supplémentaire, de façon à être comblé de biens et, par le rejet total de la gêne due aux désirs, obtenir la [tranquillité d'esprit] en échange, voilà qui est un homme sensé ! En revanche [vivre], loin de la philosophie autant [d'années] supplémentaires qu'on veut, comme celles-ci allaient comporter

■ 7. Les crochets obliques (<…>) désignent un ajout dans le texte de la part de l'éditeur afin de combler une lacune ; Les ajouts entre crochets droits […] dans le texte français correspondent à un ajout de traduction complétant les termes grecs. Ces modifications sont guidées par un souci non seulement de clarté et de cohérence mais aussi par un souci de respect de la grammaire et syntaxe grecques.

■ 8. Philodème, *Sur la mort*, IV, *op. cit.*, col 76, 32-39.

■ 9. Épicure, *Maximes capitales* 19.

■ 10. Lucrèce V, 170-173 : « Pour jouir de la nouveauté, il faut évidemment / souffrir des temps anciens, mais si l'on ignore la peine, / si le passé ne fut qu'une éternité de beaux jours / pourquoi donc ce brûlant désir de la nouveauté ? ».

■ 11. Philodème *Sur la mort*, IV, *op. cit.*, col 78, 1-30.

quelque chose de plus que le [présent], c'est à peu de choses près comme [...] le temps sans limite [de la non-existence] »[12]. Nous le voyons, ce qui est en jeu dans le désir de vivre c'est son intention : le désir de vivre qui est désir de sagesse et de progrès est un bon guide de vie, mais le désir de vivre qui est désir de plaisirs innombrables et variés est un guide dangereux qui mènera celui qui le suit au malheur. L'homme sensé qu'est le sage est celui qui est mu par le désir de faire de sa vie un apprentissage et un approfondissement de la sagesse, seule capable de procurer le plaisir vrai et entier.

Alors, Philodème conclut, dans la suite de la tradition épicurienne, que le seul et vrai remède à la peur de la mort, l'unique chemin vers la sagesse, c'est la philosophie : « maintenant [que], lorsqu'on est devenu sage et qu'on a vécu encore pendant un certain temps, on s'est acquis le bien le plus grand et que, si l'on chemine dans l'équanimité et la constance, il est approprié de durer indéfiniment (si la chose était possible !). Et quand le point final est mis, il n'y a pas d'effacement du bonheur – il a existé »[13]. La seule vie qui mérite d'être vécue est celle de celui qui a atteint la sagesse par la philosophie car elle seule permet de procurer le bien ultime. L'emploi du superlatif, τὸ μέγιστον ἀγαθὸν, marque l'idée d'une intensité extrême et parfaite dans le bien donné par la sagesse et donc par la philosophie. Cette perfection évoque l'idée de plénitude : celui qui a atteint ce plaisir, lorsque sa mort viendra (le terme de sa vie), ne pourra ressentir une privation car il aura goûté la perfection. Ainsi, la sagesse invite à goûter ce bien en ayant conscience de sa limite, inscrite non pas dans sa nature mais bien dans notre nature de mortel. Le sage, c'est celui qui reconnaît la mort comme naturelle et qui, l'acceptant, se reconnaît lui-même comme mortel : « l'homme sensé au contraire une fois qu'il a reçu ce qui peut procurer tout ce qui suffit à une vie heureuse, se conduit en homme dorénavant prêt, pour le reste, à être porté en terre. Un seul jour vaut pour lui, en termes de gain l'éternité. [...] de plus, quand il avance en âge assurément, il reçoit comme un cadeau qui mérite qu'on en parle le sursis accordé par le temps, comme s'il voyait là un coup de chance inattendu ; et de cela aussi il est reconnaissant aux circonstances »[14]. L'acceptation de sa mortalité produit deux fruits contre la peur de la mort : le premier c'est l'identification et la confusion du temps et de l'éternité, le deuxième, c'est la gratitude. Le sage, en se reconnaissant mortel, atteint dans le bien suprême une intensité égale à celle que pourrait procurer l'éternité elle-même. Admettre les limites physiques de sa vie peut, pour celui qui est sage, la rendre équivalente à toute éternité en termes de plaisir. Ce qui nourrit cette équivalence, c'est l'attitude nouvelle qui guide le sage : la gratitude (εὐχα[ρ]ιστεῖ, col 117, 25). Cette valeur éthique est majeure dans l'épicurisme. Elle se retrouve dans les textes d'Épicure qui nous sont parvenus et notamment dans la *Lettre à Ménécée* où elle apparaît comme fruit de la philosophie : « Par conséquent, doivent philosopher aussi bien le jeune que le vieillard, celui-ci afin qu'en vieillissant il reste jeune sous l'effet des biens, par la gratitude qu'il éprouve

12. Philodème *Sur la mort*, IV, col 93, 2-16.
13. *Ibid.*, IV, col 98, 1-11.
14. *Ibid.*, IV, col 117, 14-19 et 21-25.

à l'égard des événements passés, et celui-là, afin que, tout jeune qu'il soit, il soit aussi un ancien par son absence de crainte devant ce qui va arriver »[15].

La gratitude, en tant que reconnaissance des biens comme dons de la nature, comme prêts pour la jouissance et non comme dus, est une vertu pleinement thérapeutique à l'égard de la mort en ce qu'elle fait passer de l'insatisfaction au contentement : « Un seul jour vaut pour lui, en termes de gain, l'éternité ; et quand il <lui> est retiré, il n'est pas surpris et, loin d'imaginer qu'il rate quelque chose de la vie la meilleure, il donne son consentement. De plus, quand il avance en âge assurément, il reçoit comme un cadeau qui mérite qu'on en parle le sursis accordé par le temps, comme s'il voyait là un coup de chance inattendu ; et de cela aussi il est reconnaissant aux circonstances »[16]. L'attitude de gratitude et de contentement décrite ici par Philodème (εὐτυχίᾳ, εὐχα[ρ]ιστεῖ) positionne l'homme sensé, celui qui use de la vie avec raison (ὁ δὲ νοῦν ἔχων[17]), dans une relation de familiarité avec les évènements (ξενίζω). Ce dernier connaît la nature limitée de la vie et, par cette connaissance, il entre dans une attitude d'accueil des évènements extérieurs. Cette attitude de vie apparaît dès lors comme essentielle. C'est elle qui marque la frontière entre le sage et l'insensé, comparé, chez Philodème, à un frelon (κηφηνώδης[18]) : ce dernier s'agite et fuit la réalité de la vie, conduit non par amour de celle-ci mais bien par peur de la mort elle-même[19].

Cependant, si le philosophe suit la doctrine épicurienne sur la conception de l'état de mort et sur l'attitude à prendre à son égard, il va prolonger la réflexion en interrogeant le lien entre mourir et souffrir. Si la mort, comme état, est absence de sensation et donc impossibilité de souffrance comme de plaisir, qu'en est-il du processus lui-même ? Qu'en est-il de l'agonie ? Il nous semble ici que c'est le point particulièrement novateur et intéressant de l'approche de Philodème, car ce dernier, soucieux de la réalité charnelle de la nature humaine, est conscient de la vision douloureuse que l'homme peut avoir de l'agonie. En cela, il se propose d'étudier le rapport entre mourir et souffrir afin de voir si ces derniers sont liés de façon nécessaire, ou si, au contraire, ils sont indépendants. Pour analyser cela Philodème change de point de vue et, de philosophe, se fait médecin. Il propose alors une recension de cas de médecine particulière mettant en scène l'acte de mourir et permettant d'étudier le lien entre mourir et souffrir. Le premier cas analysé est celui d'une agonie accompagnée de plaisir : « [toutefois quelques-uns] traitent [le sujet] avec un grand luxe de détails, alléguant, lorsqu'ils [parlent de gens] qui rendent le dernier souffle, que du plaisir accompagne la mort en plein coït de [débauchés] et celle des individus qui, durant leur maladie, s'étranglent en éjaculant »[20]. Dans certains textes épicuriens, dont celui de Lucrèce,

15. Épicure Lettre à Ménécée, § 122. Nous pouvons relever une grande présence de la gratitude dans le corpus épicurien, notamment dans les Sentences Vaticanes, 7 (« mis à l'abri par le moyen sûr de la gratitude »), 55 (« guérir les malheurs par le souvenir reconnaissant »).

16. Philodème, Sur la mort, IV, col 117, 18-25. Nous pouvons rapprocher ce passage des vers 933-939 du chant III du De Rerum Natura.

17. Philodème, Sur la mort IV, col. 117, 14.

18. Ibid., IV, 117, 26.

19. Nous renvoyons le lecteur au Sur la mort IV, col 118, 6-7.

20. Philodème, Sur la mort, IV, col 80, 6-13.

l'éjaculation, lorsqu'elle n'est pas corrompue par la passion mais qu'elle est considérée dans sa dimension purement physiologique, est l'exemple même du plaisir intense : « Unis enfin, ils goûtent à la fleur de la vie, / leurs corps pressentent la joie, et déjà c'est l'instant/ où Vénus ensemence le champ de la femme. / [...]et, leurs membres, tremblant de volupté, se liquéfient. / Enfin jaillit le désir concentré en leurs nerfs »[21]. Ces quelques vers associent le coït au plaisir (*fruuntur, gaudia, uoluptatis, cupido*) et à l'intensité (*ui labefacta*). Par conséquent, si même les « débauchés », ou certains malades, peuvent mourir avec plaisir, cela signifie que le processus même de l'agonie n'est pas en contradiction avec la jouissance. Philodème propose alors un deuxième cas qui insiste sur le fait que nous puissions mourir, à défaut d'avec un plaisir intense et extrême, du moins sans douleur : ainsi la médecine atteste de « [la mort de gens atteints] d'une maladie de cœur ou [de l'estomac] qui s'éteignent sans éprouver de douleur ; » et de « [ceux] qui, après avoir fait bombance, laissent échapper la vie dans leur sommeil ; et [de] ceux qui, plongés dans un semi-coma ou victimes d'une perte de connaissance, sont privés de sensibilité et ne reprennent plus conscience »[22]. Dans les cas donnés par le philosophe, l'acte de mourir est séparé de toute souffrance : ces exemples lui permettent de conclure que mourir et souffrir ne sont pas intimement liés. Le premier ne suppose pas le deuxième. Par ces exemples médicaux, Philodème corrige une représentation fausse et populaire de l'agonie : celle-ci ne saurait être synonyme de souffrance, puisque cette dernière n'est qu'un accident non nécessaire qui s'ajoute de l'extérieur au processus initial. Alors, si l'expérience de l'agonie, à travers l'observation médicale, n'atteste d'aucun lien de nécessité entre le fait de mourir et la souffrance, rien ne peut établir ce dernier. Ce qui n'est pas confirmé par l'expérience n'aura pas à être soutenu comme proposition vraie par la philosophie. C'est pourquoi, s'appuyant sur les fondements de l'épistémologie épicurienne, Philodème peut conclure : « [Je l'] affirm[e en effet] <la chose> est en réalité [inconnaissable] puisque justement [il a été démontré] par Épicure que c'est au moyen des [organes des sens] que les <réalités> se trouvent perçues, par suite de la confirmation pour une part et, pour une autre part de l'accord avec les phénomènes »[23]. Si l'expérience sensible est critère de vérité, il devient impossible de certifier un lien entre mort et souffrance. Le philosophe œuvre ici en stratège : conscient que certains pourraient réfuter la valeur de l'expérience, il choisit de mobiliser des cas médicaux, et donc des cas déjà attestés par une science reconnue, la médecine. La philosophie prend appui sur elle pour faire valoir la vérité de ses assertions : la connaissance rationnelle de la nature humaine et de la mort s'ancre dans une connaissance d'abord empirique. Mais en même temps que ce passage du côté de la médecine sert la démonstration et la définition épicurienne de la mort, il invite également le philosophe à entrer dans une considération de la nature humaine et de la faiblesse rattachée au corps humain. En effet, si le lien entre souffrance et agonie est aboli par

21. Lucrèce, *De rerum natura*, IV, 1105-1107 et 1114-1115.
22. Philodème *Sur la mort*, IV, col 81, 1-6.
23. *Ibid.*, IV, col 88, 6-12.

Philodème, ce dernier reconnaît la possibilité d'une souffrance et d'une peur naturelles, la « piqûre naturelle » (δηγμός φυσικός[24]) liée à la mort et à l'acte de mourir : « par ailleurs, lorsque c'est en terre étrangère que <la mort survient>, [la morsure] <est> naturelle même pour des lettrés »[25]. Ce point est particulièrement intéressant et participe pleinement de l'originalité que nous pouvons trouver dans le texte de Philodème : il existe une tendance naturelle à la peur de la mort. Cette dernière n'est pas le fait de notre rapport au savoir et à la connaissance puisque même les « lettrés » (φιλολόγοις) y sont sujets. Elle est le fait du corps, de la nature humaine qui, en interaction avec son milieu, réagit aux évènements. Cette réaction se traduit par des mouvements spontanés, des tendances qui pourraient orienter notre comportement et notre façon de penser. Cependant, à la suite d'Épicure, Philodème refuse de laisser ces tendances vaincre la raison : si elles sont réelles et naturelles, elles ne constituent pas un obstacle à l'attitude philosophique. En cela, nous pouvons rapprocher cette tendance naturelle identifiée par Philodème à l'analyse que fait Lucrèce des caractères innés :

> Ainsi des hommes : l'éducation a beau produire / certains individus policés, / elle préserve les marques de leur nature première. / Il ne faut pas croire que les défauts se laissent extirper / si radicalement que tel homme ne soit trop enclin/ à dévaler les pentes des colères ardentes, / tel autre à se tourmenter un peu vite, un troisième / à prendre certaines choses avec trop d'indulgence. [...] Mais je vois qu'il m'est possible d'affirmer ceci : / les marques laissées par nos natures et que la raison / ne parvient pas à effacer sont tellement minces / qu'il n'est aucun obstacle à une vie digne des dieux[26].

Si l'éducation et donc avec elle la philosophie ne peuvent supprimer les marques de la nature, indices de notre animalité et de notre corporéité, ces dernières ne sont pas pour autant en contradiction avec elles. L'épicurisme ne propose pas de nier la réalité de la nature humaine mais de prendre conscience que cette dernière est limitée par l'œuvre de la raison et par la pratique de la philosophie. Cette notion de limitation des tendances négatives de la nature humaine laisse place à une injonction à philosopher : seule la philosophie rend possible la vie « digne des dieux », au-delà des tendances naturelles. Il y a donc une légère fissure entre l'attitude du corps animal et humain face à la mort et l'attitude philosophique face à cette dernière. C'est pourquoi, la philosophie est un apprentissage qui, pour être efficace, nécessite d'abord la connaissance de cette nature permise notamment, dans le texte de Philodème, par les observations médicales.

La nouvelle édition du *De Morte* par Daniel Delattre nous paraît alors fondamentale en ce qu'elle met pleinement en avant ce rôle de la médecine dans l'approche de Philodème. L'analyse et la traduction précises des termes techniques permettent de saisir cette innovation du texte de Philodème qui se place à la jonction de la philosophie épicurienne et de la tradition médicale.

24. On retrouve l'expression aux colonnes 104, 10 ; 104,38 ; 113 ; 114, 36.
25. *Ibid*, IV, col 104 38, 105.
26. Lucrèce, *De rerum natura*, III, 307-314 et 319-322.

Ce double héritage confère à l'argumentation sur la mort une force nouvelle et une stratégie innovante qui font de ce texte un atout majeur de l'argumentaire épicurien sur la mort.

Anne-Claire Joncheray
UFR de Philosophie, Université Paris 1 Panthéon-Sorbonne.

ABSTRACTS

Épistémologie épicurienne

Epicurus' Epistemology: Happiness and Science

Pierre-Marie Morel

In this paper, I show that Epicurean empiricism is not only based on sensations, but also on notions. Because it builds a coherent scientific project, ancient Epicureanism presents itself as a rational empiricism, based on a methodical use of notions, under the condition of a constant agreement with experience. One must therefore take into account the twofold objective of the epistemology developed by Epicurus and his successors: to provide a solid foundation for scientific assumptions; and to derive a method of judgment offering a worldview which can contribute to the pursuit of happiness.

The Epicurean Physiology of Mental Representation

Francesca Maci

Epicurus understood seeing and thinking as empirical processes prone to reproduce characteristics of the bodies from which they originate. In addition, he admitted another intermediate psychophysical process, by means of which *phantasiai* or representations are generated in the mind, and synthesize the characteristics of sensory objects, which in turn become the basis of various cognitive functions. The purpose of this paper is to show how Epicurus was to rework the Democritean doctrine in the light of Aristotle's criticism of some theories of perception and of his views on the formation of phantasma. To this end, I will carefully examine the physiological process underlying *phantasia* in Epicurus, and show how it is strongly inspired by the psychophysical process adopted by Aristotle to explain representation.

Soulless Plants in the Garden: the Concept of Plants in Epicurean physiology

Giulia Scalas

In Epicureanism, ethical thinking is grounded on a discourse on nature that is meant to explain to individuals, the various phenomena around them, which often trouble them. Does this discourse also concern the plant world? What role do plants play in Epicurus' Garden? This study aims to reconstruct the Epicurean physiology of plants from an account contained in the *Placita philosophorum 2*. Phenomena such as nutrition and growth, which are attributed to plants however conceived as inanimate beings, are to be questioned.

Epicurean Epistemology in *De Rerum Natura*: Orthodoxy and Originality

José Kany-Turpin

Lucretius steadfastly adopted the principles of Epicurus' epistemology, but he hardly explained its procedures, and the terms he used to translate specific terms are not always consistent, which resulted in some difficulties as well as novelties. After a general presentation, some of the analogies in which Lucretius modulates the Epicurean method of inference will be examined. The special use of analogy for scientific purposes even seems to be the hallmark of the Latin poet's methodological creativity. Finally, the relevance of this method for the understanding of Epicurus' doctrine will be assessed, particularly in its most complex aspects.

Everything that Appears is True: Nicolas d'Autrécourt, the Epicurean in Spite of Himself

Aurélien Robert

In the major historical accounts of Epicureanism, only Nicolas of Autrecourt is sometimes mentioned in the Middle Ages period, because of his atomism. Although he never called himself an Epicurean, and would probably have rejected that label, he defended a thesis long associated with Epicurus: everything that appears is true. Although he may have known that this was an Epicurean thesis, I surmise that he arrived at such a result because their intentions were the same: to save Democritus without falling into the skepticism attributed to him by Aristotle. This paper systematically compares Epicurus and Nicolaus of Autrecourt in order to shed light on their theories of knowledge.

Recollecton and *A Priori* Kwowledge

Sylvain Delcomminette

This paper provides a comparison between Platonic recollection and Kantian *a priori* knowledge. After recalling the difference between a priori knowledge and innate knowledge according to Kant, it turns to Paul Natorp's Neokantian interpretation of Platonic recollection. It then shows, especially by examining passages from the *Phaedo* and the *Theaetetus*, that the most controversial point of Natorp's interpretation may be his understanding of the kind of knowledge reached by Platonic recollection as transcendental rather than as *a priori*.

FICHE DOCUMENTAIRE

2ᵉ TRIMESTRE 2023, N° 173, 180 PAGES

Ce dossier des *Cahiers philosophiques* consacré à l'épistémologie épicurienne.

Le dossier composé de cinq articles est complété, dans la rubrique Introuvables, par un texte d'Allan Marquand intitulé « La logique des Épicuriens » et un texte de Bernard Besnier traitant de la définition chez Épicure.

La rubrique Situations propose un entretien avec Daniel Delattre autour de l'édition des papyrus d'Herculanum.

On pourra lire également la recension de l'ouvrage de Philodème de Gadara *Sur la mort*, Livre IV dont le texte, établi, traduit et annoté par Daniel Delattre, a été publié en 2022.

Mots clés

A priori; Allan Marquand; analogie; atomisme; Bernard Besnier; Connaissance; Daniel Delattre; Démocrite; empirisme; Épicure; épicurisme; épistémologie; éthique; inférence; jugement; Kant; logique; Lucrèce; Nicolas d'Autrécourt; Paul Natorp; Philodème de Gadara; plantes; Platon; préconception; prolepse; réminiscence; simulacres; transcendantal.

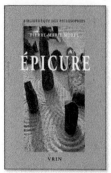

Épicure
Pierre-Marie Morel

Pour Épicure et les épicuriens, l'affection de plaisir est principe et fin de la vie heureuse. Corrélativement, parce que le plaisir est une fin naturelle, la vie bonne est aussi une vie conforme à la nature. L'attention portée au critère naturel que constitue l'affection est donc la condition première du bonheur.

Pourtant, nous n'y parvenons qu'en raisonnant méthodiquement sur ce qui est véritablement utile, à partir mais aussi au-delà des affections et des inclinations naturelles. L'évidence du plaisir ne guide efficacement la conduite que par la médiation d'un calcul prudent. De plus, la tranquillité de l'âme impose une connaissance, au moins synthétique, de la philosophie naturelle. La recherche du bonheur ne trouve son sens et sa justification que dans l'exercice autonome de la raison et en vertu d'un certain savoir. Autrement dit : comme philosophie [...].

Vrin - Bibliothèque des Philosophies
224 p. – 13,5 × 11,5 cm — 2010
ISBN 978-2-7116-2239-9, 24 €

Fragments et témoignages. Les atomes, l'âme, le bonheur
Démocrite

Une infinité d'atomes dans un vide illimité, des mondes innombrables, une nécessité toute puissante dans un univers sans providence, ni dessein intelligent. Une théorie de la connaissance qui critique l'expérience naïve mais promet aussi une approche scientifique de la nature et des phénomènes, dans une inlassable recherche des causes. Et pour l'existence humaine, la perspective d'un bonheur possible : la joie rationnelle que promettent la mesure réfléchie des plaisirs et l'équilibre des désirs.

Les textes de Démocrite révèlent une pensée globale et radicale, qui embrasse à la fois la science de la nature, la théorie de la connaissance, l'éthique et les techniques. Une philosophie fondatrice, dont l'influence nous est toujours présente.

Traduction de Maurice Solovine. Révision de la traduction, introduction et notes par Pierre-Marie Morel.

Vrin - Bibliothèque des Textes Philosophiques
240 p. - 11 × 18 cm - 2020
ISBN 341-2-0378-2942-8, 12 €

Vrin - Bibliothèque d'Histoire de la Philosophie
256 p. - 13,5 × 21,5 cm - 2021
ISBN 978-2-7116-3037-0, 27 €

Le plaisir et la nécessité
Philosophie naturelle et anthropologie chez Démocrite et Épicure
Pierre-Marie Morel

Le plaisir et la nécessité, ou le mariage de l'hédonisme et du matérialisme. Relation forte mais également complexe et disputée, qui trouve son origine dans la tradition atomiste de l'Antiquité, celle de Démocrite, Épicure et Lucrèce. Ce livre, en renouvelant l'interprétation de ce débat fondateur, repense le rapport entre physique et anthropologie. Il montre comment l'hédonisme épicurien répond au slogan de Démocrite « tout arrive selon la nécessité » et à la conception de l'activité humaine qui en résulte. L'épicurisme reconduit toutes nos actions au plaisir, émotion première et naturelle où s'enracinent la liberté de l'agent et sa capacité à se soustraire à l'empire de la nécessité. Il ne nie pas pour autant notre immersion dans le monde, mais voit au contraire dans l'analyse des circonstances extérieures – circonstances matérielles, mais aussi politiques et sociales – la condition première de la sérénité intérieure et d'une vie sans troubles. Les principes de conduite que défend dans son ensemble l'atomisme ancien sont sans illusions. Éthique désenchantée, dira-t-on. Éthique crédible, en tout cas, qui se fonde sur une philosophie lucide des circonstances.

Derniers dossiers parus

Cahiers Philosophiques

BULLETIN D'ABONNEMENT

Par courrier : complétez et retournez le bulletin d'abonnement ci-dessous à :
Librairie Philosophique J. Vrin - 6 place de la Sorbonne, 75005 Paris, France
Par mail : scannez et retournez le bulletin d'abonnement ci-dessous à : abonnement@vrin.fr
Pour commander au numéro : www.vrin.fr ou contact@vrin.fr

RÈGLEMENT

❑ France
❑ Étranger

❑ Par chèque bancaire :
à joindre à la commande à l'ordre de
Librairie Philosophique J. Vrin

❑ Par virement sur le compte :
BIC : PSSTFRPPPAR
IBAN : FR28 2004 1000 0100 1963 0T02 028

❑ Par carte visa :

_ _ _ _   _ _ _ _   _ _ _ _   _ _ _ _

expire le : _ _ / _ _

CVC (3 chiffres au verso) : _ _ _

Date :

Signature :

ADRESSE DE LIVRAISON

Nom
Prénom
Institution
Adresse

Ville
Code postal
Pays
Email

ADRESSE DE FACTURATION

Nom
Prénom
Institution
Adresse
Code postal
Pays

ABONNEMENT - 4 numéros par an

Titre	Tarif France	Tarif étranger	Quantité	Total
Abonnement 1 an - Particulier	46,00 €	60,00 €		
Abonnement 1 an - Institution	52,00 €	70,00 €		
			TOTAL À PAYER :	

Tarifs valables jusqu'au 30/06/2023

* Les tarifs ne comprennent pas les droits de douane, les taxes et redevance éventuelles, qui sont à la charge du destinataire à réception de son colis.

Achevé d'imprimer en octobre 2023
La Manufacture - Imprimeur – 52200 Langres – Tél. : (33) 325 845 892
Imprimé en France – N° 230829 – Dépôt légal : novembre 2023